Andreas Knoll

Professionelle Soziale Arbeit

Professionstheorie zur Einführung und Auffrischung

LAMBERTUS

Andreas Knoll

Professionelle Soziale Arbeit

Professionstheorie zur Einführung und Auffrischung

LAMBERTUS

Bibliographische Information der Deutschen Nationalbibliothek
Die Deutsche Nationalbibliothek verzeichnet diese Publikation in der Deutschen Nationalbibliographie; detaillierte bibliographische Daten sind im Internet über http://dnb.d-nb.de abrufbar.

3. Auflage

www.lambertus.de
Umschlaggestaltung: Nathalie Kupfermann, Bollschweil
Herstellung: Franz X. Stückle, Druck und Verlag, Ettenheim
ISBN 978-3-7841-1984-7

Inhalt

Vorwort

Mit der hier vorgestellten Professionstheorie der Sozialen Arbeit möchte ich hauptsächlich diejenigen ansprechen, die das Studium der Sozialen Arbeit gerade aufgenommen haben. Studienanfängern und Studienanfängerinnen[1] soll eine Idee davon vermittelt werden, was Sozialarbeit oder Sozialpädagogik ist, damit sie nach der Lektüre dieser Schrift dieses zunächst den Menschen erklären können, die sonst fachlich nichts mit Sozialer Arbeit zu tun haben. Das können Eltern und Freunde sein; es können auch Studierende anderer Fachrichtungen sein, oder Fachleute von Berufsgruppen, die der Sozialen Arbeit nahe stehen. Die Studierenden sollen aber auch in die Lage versetzt werden, diese Theorie mit in ihre Praktika zu nehmen, um sie dort mit Praxisanleitern und Kolleginnen zu besprechen. Schließlich kann dann auch die dort erlebte Berufspraxis im Lichte dieser Theorie betrachtet und reflektiert werden.

Die erfahrenen Praxisanleiter, die „Alten Hasen" der Sozialen Arbeit hingegen, können mit der Lektüre dieser Schrift eine theoretische Abstraktion ihres beruflichen Alltags vornehmen. Dies soll ihnen zu einer neuen fachlichen Selbstvergewisserung verhelfen. Dadurch dürfte man sich auch nach vielen Berufsjahren vor beruflichen Unzufriedenheiten und dem gefürchteten Burn-out-Syndrom schützen können.

Die Einführung für die Studienanfänger der Sozialen Arbeit befördert die professionelle Identitätsbildung und ordnet das Denken für das praktische Handeln.

Die Auffrischung für die erfahrenen Praktiker soll ihnen zur Identitätsgewissheit verhelfen, damit sie sich fachlich besser behaupten können, um dadurch beruflichen Unzufriedenheiten vorzubeugen.

Die wissenschaftliche Diskussion soll mit dieser Schrift angeregt und provoziert werden. Argumentative Schwächen sollen aufgedeckt und Alternativen entwickelt werden.

Für die Anfänger ist zunächst die gründliche Lektüre des Einführungskapitels empfehlenswert. Danach können all diejenigen, die sich ledig-

[1] In diesem Buch wird ohne eine bestimmte Systematik mal die männliche Form und mal die weibliche gewählt. Manchmal werden auch beide Geschlechter explizit angesprochen, besonders dann, wenn es sich stilistisch anbietet.

lich einen ersten Überblick verschaffen wollen das in der Einführung vorgestellte Sozialarbeitsverständnis vertiefen, indem sie das sechste Kapitel gründlich studieren. Im sechsten Kapitel wird die Professionstheorie der Sozialen Arbeit vorgestellt; und zwar als Ergebnis der Geschichte der Sozialen Arbeit und als Ergebnis gesellschaftlicher Veränderungsprozesse. Dies geschieht vor dem Hintergrund bereits vorhandener sozialarbeiterischer Theorien und der Reflexion meiner gelebten Berufspraxis in der Sozialen Arbeit.

Die Kapitel zwei bis fünf dieses Buches führen zur Professionstheorie der Sozialen Arbeit hin.

Das zweite Kapitel beginnt mit einer knapp skizzierten Systematik gängiger Sozialarbeitstheorien. Dieser Abschnitt könnte für Anfängerinnen und Anfänger etwas trocken wirken, für wissenschaftliche Experten viel zu oberflächlich und für die erfahrene Praktikerin zu langweilig. Viel bunter wird dann das Kapitel über die Praxisfelder, welches recht umfangreich geraten ist und einen ersten Reflexionsversuch der Berufspraxis beinhaltet. Vor der Darstellung der Praxisfelder wird noch ein Forschungsweg aufgezeigt, die „Grounded Theory". Das ist der Weg, gelebte Praxis systematisch zu erforschen und theoretisch zu abstrahieren. Die im Forschungskapitel dargestellten Ergebnisse basieren auf wissenschaftlich-systematischen Erhebungen. Die Praxisbeschreibungen hingegen fußen auf unsystematisch zusammengetragenem Erfahrungswissen. Man kann hier also sowohl von einer wissenschaftlich-korrekten Anwendung der „Grounded Theory" sprechen, als auch von einer unsystematisch wilden Reflexion zufälliger Praxiserfahrungen im Lichte dieses Forschungsverfahrens.

Die nahezu 30-jährige Berufspraxis als Supervisor fokussiert lediglich einige Ereignisse in meiner jüngeren Berufserfahrung. Auch die vielen Diplomarbeiten, die Studierende der Sozialen Arbeit in den letzten 22 Jahren bei mir verfasst haben, werden nur kurz angerissen.

1
Einleitung

Die besondere Stärke von Sozialarbeitern liegt darin, dass sie ein relativ schwieriges Sonderwissen in der Sprache der Menschen ausdrücken können, mit denen sie zu tun haben. Sie sollten ihr rechtliches, psychologisches, politisches, soziologisches oder verwaltungswissenschaftliches Wissen so einfach ausdrücken können, dass ein wohnungsloser Mensch, ein Migrant, ein Alter, ein Kind, ein Suchtkranker oder ein behinderter Mensch das versteht und irgendwie davon profitieren kann.

Sie können außerdem das Leben dieser Menschen so erklären, dass eine Verwaltungsmitarbeiterin, ein Richter, eine Ärztin oder eine sonstige fremde Person die Lebenswelt von Migranten, Jugendlichen, Suchtkranken, Schuldnern ebenfalls versteht, um dadurch deren Beweggründe und Problemlagen nachvollziehen zu können.

Die besondere Schwäche von Sozialarbeitern und Sozialarbeiterinnen liegt darin, dass es Ihnen sehr schwer fällt, Außenstehenden und anderen Berufen ihre speziellen Stärken und Kompetenzen zu erläutern. Sie können anderen kaum erklären, was sie eigentlich tun und warum man für die Ausübung dieser Tätigkeit ein akademisches Hochschulstudium benötigt. Das scheint in vielen Fällen daran zu liegen, dass die Sprache der Forschung über die Soziale Arbeit im Gegensatz zur Sozialen Arbeit selbst nur selten Worte findet, die von der alltagsnahen Berufspraxis verstanden werden.

Während die Sprache der praktischen Sozialen Arbeit durch die mannigfachen Alltagswelten der Menschen oftmals unpräzise und schmuddelig wirkt, erscheint die sozialwissenschaftliche Forschung eher zu abstrakt, exakt und steril. Den Praktikern der Sozialen Arbeit fällt es dadurch zunehmend schwer, die Theoretiker zu verstehen. Sie werfen den Wissenschaftlern „völlige Abgehobenheit" vor und resignieren beim Studium derer Texte. Sie verlassen sich dann lieber gleich auf ihre praxiserprobte Intuition und ignorieren die Sozialarbeitstheorie zunehmend. Damit handeln sie sich dann jedoch ein Identitätsproblem ein. Sie können nämlich ihr Handeln häufig weder vor den anderen noch vor sich selbst begründen geschweige denn, begrifflich abbilden. Schließlich glauben sie, ohnehin nur aus dem Bauch zu handeln und vergessen dabei ihre akademische Basis.

Ziel dieser Publikation ist es darzustellen, wie die besondere Stärke der Sozialen Arbeit genutzt werden kann, die Schwächen der Disziplin auszugleichen.

Deshalb steht hier nicht wissenschaftliche und theoretische Präzision zur Debatte, vielmehr soll eine Sprache gewählt werden, die der fachlichen Alltagssprache von Sozialarbeiterinnen und Sozialpädagogen nahe kommt.

Ebenso, wie eine Sozialpädagogin einem Richter die Welt eines jugendlichen Straftäters mit Migrationshintergrund erläutern können sollte, sollte diese Arbeit der Sozialpädagogin die wissenschaftlichen Erkenntnisse der Professionstheorie erläutern können. Um erfolgreich einem Richter die Welt jugendlicher Straftäter zu schildern, ist es nötig, dass die Sozialpädagogin sich auch empathisch in den Richter einfühlen kann, um dann den richtigen Ton zu treffen, mit dem sie einem Richter oder einer Richterin, die Lebenswelten ihrer Klientel veranschaulichen kann. Um wissenschaftliche Erkenntnisse einem sozialpädagogischen Praktikerpublikum nahe zu bringen, muss ich mich auch in die Sozialpädagogen und Sozialarbeiterinnen einfühlen, um deren Ton zu treffen. Durch die Empathie[1] in die Zielgruppe wird dann allerdings die Präzision der wissenschaftlichen Begriffe vernachlässigt.

So gesehen ähnelt der Text eher einem journalistischen Essay als einer wissenschaftlichen Abhandlung. Man kann also getrost von einer wissenschaftsjournalistischen Arbeit sprechen, will man Kritik an meiner Darstellung üben. Ich hoffe allerdings, die Lektüre dieser Schrift regt den Nachwuchs zur vertieften wissenschaftlichen Auseinandersetzung mit der Professionstheorie an[2].

1.1 Was ist Sozialarbeit?

In diesem Buch geht es um nicht mehr und nicht weniger als um eine klare Aussage darüber, was Sozialarbeit ist. Damit sind auch die Bezeichnungen Soziale Arbeit, Sozialpädagogik und Sozialwesen gemeint. Das sind die Disziplinen, die seit 1971 an den damals in Deutschland (BRD) neu eingerichteten Fachhochschulen gelehrt werden. Sie knüpfen an die Tradition von Fürsorge, Wohlfahrtspflege, Jugendfürsorge usw. an und

[1] Empathie ist ein Schlüsselbegriff handlungsmethodischer Sozialarbeit und heißt in etwa „Einfühlungsvermögen“.

[2] Eine ganze Reihe von Diplomarbeiten sind ja bereits geschrieben worden: Siehe weiter hinten und in den Literaturangaben. Ich hoffe auch, dass die geplanten Doktorarbeiten erfolgreich sein werden.

werden neuerdings unter dem Sammelbegriff Soziale Arbeit als Bachelor-Studiengang an den Universitäten für angewandte Wissenschaft (früher: Fachhochschulen) gelehrt.

Dieses Eingangskapitel hat den Anspruch, Soziale Arbeit knapp und eindeutig theoretisch zu skizzieren. Weiter hinten wird dann zunächst der Weg der Erkenntnis aufgezeigt, dessen Ergebnisse vertieft, weiter differenziert und an Praxisbeispielen erläutert.

1.1.1 Professionen

Der reformulierte Professionalisierungsbegriff versteht unter einer Profession etwas anderes als ein nur auf Expertentum gegründetes spezialisiertes Wissen[3].

Dieser hier verwendete Professionsbegriff geht vielmehr davon aus, dass professionalisierte Tätigkeit auf gesellschaftliche Handlungsprobleme antwortet. Die drei gesellschaftlichen Problemdimensionen auf die geantwortet wird, kann man als *Wahrheitsfindung, Konsensbeschaffung und Therapieleistung* bezeichnen. Auf diese Problemdimensionen antworten die gesellschaftlich legitimierten Professionen, entsprechend ihrer eigenen Handlungslogik. So gesehen stellen die Bereiche der Theologie, der Rechtswissenschaften und der Medizin die gesellschaftlichen Handlungsproblemfelder dar, auf die die Professionen, entsprechend ihrer jeweils ausgebildeten Handlungslogik, stellvertretend für die Alltagspraxis, eingehen.

Wie ist das entstanden?

Mit der Sesshaftwerdung entdeckten die Menschen die Vorzüge der Arbeitsteilung. Nahrungsmittelproduktion, Güterherstellung und Verteilung lagen schon bald in den Händen unterschiedlicher Menschen. Die so organisierten Gemeinwesen konnten schließlich einen gewissen Überschuss erwirtschaften und hatten deshalb zunehmend Kapazitäten zur Verfügung.

[3] Vgl. Dewe, et al. 1995, S. 132 (Dewe bezieht sich auf das Professionsverständnis von Oevermann)

Bilderreich können wir uns das bei den Menschen in dem kleinen gallischen Dorf veranschaulichen. Die Mitbewohner von Asterix[4] waren erfolgreich in der Wildschweinjagd, sie produzierten hochwertige Hinkelsteine und schlugen sich tapfer und siegreich im Kampf gegen die Römer. Die Arbeitsteilung bestand zunächst aus der Erzeugung von Nahrungsmitteln (Land- und Viehwirtschaft), der Herstellung von Gütern (Hinkelsteine und allerlei Gebrauchsgüter), Handel und Verteilung (Handelsvolk) sowie der Verteidigung (Militär gegen die Römer). In all diesen Belangen waren die Bewohner des kleinen gallischen Dorfes recht erfolgreich und so hatte man freie Kapazitäten, die man nutzte, um sich Fragen zu stellen, die über das alltäglich Geschehen hinausgingen.

Das Schlimmste, was der Häuptling befürchtete war ja, dass ihm der Himmel auf den Kopf fallen könnte. Diese Furcht wurde bald von vielen anderen Dorfbewohnern geteilt und in den Gesprächen und Diskussionen über die Gefahren und Fragen, die damit verbunden waren, tat sich dann der Eine oder Andere hervor, mit scheinbar besonders klugem Wissen über den Himmel und die Welt. Derjenige, der ein besonderes Wissen darüber zu besitzen schien, wie die Welt im Innersten beschaffen ist und Auskünfte darüber geben konnte, ob einem der Himmel auf den Kopf fallen könne, wurde nun mit der Spezialaufgabe betraut, sich um die Wahrheit über die Welt, das Menschsein und Gott zu befassen. Man befreite diesen Menschen von den profanen Tätigkeiten der arbeitsteiligen Gesellschaft und betraute ihn mit einem Spezialgebiet, der **Wahrheitsfindung**. Schamanen, Schriftgelehrte, hohe Priester und Theologen besetzten fortan dieses Feld in der arbeitsteiligen Welt, und sie wurden von den Produzierenden dafür gesondert entlohnt.

Es gab auch immer wieder Verwundungen und Verletzungen aus den Schlägereien mit den Römern. Mancher hatte ein gebrochenes Bein, eine offene Fleischwunde und ähnlich dramatische Schäden, wie Fieber, Blutvergiftung oder Erbrechen. Einige im Dorf kannten sich mit den heilenden Kräutern des Waldes aus und konnten sogar eine blutende Wunde stillen. Sie lernten mitunter auch einen Bruch zu schienen oder einfache Ratschläge zur Gesundheit zu geben. Auch diese Personen wurden von der alltäglichen Arbeitsteilung freigestellt. Medizinmänner und Kräuter-

[4] Vgl. Asterix der Gallier, Albert Uderzo und Rene Goscinny von Ehapa Comic Collection – Egmont Manga & Anime, 1968 (die Asterix-Metapher beschreibt natürlich nicht die Kulturgeschichte, die man bis in die Jungsteinzeit zurückverfolgen kann).

frauen wurden fortan für ihre **Therapieleistung** von der Gemeinschaft versorgt.

Schließlich gab es auch immer mal wieder Streit im kleinen gallischen Dorf. Sei es, dass der Fischhändler schlechten Fisch verkaufte, der Barde schlecht sang oder die Bauern in Feldgrenzstreitigkeiten gerieten. Die Dorfgemeinschaft war darauf angewiesen, inneren Frieden zu halten, um erfolgreich zu wirtschaften und gegen die Römer zu bestehen. Regelverstöße innerhalb der Gesellschaft störten das innere Gleichgewicht des Gemeinwesens, und so benötigte das Dorf jemanden der Recht sprach. Das war in den Anfängen oft der Dorfobere oder Clanchef selbst. Bald aber etablierten sich jedoch Spezialisten, die von der übrigen Gesellschaft dazu bestimmt waren, den gesellschaftlichen Normenkonsens sicher zu stellen; für die sich daraus entwickelnde Profession, den Richter, geht es fortan um die **Konsensbeschaffung**.

Mit der Wahrheitsfindung, der Therapieleistung und der Konsensbeschaffung definierte nun die Dorfgemeinschaft einen besonderen Handlungsbedarf, der von Spezialisten mit besonderen Kompetenzen gedeckt werden sollte. Diese Spezialisten wurden dafür mit besonderen Privilegien entlohnt. Sie mussten keine Feldarbeit verrichten und brauchten im Krieg nicht zu kämpfen. Sie mussten nicht zur Jagd gehen, brauchten keinen Handel zu treiben und auch keine handwerkliche Produktion. Sie wurden Spezialisten und leisteten einen besonderen Dienst am Gemeinwohl, der ihnen gesondert gelohnt wurde und sie mit einem hohen Ansehen ausstattete. Aus diesen Spezialisten entstanden nun im Laufe der Jahrhunderte die *„stolzen Professionen"*, Pfarrer, Arzt, Richter.

Pfarrer, Arzt und Richter wurden nun die Prototypen, die die gesellschaftlichen Handlungsproblemfelder gleichsam hegemonial beherrschten. Andere Berufe begannen auch Statusforderungen an die Gesellschaft zu stellen; sie besaßen auch eine besondere Kompetenzdomäne und strebten nach ähnlichen Privilegien, wie sie den bestehenden stolzen Professionen zuteil wurden. Die stolzen Professionen bestanden hingegen auf ihrem Alleinvertretungsanspruch und ihren Grenzen zu den anderen Handlungsproblemfeldern.

Der Arzt musste zunächst seinen Alleinvertretungsanspruch im Handlungsproblemfeld „Therapieleistung" aufgeben und mit den Apothekern teilen. Die Barbiere hingegen fanden keine Aufnahme in diesem Handlungsproblemfeld. Jahrhunderte lang verteidigten die Ärzte und Apotheker ihr Feld gegen Begehrlichkeiten anderer Berufe und auch heute noch wird es den Psychotherapeuten, die per Gesetz erst seit 1999 wirklich dazu gehören, schwer gemacht, wenn sie keine Ärzte sondern „nur“ Psychologen oder gar Sozialarbeiter sind[5].

Im Feld der Konsensbeschaffung mussten die Richter bald auch Anwälte, später Steuerberater und Notare zulassen. Dennoch ist allen Beteiligten im Felde der Konsensbeschaffung gemein, dass sie Juristen sind. Selbst bei der Rechtsberatung ist es anderen Berufsgruppen kaum möglich, sich hier zu professionalisieren.

Am härtesten haben die Theologen ihren Alleinvertretungsanspruch im Handlungsfeld der Wahrheitsfindung verteidigt. Aber trotz Scheiterhaufen und Exkommunizierung konnten sie den Siegeszug der Naturwissenschaften in ihrer Kompetenzdomäne nicht aufhalten. Spätestens seit der Renaissance müssen die Theologen die Wahrheitsfindung mit den Wissenschaftlern teilen, und schließlich entstammt der Titel „Professor“ dem gleichen Wortstamm wie die Profession. Seit dem 20. Jahrhundert umfasst das Feld der Wahrheitsfindung neben der Theologie, der Wissenschaft und der Kunst auch noch das große Gebiet des Journalismus (Pressefreiheit).

Gemeinsam ist den Handlungsfeldern der „stolzen Professionen“, dass sie sich streng voneinander abgrenzen. Wenn ein neuer Beruf professionellen Status erheben wollte, musste er sich eindeutig einem gesellschaftlichen Handlungsproblemfeld zuordnen lassen. Professionelle eines Handlungsproblemfeldes können nur Aussagen über ihr Feld machen und nicht über ein anderes; die Paradigmengrenzen zwischen den einzelnen Gebieten waren bisher nicht überschreitbar. Das wird besonders dort deutlich, wo man erkennt, dass die Therapieleistung stets das Wohl des Einzelnen im Blick hat, während die Konsensbeschaffung dem Allgemeinwohl verpflichtet ist[6].

---

[5] (Die besondere deutsche Situation hat dazu geführt, dass auch Heilpraktiker hier dazu gehören.)

[6] Oevermann, Ullrich „Professionalisierung der Pädagogik – Professionalisierbarkeit pädagogischen Handelns“, Vortrag, gehalten im SS 81 am Institut für Sozialpädagogik/Erwachsenenbildung der FU Berlin, unveröff. Manuskript, Frankfurt a.M. 1981, in: Schütze (1992): „Sozialarbeit als bescheidene Profession“ 1992, S. 162ff.

1.1.2 Soziale Arbeit als Profession – die „bescheidene Profession“[7]

Viele Berufe, besonders die akademischen, sind bestrebt einen höheren gesellschaftlichen Status zu erlangen, sie bemühen sich um ihre Professionalisierung und müssen somit den Nachweis erbringen, dass sie in einem der drei beschriebenen gesellschaftlichen Problemfelder[8] eine für die Gesamtgesellschaft bedeutsame Leistung erbringen.

Wie ist vor diesem Hintergrund der Professionalisierungsprozess von Sozialarbeit/Sozialpädagogik zu verstehen? Wir wissen, dass dieser Beruf seit 1971 als Hochschulstudium existiert. Aus den Arbeitsmarktdaten können wir entnehmen, dass dieser Beruf bis in die 1990er Jahre die höchsten Zuwachszahlen aller Berufe hatte[9]. Wegen dieser belegbaren quantitativen Ausweitung der Sozialarbeit/Sozialpädagogik kann auf einen hohen gesellschaftlichen Handlungsbedarf nach den Tätigkeiten dieser Berufsgruppe geschlossen werden.

Ein gesellschaftlicher Handlungsbedarf nach beruflichen Spezialaufgaben und eine akademische Grundlage werden als Ausgangspositionen für eine Professionalisierung angesehen. Um sich in eines der genannten gesellschaftlichen Problemfelder einzuordnen, muss das Handeln der Berufsgruppe gemäß der dort gültigen Professionsnormen und Standards definiert werden. In den 1970er Jahren versuchten viele Angehörige der Berufsgruppe Sozialarbeit/Sozialpädagogik sich im Handlungsfeld Therapieleistung zu verorten. Diese Zeit wird auch als die Ära des „Psychobooms“ in der Sozialen Arbeit beschrieben[10]. Allerdings ist der Versuch, sich im Handlungsfeld der „Therapieleistung“ zu etablieren nur in einigen wenigen Bereichen geglückt. Daher spricht man heute auch von einer

[7] Schütze, F.: Sozialarbeit als bescheidene Profession. In: Dewe, B./Ferchhoff, W./Radtke, F.O. (1992) (Hrsg.): Erziehen als Profession. Opladen, S. 131–171

[8] Professionstheoretisch korrekt spricht man von „gesellschaftlichen Handlungsproblemfeldern“.

[9] Uni, Bundesanstalt für Arbeit (Nürnberg, Oktober 1992: Arbeitsmarkt für Sozialarbeiter/Sozialpädagogen – Tendenzwende geglückt

[10] Vgl. Schülein, Johann: Psychoanalyse und Psychoboom, in: Psyche 1978.
Heute etablierte und anerkannte Methoden der Humanistischen Psychologie sind: Klientenzentrierte Gesprächsführung, Gestalttherapie, Psychodrama, Themenzentrierte Interaktion, Gruppendynamik. Eine ganze Reihe bizarrer Methoden sind in den Abgründen von Psychosekten verschwunden. Transpersonale Psychologie, Astrologie, Tarot oder Bewegungen wie die Bhagwan- oder Scientology-Sekten sowie örtlich begrenzte Psychogattungen.

misslungenen Professionalisierungsdebatte, die bestenfalls zur „Semi-Profession" geführt hat. Dadurch, dass sich diese semiprofessionellen Sozialarbeiter weniger an ihrer akademischen Grundausbildung orientierten, sondern sich vielmehr entsprechend den Anforderungen ihres Arbeitsfeldes definierten, bezeichneten sie sich arbeitsfeldbezogen als Stationstherapeuten, Suchttherapeuten, Gruppentherapeuten, Altentherapeuten, Schuldnerberater usw. Infolgedessen erlitten diese Sozialarbeiter tatsächlich aber eher eine Deprofessionalisierung denn eine Professionalisierung. Schließlich übten viele dieser Sozialarbeiter und Sozialarbeiterinnen tatsächlich die gleichen Tätigkeiten aus, die auch ein Psychologe ausübte, sie waren aber keine Psychologen.

Die neuere professionstheoretische Ausgangsfrage lautet jetzt: Was ist das Gemeinsame der Sozialarbeiter, die als Suchttherapeuten, als Schuldnerberater, als Jugendarbeiter usw. tätig sind? Was unterscheidet diese Sozialarbeiter/Sozialpädagogen von den anderen dort versammelten Berufsgruppen, und wie lässt sich aus diesen Erkenntnissen eventuell der spezielle gesellschaftliche Handlungsbedarf an diese Berufsgruppe ableiten?

Soziale Arbeit findet sich in außerordentlich vielen Arbeitsfeldern und Institutionen wieder. Um nur einige aufzuzählen: Jugendhilfe – Vorschulerziehung – Altenarbeit – Suchtkrankenhilfe – Psychiatrie – Schwangerschaftskonfliktberatung – Bewährungshilfe – Krankenhaussozialdienst – Sozialamt – Gefängnis – Erziehungs-, Ehe- und Lebensberatung – Management- und Organisationsberatung usw. In all diesen Arbeitsfeldern und Institutionen treffen wir auf eine Gemeinsamkeit, die uns Schwierigkeiten für die Professionalisierung der Sozialen Arbeit macht: Überall scheinen Sozialarbeiter und Sozialpädagogen gleichzeitig zwei Sphären gesellschaftlicher Problemfelder verpflichtet zu sein. Das Handeln dieser Berufsgruppe scheint gleichzeitig dem Wohl des Einzelnen als auch dem der Gesellschaft verpflichtet zu sein. Folglich scheint Sozialarbeit sowohl aus Konsensbeschaffung als auch aus Therapieleistung zu bestehen, also der gleichzeitigen Verpflichtung gegenüber dem Einzelnen und dem Gemeinwohl. Einige Theoretiker haben dazu den Begriff des „doppelten Mandates" geprägt. Dieses „doppelte Mandat" kommt am besten im Arbeitsbereich der Bewährungshilfe zum Ausdruck. Der Begriff beinhaltet nämlich gleichermaßen die Dimensionen Konsensbeschaffung (= Bewährung) und Therapieleistung (= Hilfe).

In der Suchtkrankenhilfe konnte die Sozialarbeit sich in den vergangenen vierzig Jahren vermutlich deshalb so erfolgreich etablieren, weil gerade das Krankheitsbild Sucht oftmals nur zu behandeln ist, wenn beide Dimensionen zusammenkommen. Sowohl die traditionelle Psychiatrie als auch die Psychoanalyse sind zunächst mit ihren Versuchen, Sucht im Sinne des klassisch medizinischen Behandlungsverständnisses zu behandeln, gescheitert. Die therapeutischen Wohngemeinschaften und die Fachkliniken für Suchtkranke sind mit der Akademisierung der Sozialen Arbeit, seit etwa 1971, entstanden. Sie haben die rein medizinischen Paradigmengrenzen überschritten, indem sie die drogen- und alkoholabhängigen Menschen (Patienten) zur Einhaltung eines Normenkonsenses veranlasst haben, der in Allgemeinkrankenhäusern völlig undenkbar wäre. Mit den Haus- und Therapieordnungen strukturieren Suchtkliniken ein therapeutisches Milieu, welches Therapieleistungen für suchtkranken Menschen überhaupt erst möglich macht, weil den Patienten im Grunde genommen ein Normensystem aufgezwungen wird. Die Hilfe suchenden suchtkranken Menschen müssen während der Therapie strenge Regeln einhalten, die sicherstellen, dass sie während der Behandlung keine Suchtmittel konsumieren. Ihnen wird die Abstinenz gleichsam aufgezwungen. Therapie unter Zwang läuft jedoch dem traditionellen ärztlich-therapeutischen Verständnis zuwider, dem sozialarbeiterischen aber prinzipiell scheinbar nicht. So könnte der Siegeszug der Sozialarbeit/Sozialpädagogik im Suchtbereich verstanden werden, denn keine andere Profession verstand es bis dahin gleichzeitig mit äußeren Regeln (= Konsensbeschaffung) und Einfühlungsvermögen (= Therapieleistung) umzugehen. Sozialarbeiter schienen das, zumindest intuitiv, zu können. Daher ist es zu verstehen, dass die Soziale Arbeit in der Vergangenheit maßgeblichen Anteil daran hatte, dass sich solche Normen- und Regelsysteme entwickeln konnten, in deren Rahmen sich heute Suchttherapie abspielt. Dies gilt in abgewandelter Form heute auch für die stationäre Psychiatrie. Auch hier werden soziale Milieus installiert, die als Regelsysteme das Miteinander der Patienten vereinfachen und selbst therapeutisch wirken. Zuvor machte die rein medizinische (Betten)-Behandlung die Menschen ja zusätzlich krank. Diese Krankheiten wurden dann als Hospitalismus bezeichnet. Erst durch die sozialwissenschaftlichen Erkenntnisse (Goffman)[11] konnten Aspekte der Konsensbeschaffung mit in die Behandlung aufgenommen werden und später daraus die Sozialtherapie

[11] Erving Goffman (2009): Asyle – Über die soziale Situation psychiatrischer Patienten und anderer Insassen. Frankfurt a.M.

oder die Milieutherapie entwickelt werden. Es erscheint heute so, als sei gerade in der Behandlung von suchtkranken Menschen dieses sozialtherapeutische Konzept am weitesten entwickelt.

In allerjüngster Zeit werden die Erfahrungen, die man in der Suchtkrankenhilfe gewonnen hat auch auf andere Felder Sozialer Arbeit übertragen. Hier bietet sich das große Feld der Jugendhilfe geradezu an. Die steigende Zahl schwerst vernachlässigter, verwahrloster und misshandelter Kinder und Jugendlicher führte dazu, dass die moderne Heimerziehung auf der einen Seite und die Kinder- und Jugendpsychiatrie auf der anderen Seite an ihre Grenzen stoßen. Dies hat zur Folge, dass sich einige Praktiker wieder geschlossene Heime für stark dissoziale und mehrfach gefährdete Jugendliche wünschen. Einige neuere Jugendhilfeeinrichtungen machen sich heute die Erfahrungen aus der Suchtbehandlung zunutze und zwingen den Kindern und Jugendlichen gleichsam ein Regelsystem auf, in dessen Rahmen sie ihnen Verständnis und Zuwendung zuteil werden lassen. Hierdurch kann man dann auf geschlossene Heime verzichten, weil die Gleichzeitigkeit von Therapieleistung und Konsensbeschaffung einen geschützten und kontrollierten Rahmen erlaubt.[12]

Wenn man nun mit diesen Erkenntnissen auf das gesamte Feld der Sozialen Arbeit blickt und das Tun dieses Berufsstandes untersucht, so gelangt man schnell zu dem Ergebnis, dass dieser Berufsmechanismus, **die gleichzeitige Anwendung von Therapieleistung und Konsensbeschaffung**, das gesamte Berufsfeld beherrscht, unabhängig davon, ob die Sozialarbeiterin nun auf einem Abenteuerspielplatz, in einem Altenheim, einer Schuldnerberatungsstelle oder im Jugendamt tätig ist. Überall ist die gleichzeitige Anwendung von Empathie und Regelkenntnissen gefragt. Dieses gleichzeitige Anwenden, der sich widersprechenden Handlungsprobleme, scheint der einzigartige Kern des Handelns dieser Be-

[12] In der Kinder- und Jugendpsychiatrie ist man zunehmend auf Zwangsmaßnahmen angewiesen. Für die agressiv eskalierenden Kinder wurde die in der Zwangs-Psychiatrie bekannt gewordene „Gummizelle“ kindgrecht weiterentwickelt. Man nenn diese geschlossenen Zwangsräume heute dann „Tauchstation, Aus-Raum, Ruheraum usw.“ Kindgerecht werden sie durch weiche Spielgeräte, Bällchenbad und liebevollen Schmuck, an dem die Kinder sich nicht verletzen können. Natürlich werden die Kinder hier nicht einfach weggeschlossen, wie früher in der Gummizelle, eine Dauerbetreuung ist immer vorgesehen, kann manchmal aber aus Personalgründen nicht gewährleistet werden.
Einige Studierende haben nach ihren Praktika davon berichtet, dass das hier skizzierte Vorgehen völlig geschönt sei, und man festgestellt habe, dass vielfach schon zu echten Zwangsmaßnahmen gegriffen werden würde, nahe an der körperlichen Züchtigung.

rufsgruppe zu sein, der so von keiner anderen Berufsgruppe beherrscht wird. Dieses fachliche Handeln wird aber von den meisten Akteuren der Sozialen Arbeit nur intuitiv umgesetzt, kaum einmal bewusst und theoriegeleitet. In letzterem Aspekt scheint sowohl das Dilemma als auch der Erfolg dieser „bescheidenen Profession" zu liegen.

In der nachfolgenden Abbildung ist dieses professionstheoretische Verständnis Sozialer Arbeit schematisch dargestellt. Mit der Überschreitung der Paradigmengrenzen herkömmlichen Professionsverständnisses generiert sich in der Sozialarbeit folglich ein völlig neuer Professionstypus, der offensichtlich in unserer heutigen gesellschaftlichen Entwicklungsphase von großer Bedeutung zu sein scheint. Die Abbildung zeigt die Ausgangssituation der Sozialarbeit, die durch die Zusammenführung von Therapieleistung und Konsensbeschaffung gekennzeichnet ist. Diese theoretische Ausgangsgröße bestimmt die darunter liegenden Ebenen. Zunächst erscheinen die Organisationsformen der Sozialarbeit: Einzelfallhilfe, Gruppenarbeit und Gemeinwesenarbeit. In allen drei Organisationsformen geht es um das Spannungsverhältnis von Gesellschaft und Individuum.

Die Abbildung zeigt zunächst die drei gesellschaftlichen Handlungsproblemfelder mit ihren stolzen Professionen: Arzt, Richter, Pfarrer. Aus den beiden Handlungsfeldern Therapieleistung und Konsensbeschaffung entsteht nun als völlig neuer Professionstyp die Soziale Arbeit. Es scheint so, als sei in den westlichen Gesellschaftsordnungen eine Situation eingetreten, in der der Bedarf nach einer Profession entstanden ist, die die Grenzen zwischen dem rechtlich-administrativen und dem therapeutischen Denken überwindet. Die sich so verstehende Sozialarbeit setzt diese Ausgangskonzeption in ihren klassischen Organisationsformen: Einzelhilfe, Gruppenarbeit und Gemeinwesenarbeit um. Dazu bedient sie sich der Handlungsmethoden der Sozialen Arbeit, die hier beispielhaft als systemische, psychoanalytische, klientenzentrierte und humanistische Handlungsmethoden ausgewiesen wurden. Psychoanalytische, gestalttherapeutische oder systemische Methoden stehen in den Organisationsformen Sozialer Arbeit wieder im Dienste der Gleichzeitigkeit von Therapieleistung und Konsensbeschaffung. In einem Gesamtkonzept der Sozialtherapie finden diese Methoden dann ebenfalls ihre Um-

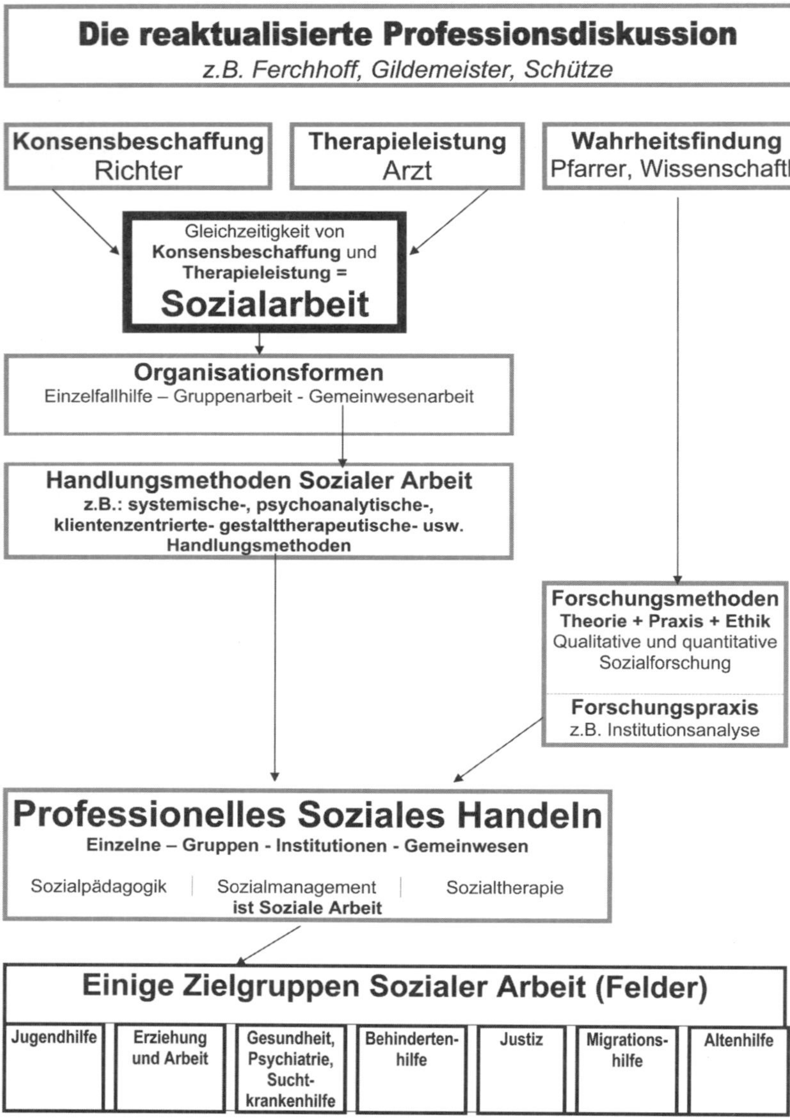
Die reaktualisierte Professionsdiskussion
z.B. Ferchhoff, Gildemeister, Schütze
Konsensbeschaffung
Richter
Therapieleistung
Arzt
Wahrheitsfindung
Pfarrer, Wissenschaftl.
Gleichzeitigkeit von Konsensbeschaffung und Therapieleistung =
Sozialarbeit
Organisationsformen
Einzelfallhilfe – Gruppenarbeit - Gemeinwesenarbeit
Handlungsmethoden Sozialer Arbeit
z.B.: systemische-, psychoanalytische-, klientenzentrierte- gestalttherapeutische- usw. Handlungsmethoden
Forschungsmethoden
Theorie + Praxis + Ethik
Qualitative und quantitative Sozialforschung
Forschungspraxis
z.B. Institutionsanalyse
Professionelles Soziales Handeln
Einzelne – Gruppen - Institutionen - Gemeinwesen
Sozialpädagogik
Sozialmanagement
Sozialtherapie
ist Soziale Arbeit
Einige Zielgruppen Sozialer Arbeit (Felder)
Jugendhilfe
Erziehung und Arbeit
Gesundheit, Psychiatrie, Suchtkrankenhilfe
Behindertenhilfe
Justiz
Migrationshilfe
Altenhilfe

setzung[13], genauso wie in (Sozial)-pädagogischen und (Sozial)-therapeutischen Feldern und im Management. Damit begegnet die Soziale Arbeit schließlich den ganz unten aufgeführten Zielfeldern.

1.1.3 Soziale Arbeit als Trendsetterin moderner Professionsentwicklungsprozesse

Nachdem sich im Jahre 1971 die Soziale Arbeit als Hochschulstudium erfolgreich etablierte geriet sie zunächst, im Zuge der kulturellen Entwicklungen der „Achtundsechziger", in eine fundamental gesellschaftskritische Phase. Man wollte die „kritiklose Fürsorgementalität" der amerikanischen Methoden aus den 1950er Jahren schnell durch kritische Gesellschaftstheorien und Wissenschaftlichkeitsansprüche überwinden. Endlich wurden die gesellschaftlichen Bedingungen als Elend auslösende Faktoren identifiziert und angeprangert. Dadurch wurden zunächst die betroffenen Einzelschicksale zugunsten gesamtgesellschaftlicher Betrachtungsweisen etwas zurückgestellt. Da zu jener Zeit die amerikanischen Methoden um das Casework als überwunden galten, entstand ein Defizit in den Handlungsmethoden. Individuelles Elend und Einzelschicksale der Menschen gab es jedoch weiterhin. Durch die Ignorierung des Casework entstand hier jedoch ein Vakuum im Handlungsbereich. In dieses Vakuum stießen jetzt neue Verfahren hinein, befördert durch die Jugendbewegung der 1970er Jahre. Vorreiter war hier die Drogenhilfe, die bereits früh in den 1970er Jahren Alternativmethoden der humanistischen Psychologie[14] erprobte und in der Fachöffentlichkeit bekannt machte. Diese Methoden entstammten der kritischen Psychotherapie Ka-

---

[13] Die Methoden der Sozialarbeit wurden in den letzten 30 Jahren viel diskutiert. Es gibt immer wieder Versuche, diese neu zu definieren und zu ordnen. Vor zehn Jahren bereits unterschied Galuske klientenbezogene und professionsbezogene Konzepte und Methoden. Neben vielen anderen Methoden ordnet er z.B. Einzelfallhilfe und Gemeinwesenarbeit den personenbezogenen Konzepten zu. Supervision und Sozialmanagement werden als professionsbezogene Methoden betrachtet. Siehe: Galuske, M. (1998), Methoden der Sozialen Arbeit, Weinheim S. 151ff.
Ich orientiere mich hier jedoch am „Klassiker" von Geißler und Hege, deren Systematik von Konzept – Methode – Verfahren mir nach wie vor plausibel erscheint. Geißler/Hege (1981): Konzepte sozialpädagogischen Handelns, München, Wien, Baltimore, 2. Auflage.

[14] Klientenzentrierte Gesprächsführung (Rodgers), Psychodrama, Gestalttherapie sind heute anerkannte und weit verbreitete Methoden in der Sozialen Arbeit. Eine ganze Reihe exotischer Methoden sind wieder verschwunden (Urschrei, Rebirthing, Transpersonale Psychologie, Astrologie, Tarot oder Bewegungen wie die Bhagwan- oder Scientology-Sekten sowie örtlich begrenzte Psychogattungen).

liforniens und lösten in der deutschen Sozialarbeit ab Mitte des Jahrzehnts einen teilweise bizarr anmutenden Psychoboom aus. Dieser Psychoboom führte in den Professionalisierungsbemühungen dazu, dass breite Schichten der Sozialen Arbeit ihre Chance darin sahen, sich durch Weiterbildungen in diesen Methoden, im Therapiebereich zu qualifizieren und Anerkennung zu erlangen. In der Professionsdiskussion wird diese Phase als erste Professionalisierungsphase bezeichnet, die man zum größten Teil als gescheitert ansieht. Für die Soziale Arbeit wurden einige Teilerfolge erzielt, weil Sozialpädagoginnen/Sozialarbeiterinnen sich nun zum Kinder- und Jugendlichen-Psychotherapeuten und zu Suchttherapeuten ausbilden lassen konnten. Für die gesamte Berufsgruppe jedoch konnte nur der Status des „Semiprofessionell" herauskommen, weil doch festgestellt wurde, dass die Soziale Arbeit einem **„Doppelten Mandat"** unterliegt, denn das Mandat für das beruflich Handeln erhält die Soziale Arbeit nicht ausschließlich vom Adressaten (Kunden, Klienten, Patienten), sondern auch von den gesellschaftlichen Institutionen (Jugendamt, Justiz, Gesundheitsbehörden usw.). Da sich bisher Professionen aber dadurch auszeichneten, dass sie sich eindeutig einem Handlungsproblemfeld zuordnen lassen müssen, stellte Ulrich Oevermann fest, dass die Soziale Arbeit ja nur mit einer Hälfte dem Individuum verpflicht ist und mit der anderen Hälfte den gesellschaftlichen Institutionen. Deshalb könne die Sozialarbeit nur eine halbe Profession, also *„Semi-Profession"* sein[15].

Nach dem Professionsverständnis von Oevermann ist Sozialarbeit grundsätzlich nicht professionalisierbar, weil ihre Akteure zwei entgegen gesetzten Wirkungskreisen professionalisierten Handelns gleichzeitig verpflichtet sind: dem normenbestandssetzenden Rechtshandeln einerseits und dem therapeutischen Handeln andererseits. Zwar schließen sich beide Bereiche von ihrer Handlungsstrukturlogik her wechselseitig aus, in ihrer Zusammenführung jedoch begrenzen sie sich gegenseitig und erzeugen so die besonderen Schwierigkeiten der Sozialarbeit.

Im Gegensatz zum strukturtheoretischen Professionsverständnis von Ulrich Oevermann sieht der Ansatz des symbolischen Interaktionismus, wie ihn Schütze formuliert, besondere Professionalisierungschancen der Sozialarbeit.

[15] Oevermann, Ullrich „Professionalisierung der Pädagogik – Professionalisierbarkeit pädagogischen Handelns", Vortrag, gehalten im SS 81 am Institut für Sozialpädagogik/ Erwachsenenbildung der FU Berlin, unveröff. Manuskript, Frankfurt a.M. 1981.

Schütze sieht die Soziale Arbeit schon immer dem Zwang zur Interdisziplinarität ausgesetzt. Einem Zwang, dem die stolzen Professionen im fortschreitenden gesellschaftlichen Entwicklungsprozess, ebenfalls unterliegen. So ist der *Arzt* zunehmend ökonomischen Zwängen ausgesetzt und kommt kaum noch umhin, betriebswirtschaftlich zu denken. Der *Richter* sieht sich vor mannigfaltige Psychopathologien der Gesetzesbrecher gestellt und ist gezwungen, in der Forensik[16] mit Ärzten und Psychotherapeuten zu kooperieren. Selbst der *Pfarrer* kommuniziert heute mit Evolutionsbiologen und Astrophysikern.

Dieser Zwang zur Interdisziplinarität erscheint in der Sozialen Arbeit eine besondere Wirkung zu entfalten, welche vielfältige paradoxe Situationen erzeugt. Deshalb ist das interdisziplinäre Denken hier so verankert, wie in keiner anderen akademischen Schulrichtung. Dies wird am Fächerkanon der Hochschulen deutlich. Hier stehen Recht, Psychologie, Verwaltungswissenschaften, Soziologie und andere Fachwissenschaften gleichberechtigt nebeneinander und konkurrieren um die Gunst der künftigen Sozialarbeiterinnen und Sozialarbeiter. Oftmals entkommen die Studierenden diesem Dilemma nur, wenn sie sich auf die eine oder andere Seite schlagen, weil die Fachdisziplinen wie selbstverständlich der Neigung entsprechen, ihre eigenen wissenschaftlichen Grenzen gegen „Fremddisziplinen" abzugrenzen. Das Fach Soziale Arbeit hingegen ist in der Ausbildung noch relativ schwach, weil es bisher nur wenige ausgewiesene Sozialarbeitswissenschaftler gibt, die den Fachdisziplinen auf „Augenhöhe" begegnen können und diesen mitteilen, welches Fachwissen für die Soziale Arbeit Relevanz besitzt. Daher sehen die Fachdisziplinen keine „Bringschuld" (wie z.B. in der Medizin), sondern sind versucht, ihre Eigenständigkeit zu bewahren. Aber gerade im (oberflächlichen) interdisziplinären „Switschen" zwischen den Disziplinen liegt die besondere Kompetenz der Sozialen Arbeit und ihre besondere Chance. Darin ist man sich übrigens innerhalb der Sozialarbeiterschaft relativ einig[17].

[16] Forensik meint hier: (Psychisch) kranke Rechtsbrecher

[17] Z.B. Silvia Staub-Bernasconis bereits 1986 ausgegebene These, wonach die „Komplexität und Diffusität" des Gegenstandes der Sozialarbeit keine Schwäche, sondern ihre Stärke ist, die sie zur Interdisziplinarität zwingt, wird später immer wieder aufgegriffen und bestätigt. Staub-Berasconi greift natürlich hier auch schon weit in die Geschichte der Sozialarbeit zurück (Salomon, Richmond, Addams).
– Soziale Arbeit als eine besondere Art des Umgangs mit Menschen, Dingen und Ideen, in: Soziale Arbeit, 10/1986, S. 58f.

Schütze geht so weit, zu konstatieren, dass Professionen zukünftig viel stärker gezwungen sein werden, so zu handeln, wie es der Sozialen Arbeit bereits zu eigen ist, nämlich interdisziplinär. In dieser Fähigkeit zur Interdisziplinarität sieht er die besonderen professionellen Entwicklungschancen. Hierin ist die Soziale Arbeit den stolzen Professionen deutlich voraus, und deshalb bezeichnet er sie als Trendsetter der zukünftigen Professionsentwicklung. Schütze ist in seinem Gedankengang jedoch nicht so konsequent, dass er das besondere Merkmal der Sozialen Arbeit darin sieht, die **Paradigmengrenzen überschreiten** zu können. Ich hingegen komme zu dem Ergebnis, dass gerade in der Fähigkeit, die Grenzen zwischen Therapieleistung und Konsensbeschaffung überschreiten zu können, die Kernkompetenz professioneller Sozialer Arbeit liegt.

Meiner Erkenntnis nach scheint es heute einen gesellschaftlichen Bedarf nach einer Profession zu geben, die gleichzeitig das Allgemeinwohl und das Wohl des Einzelnen im Blick hat. Mit der Sozialen Arbeit schafft sich diese Gesellschaft seit etwa 40 Jahren einen neuen Professionstypus, der sich erstmalig dieser schwierigen Aufgabe stellt.

> Die besondere Aufgabe der Sozialen Arbeit besteht also in der paradoxen Herausforderung, Konsensbeschaffung und Therapieleistung gleichzeitig umzusetzen.

2
Wege der Erkenntnis

Die Erkenntnisse, die in diesem Buch dargestellt werden, speisen sich aus unterschiedlichen Quellen.

Theorien sind ja im Grunde genommen Ergebnisse wissenschaftlicher Forschung. Mit den Methoden der Wissenschaft wird ein Gegenstand erforscht, dann werden die so gewonnenen Daten und Ergebnisse geordnet, systematisiert und auf Begriffe gebracht. Die dadurch entstandenen Begriffsbündel nennt man folglich Theorie. Eine Theorie ist dann eine geordnete Begrifflichkeit, und schließlich eine Abstraktion und Verallgemeinerung der Wirklichkeit.

In diesem Buch habe ich vier Erkenntniswege gewählt. Die beiden ersten Wege entsprechen den geläufigen Standards wissenschaftlicher Verfahren. Es handelt sich dabei zum einen um das, was alle Studierenden tun: die Recherche der einschlägigen Theorien und deren Veröffentlichungen. Meine zweite Datenquelle ist die sozialwissenschaftliche Forschung. In diesem Falle greife ich auf Forschungsergebnisse meiner qualitativen Studien in der Psychiatrie zurück, die ich im nächsten Kapitel kurz erläutern werde.

Die dritte Quelle meiner Erkenntnisse ist meine konkrete Praxiserfahrung als Sozialarbeiter, Sozialtherapeut, Psychotherapeut und Supervisor.

Schließlich habe ich als vierten Erkenntnisweg eine ganze Reihe von Diplomarbeiten herangezogen, die Studierende in den letzten 20 Jahren bei mir verfasst haben.

2.1 Theorien der Sozialen Arbeit und Sozialarbeitsliteratur

Die Sozialarbeitsliteratur ist vielfältig und wird leider in der Praxis zu wenig wahrgenommen. In der Ausbildung werden hauptsächlich Quellen vorgestellt, die mehr enzyklopädischen Charakter aufweisen, wie z.B. die Bücher von Engelke, Belardi, Müller und Galuske[1].

---

[1] Engelke/Borrmann/Spatschek (2009): Theorien der Sozialen Arbeit. 5. Auflage Freiburg i.Br.
Belardi, Nando (2007): Beratung. Eine sozialpädagogische Einführung. Weinheim u. Basel.
Müller, C. W. (2006): Wie helfen zum Beruf wurde. Weinheim u. Basel.
Galuske, Michael (2007): Methoden der Sozialarbeit. Weinheim u. Basel.
(Diese Bücher sollten die Studierenden der Sozialen Arbeit besitzen.)

Diese Bücher haben einen hohen Stellenwert in der Ausbildung, sie geben einen Überblick über Theorien und Methoden der Sozialen Arbeit, diskutieren aber weniger eigene Forschungsergebnisse.

Die forschungsorientierten wissenschaftlichen Arbeiten kann man grob in drei Kategorien unterteilen: 1. Soziale Arbeit als Teilgebiet der Erziehungswissenschaften, 2. Soziale Arbeit als eigene Wissenschaft und 3. Soziale Arbeit als Profession innerhalb der Sozialwissenschaften. Bevor ich hier den letzteren Ansatz weiter ausführe, noch ein kurzer Blick auf die beiden anderen Zugänge zur Theorie der Sozialen Arbeit.

Soziale Arbeit als Erziehungswissenschaft versucht das berufliche Handeln von Sozialpädagoginnen und Sozialarbeiterinnen im weitesten Sinne als pädagogisches Handeln zu begreifen und definiert folgerichtig die Pädagogik als Leitwissenschaft. Diese Richtung hat eine breite universitäre Basis und blickt auf eine fundierte Wissenschaftstradition zurück. Mitte der 1970er Jahre ist es gelungen, den Studiengang „Diplom Pädagogik" an vielen Universitäten erfolgreich zu etablieren. Der Anfangselan der ersten Studiengänge konnte an den Universitäten lange Zeit erhalten werden. In der beruflichen Praxis hingegen konnten die universitär ausgebildeten Diplom Pädagoginnen sich nur in wenigen Bereichen etablieren und mussten gar in ihren Domänen, der außerschulischen Bildung, die Konkurrenz von Lehrern, die keine Stellen im Schuldienst fanden, hinnehmen.

Heute sind viele Diplom Pädagoginnen in der Sozialen Arbeit tätig, wo sie oftmals nur für Gehälter[2] von Erziehern oder bestenfalls Sozialpädagogen arbeiten. Von den Sozialpädagogen der Fachhochschulen werden sie häufig abgelehnt, weil sie nicht über die „Staatliche Anerkennung" verfügen.

Die „erziehungswissenschaftliche Schule" hat wichtige Wurzeln bei den frühen Erziehungstheoretikern wie Pestalozzi und Nohl; der einflussreichste Gegenwartstheoretiker dürfte Hans Thiersch[3] sein und die aktuellsten Strömungen werden wohl von Michael Winkler[4] vertreten.

---

[2] Von der Ausbildung her (BAT) müssten Diplompädagogen wie Diplompsychologen, Gymnasiallehrer oder Stationsärzte bezahlt werden.

[3] Thiersch, H. (2002): Positionsbestimmungen der Sozialen Arbeit. Gesellschaftspolitik, Theorie und Ausbildung. Weinheim und München

[4] Winkler, M.: Sozialpädagogische Forschung und Theorie – Ein Kommentar, in: Schweppe, C./Thole, W. (2005): Sozialpädagogik als forschende Disziplin. Theorie, Methode, Empirie. Weinheim und München

Der Anspruch der Erziehungswissenschaft als Leitdisziplin wird von Hans Thiersch dadurch dokumentiert, dass er die geläufige Begrifflichkeit: *Sozialarbeit/Sozialpädagogik* wandelt in *Sozialpädagogik/Sozialarbeit.*

An den Fachhochschulen fanden sich die Vertreter dieses Ansatzes hauptsächlich in den Fachbereichen Sozialpädagogik wieder. Die von Mühlum[5] bereits in den 1980er Jahren festgestellte Konvergenzentwicklung von Sozialpädagogik und Sozialarbeit führte dazu, dass die Studiengänge mehr und mehr vereinheitlicht wurden. Die Erziehungswissenschaft hat heute fast ausschließlich an den Universitäten den Charakter einer Leitdisziplin. Die Vereinheitlichungsentwicklung von Sozialarbeit und Sozialpädagogik ist an den Fachhochschulen in die Bachelor-Studiengänge „Soziale Arbeit" eingemündet. Hier hat die Zusammenführung von Sozialpädagogik und Sozialarbeit ihren vorläufigen Abschluss gefunden und die Erziehungswissenschaften haben sich in den Fächerkanon, gleichberechtigt neben Psychologie, Verwaltung, Recht usw., eingeordnet.

Für die anschließend zu beschreibende Professionstheorie sind die Arbeiten von Hans Thiersch allerdings von großer Bedeutung, weil hier der Begriff vom „gelingenden Alltag" eingeführt wird. Hans Thiersch ist einer der bedeutendsten Vertreter des erziehungswissenschaftlich-gesellschaftstheoretischen Ansatzes. Er versteht seine Theorie von Sozialpädagogik zwar als Theorie innerhalb der Erziehungswissenschaft; diese Erziehungswissenschaft ist bei Thiersch allerdings sozialwissenschaftlich orientiert und gesellschaftstheoretisch und handlungstheoretisch konzipiert[6]. Wissenschaftstheoretische Grundlage seines Denkens ist eine kritische, progressive und emanzipatorische Hermeneutik, mit der Thiersch sich gegen eine hermeneutisch-pragmatische Wissenschaftsauffassung abgrenzt, wie sie beispielsweise bei Hermann Nohl zu finden ist.

Während Nohl ganz pragmatisch die Schwierigkeiten verstehen wollte, die ein Kind vorfindet, wenn es in unterschiedlichen Lebenssituationen in die menschliche Lebenswelt hineinwächst, ist Thierschs Grundlage eine Gesellschaftstheorie, die die Erzeugung von sozialen Problemen und Lernproblemen auch mitreflektiert. Durch die sozialwissenschaftliche

---

[5] Mühlum, Albert (Frankfurt a.M. 1981) Sozialpädagogik und Sozialarbeit. Eine vergleichende Darstellung zur Bestimmung ihres Verhältnisses in historischer, berufspraktischer und theoretischer Perspektive.

[6] Vgl. Thiersch 1986.

Dimension in der erziehungswissenschaftlichen Sozialpädagogik/Sozialarbeit bei Thiersch werden die Ursachen von sozialen Problemen und Lernproblemen ebenso angesprochen wie die spezifischen Interventionen auf diese Probleme, die dann als gesellschaftliche Reaktionen auf die Problemlagen verstanden werden.

Konstitutives Merkmal der sozialpädagogischen Handlungskompetenz ist nach Hans Thiersch die Fähigkeit des Sozialpädagogen zur wissenschaftlich gestützten Reflexivität in alltäglichen Situationen und Aufgaben. Die Berufsidentität ist demzufolge von einem Handeln geprägt, das gerade durch die Widersprüche zwischen Wissenschaftlichkeit und Alltag charakterisiert ist. Die dynamischen Prozesse innerhalb einer hochindustrialisierten Gesellschaft bedrohen mit ihren Sachzwängen ein „*gelingendes*“ Alltagsleben. Ziel der Sozialpädagogik/Sozialarbeit ist es nun, die Adressaten im Kampf um die Veränderung des Alltages zu unterstützen und auf die gesellschaftlichen Verhältnisse verändernd einzuwirken, damit ein humaner, freundlicher und freier Alltag möglich wird.[7]

Der Alltagsbegriff von Thiersch wird in der jüngeren Entwicklung der Sozialarbeit und der Professionsdiskussion bedeutungsvoll. Die sogenannte „Alltagswende“ in der sozialpädagogischen Professionalisierungsdiskussion ist der Versuch, eine Grundlagentheorie für die Sozialarbeit/Sozialpädagogik zu entwickeln, die sich nicht abstrakt auf Personen, Gruppen oder Gemeinwesen bezieht, sondern diese immer verwoben sieht in konkrete Alltags- und Lebenswelten.[8]

Die **Sozialarbeit als eigene Wissenschaft** geht in Deutschland auf Alice Salomon zurück, die sich ihrerseits Anregungen in England und den USA holte (Mary Richmond, Jane Addams). Die Professionalisierungsansätze von Alice Salomon wurden durch den Naziterror unterbunden und aus Deutschland vertrieben. Gemeinsam mit der deutschsprachigen Psychoanalyse beeinflussten die nach Amerika emigrierten Fachleute das amerikanische Sozial Work und kehrten nach dem Zweiten Weltkrieg z.T. nach Deutschland zurück, wo sie die Nachkriegsfürsorge maßgeblich gestalteten.

Die hieraus entstandenen Versuche, Soziale Arbeit als eigene Wissenschaft zu formulieren, wurden vor allen Dingen an den im Jahre 1971 neu gegründeten Fachhochschulen unternommen. Da die Fachhochschulen

[7] Vgl. Thiersch/Rauschenbach, S. 1013
[8] Zum Alltagsbegriff vgl. u.a.: (Dewe, Ferchhoff, Sünker 1987 u. Thiersch 1992)

jedoch mit ihrer Gründung hauptsächlich durch andere wissenschaftliche Disziplinen „kolonialisiert“[9] wurden, tat sich die Theorieentwicklung aus der Sozialen Arbeit heraus recht schwer. Einer der profiliertesten Vertreter dieses Ansatzes, Wolf Reiner Wendt, lehrt bezeichnender Weise an einer Berufsakademie in Stuttgart. Der verbreitetste Ansatz heute kommt aus der Schweiz von Silvia Staub-Bernasconi und sehr aktuelle Arbeiten steuert Heiko Kleve[10] bei, der seine Wurzeln an der Alice-Salomon Fachhochschule in Berlin hat.

Soziale Arbeit als Wissenschaft versucht ihre Eigenständigkeit zunächst aus der Geschichte der Armenfürsorge abzuleiten und greift dann die gegenwärtig Gesellschaftsentwicklung auf und weist so den Bedarf nach einer „Arbeit am Sozialen“ nach.

Silvia Staub-Bernasconi unternimmt den Versuch, durch Selbstreflexionsprozesse die Theorieproblematik der Sozialarbeit zu überwinden. Mit ihrer Veröffentlichung „Soziale Arbeit als eine besondere Art des Umgangs mit Menschen, Dingen und Ideen“[11], entwirft sie eine Theorie der Sozialarbeit auf einer handlungstheoretischen Wissensbasis. Entsprechend dieser handlungstheoretischen Basis sind die Komplexität des Gegenstandsbereiches und der Methodenpluralismus, konstitutive Ausgangslagen der Sozialarbeit, die zwangsläufig zu Begriffsunschärfen führen müssen. Zwar sind diese Unschärfen gerade für die Sozialarbeit charakteristisch, jedoch will Staub-Bernasconi für diese Komplexität eine eigenständige Wissenschaft entwickeln, die aus der Praxis heraus das begriffliche Dilemma überwinden hilft, um der Sozialarbeit zu einem wissenschaftlich fundierten Selbstbewusstsein zu verhelfen.

---

[9] Der **Begriff „Kolonialisierung“** wird seit Ende der 1970er Jahre in der Sozialen Arbeit verwendet. Er beschreibt das Vordringen anderer Disziplinen, wie Psychologie, Soziologie, Recht usw. in die Sozialarbeit, seit der Einführung der Fachhochschulen. Es wird kritisiert, dass diese akademischen Disziplinen die bis dahin bestimmenden Fürsorgerinnen und deren Theorien (z.B. Casework) verdrängt haben, und die Sozialarbeit aus ihrer jeweiligen Sicht zu definieren versuchen. Es gibt vor allen Dingen bei der Besetzung von Professorenstellen ein permanentes Bemühen dieser Fremddisziplinen ihre Fachvertreter zu positionieren. So wurde das „Land“ Sozialarbeit seit dem von Psychoanalytikern, Kunsttheoretikern, Politikwissenschaftlern, Verwaltungsleuten usw. besiedelt und verwaltet. Die dort tätigen Sozialarbeiterinnen und Sozialpädagoginnen fristen als „Eingeborene“ ihr Dasein in Reservaten wie „Didaktik/Methodik“ oder „Methoden der Sozialarbeit“.

[10] Kleve, Heiko (1999): Postmoderne Sozialarbeit. Aachen

[11] Staub-Bernasconi 1986

Staub-Bernasconi gehört zu den wenigen Verfasserinnen von Theorien der Sozialarbeit, die von sich behauptet, in einer umfassenden Weise den Gegenstand der Sozialarbeit als Wissenschaft und Praxis aus eigener beruflicher Erfahrung zu kennen, eine Metatheorie und eine Objekttheorie entwickelt zu haben, sowie den Bezug ihrer Theorie zur Praxis herstellen zu können.

„Soziale Arbeit kommt nicht ohne Reflexion ihres besonderen gesellschaftlichen Standortes und damit der sehr unterschiedlichen Zugänglichkeit ihrer Akteure, Praktiker, Ausbildner zu den gesellschaftlichen Sektoren, wie zum Beispiel Wirtschaft, Kultur, Familie und Politik aus. Wissenschaft als eine Frage nach dem real Gewordenen, seinen Entstehungs- und Veränderungsbedingungen, hat diese Reflexion zu leisten und erhält dadurch ihren Stellenwert und ihre kritische Funktion für die Sozialarbeit“[12].

Die Theorie- und Methodenentwicklung muss nach Staub-Bernasconi der Komplexität und der Widersprüchlichkeit der sozialen Wirklichkeit standhalten. Daher bedarf es einer Wissensbasis, die der komplexen Realität der Sozialarbeit gerecht wird. Dies kann nur eine „handlungswissenschaftliche Metatheorie“ leisten, die mehrere Zugangsmöglichkeiten miteinander verbindet, da ein einzelner methodologischer Zugang die Komplexität nicht zu bewältigen im Stande ist. „Es geht darum zu wissen, was problematisch ist und deshalb nach verändernder Praxis ruft, warum etwas im Sinne seiner Verursachung problematisch ist, aber auch aufgrund welcher Werte ein Sachverhalt als problematisch beurteilt wird. Es geht aber im Weiteren auch darum, zu bestimmen, wer, womit, woraufhin und wie etwas zu verändern suchen soll, und dies mit welchem Ergebnis“[13].

Als Kernproblem der Sozialarbeit wird angesehen, dass sie widersprüchlichen Bereichen verpflichtet ist und widersprüchlichen Erwartungen genügen muss. Entsprechend konnte sie bis heute keine einheitliche wissenschaftliche Leitdisziplin entwickeln. Dies führt zu einem Bedarf nach Handlungsanleitungen, der nach Staub-Bernasconi aus einer tiefen Verunsicherung der Berufspraktiker herrührt. Häufig scheitern solche schematischen Anleitungen in der Praxis. Die Problematik solch schematischer Verfahren und Techniken wird in erster Linie in deren Kontextabgelöstheit gesehen.

[12] Staub-Bernasconi 1986, S. 24
[13] Staub-Bernasconi 1986, S. 8

Staub-Bernasconi will mit dem, was sie als „handlungswissenschaftliche Metatheorie“ bezeichnet, Sozialarbeiter und Sozialarbeiterinnen aus ihren Verunsicherungen führen, indem sie einen Weg aus der theoretischen Verlegenheit aufzuzeigen bemüht ist, der Theorie und Praxis in Verbindung setzt.

Kritisch anmerken muss man zu den Arbeiten von Staub-Bernasconi, dass einerseits nie ganz deutlich wird, woher sie ihre Kategorien ableitet[14] und dass sie andererseits wiederum genau das macht, was sie zunächst an den Sozialwissenschaften beklagt. Sie entwirft eine höchst komplexe Theorie, die so sicherlich von den Praktikern, zu deren Fürsprecherin und Verbündete sie sich ja macht, nur schwer nachvollzogen werden kann. Der sehr stark strukturierte und abstrahierte Aufbau ihrer Arbeiten verlangt ein hohes Maß an kognitiver Verarbeitungsfähigkeit des Lesers, der sich in der Auseinandersetzung mit den Texten von Staub-Bernasconi dann möglicherweise von den alltäglichen Eindrücken, die er von seinem Klientel mitbringt, entfernt. Die Paradoxie zwischen Wissenschaftlichkeit und dem banal Alltäglichen, wie sie schon von Thiersch beschrieben wurde, dürfte für die Sozialarbeiterin vor Ort kaum zu überwinden sein, weil Abstraktionsgrad und Komplexität nur schwer in „innere Bilder“ einer Theorie umgesetzt werden können. So gesehen muss man leider sagen, dass es sich beim Ansatz von Staub-Bernasconi nicht um eine „elegante“ Theorie handelt. Es könnte sein, dass Silvia Staub-Bernasconi aus diesen Gründen ihr Ziel verfehlt, die Praktiker/innen der Sozialarbeit zu erreichen und diesen zu einem gesteigerten wissenschaftlich gegründeten Selbstbewusstsein zu verhelfen.

Die beiden hier angerissenen Theorielinien kennzeichnen den derzeitigen Entwicklungsstand der Sozialarbeit/Sozialpädagogik. Auf der einen Seite steht die Sozialpädagogik/Sozialarbeit in der Tradition der Pädagogik. Hier wird zwar die gesellschaftspolitische Perspektive in den Mittelpunkt des theoretischen Interesses gesetzt, es findet jedoch immer wieder eine Rückbesinnung auf die erziehungswissenschaftliche Heimat statt.[15]

Die andere Strömung lehnt sich an die Tradition des „Social Work“ an, greift dessen Geschichte auf und deren internationale Strömungen und versucht sich von Leitdisziplinen zu lösen und eine eigene Sozialarbeitswissenschaft zu entwerfen. Diese Strömung bekam in den 1980er Jahren

[14] Vgl. Sidler 1993

[15] Diese Strömungen sind gut in der Zeitschrift „Neue Praxis“ zu verfolgen.

Aufschwung, zunächst durch die amerikanischen Ansätze von Germain und Gittermann[16], in Deutschland durch Wendt[17], aus der Schweiz von Staub-Bernasconi und nach der Jahrtausendwende von Heiko Kleve und Maja Heiner.

Man kann heute feststellen, dass in allen Strömungen und Theoriebildungsprozessen innerhalb der Sozialarbeit die Auseinandersetzung mit einem spezifischen Merkmal Sozialer Arbeit herausragende Bedeutung hat. Es handelt sich dabei um die Widersprüchlichkeiten des sogenannten *„Doppelten Mandats"*. Dieses doppelte Mandat, welches *„Hilfe und Kontrolle* zugleich verlangt, aber ebenso auch die **Doppelverpflichtung** zur Änderung des Sozialverhaltens und der Sozialverhältnisse"[18], hat die Sozialarbeitsdiskussionen in den 1970er Jahren stark polarisiert, und zwar in eine sozialintegrative und in eine systemkritische Richtung. Die sozialintegrativen Ansätze zielten auf Anpassung und Eingliederung der abweichenden Individuen, wie bei Scherpner oder Rössner. Die systemkritischen Ansätze zielten auf Befreiung der Individuen und auf Veränderung gesellschaftlicher Strukturen, wie bei Hollstein/Meinhold oder Keram Khella[19].

Mit dem neueren professionstheoretischen Ansatz könnten die Polarisierungen überwunden werden, weil nun die „Paradoxien professionellen Handelns", die konstitutiv und prinzipiell nicht überwindbar sind, als Bestandteil professionellen Handelns integriert werden.

Zwar kann man auch bei vielen Professionstheoretikern noch unterschiedliche Affinitäten zum erziehungswissenschaftlichen Zugang (Dewe, Ferchhoff) oder zum Zugang aus dem „Social Work" (Schütze, Haupert, Thole) erkennen, jedoch stehen sich beide Zugehensweisen in der aktuellen Professionsdiskussion längst nicht mehr so polar gegenüber, da sie die Paradoxien des professionellen Handelns nun in das Zentrum ihrer Theoriebildungsprozesse rücken.

Professionstheoretische Ansätze werden an dieser Stelle nicht vertieft vorgestellt, sie sind im hinteren Teil (ab S. 115) der Hauptgegenstand dieser Ausarbeitungen.

---

[16] Germain/Gitterman (1983): Praktische Sozialarbeit. Das „Life Modell" der sozialen Arbeit. Stuttgart Mühlum 1993, S.957

[17] Wendt, W.R. (1982): Ökologie und Soziale Arbeit

[18] Mühlum 1993, S. 957 (Hervorhebungen von Andreas Knoll)

[19] Enzyklopädisch und übersichtlich beschrieben von Engelke u.a., Theorien der Sozialen Arbeit

2.2 Forschung

Theorien sind das Ergebnis wissenschaftlicher Forschung. Ein möglichst klar eingegrenzter Gegenstand wird mit Hilfe nachvollziehbarer und überprüfbarer Forschungsmethoden erkundet und beschrieben. Die Methoden, mit denen der Gegenstand erforscht wird, müssen sich eine Überprüfung durch andere Wissenschaftler gefallen lassen. Die Ergebnisse müssen hinterfragbar, kritisierbar und verwerfbar sein. Wissenschaftlich ist eine Theorie nur dann, wenn sie grundsätzlich widerlegt werden kann. Viele Methoden, mit denen der Gegenstand der Sozialen Arbeit erforscht wird, sind nur eingeschränkt tauglich. Das trifft besonders auf die Methoden zu, die auf den ersten Blick rational, sachlich und berechenbar wirken. Es handelt sich hierbei um die „quantitativen Methoden", mit denen man versucht mittels Statistiken und Rechenmodellen zu sachlich, rationalen und berechenbaren Ergebnissen zu gelangen. In vielen Bereichen sind diese sozialwissenschaftlichen Methoden äußerst erfolgreich, denken wir nur an den gesamten Bereich von Statistik, Markt- und Meinungsforschung. In Bereichen aber, in denen es um inhaltliche Aussagen geht, ist der Erkenntnisgewinn eher gering. Die konkrete Forschungsfrage lautet, „welche Theorie liegt dem Handeln der professionellen Sozialen Arbeit zu Grunde" oder einfacher ausgedrückt: „Was ist Sozialarbeit?"

Um darauf eine Antwort zu bekommen, wurden bereits im ersten Schritt die Fachveröffentlichungen zu diesem Thema reflektiert.

Im zweiten Schritt nun muss untersucht werden, was die in der Sozialen Arbeit tätigen Professionellen überhaupt tun. Oder besser noch, was sie denken, was sie tun. Es geht also nicht um die Praxis *(was sie tun);* vielmehr geht hier um die Theorie *(was sie denken, was sie tun).*

Diese Gedanken habe ich versucht, mittels qualitativer Studien Mitte der 1990er Jahre zu erheben. Dazu habe ich mich einer inhaltsanalytischen Erhebungsmethode der qualitativen Sozialwissenschaften bedient, die Anselm Strauss[20] „Grounded Theory" nennt.

Folgendes Forschungsdesign wurde von mir gewählt:
Es wurden zwei ausführliche narrative-berufsbiographische Interviews mit zwei Sozialarbeiterinnen der „ersten Stunde" geführt. Beide nahmen

[20] Strauss, Anselm (1991): Grundlagen qualitativer Sozialforschung – Datenanalyse und Theoriebildung in der empirischen soziologischen Forschung. München

ihre Tätigkeit in einem Psychiatrischen Krankenhaus zu Beginn der 1960er Jahre auf und waren zum Interviewzeitpunkt (1993/94) gerade in den Ruhestand gegangen. Die sehr ausführlichen Tonbandaufzeichnungen der Interviews wurden dann wörtlich abgeschrieben (transkribiert). Diese Transkripte hatten einen Umfang von jeweils ca. 120 Seiten. Im nächsten Schritt wurden die Transkripte Wort für Wort, Zeile für Zeile paraphrasiert, d.h. in Schriftsprache übersetzt. Natürlich ist dies schon ein Interpretationsschritt, der im darauf folgenden Durchgang mit einer „analytischen Abstraktion" der Texte vertieft wurde. Aus diesen Abstraktionen wurden sodann Zusammenfassungen erstellt, die den Interviewpartnerinnen zur Kenntnis gegeben wurden. Nachdem die Interviewpartnerinnen diese Papiere studiert hatten, wurde je ein Reflexionsgespräch durchgeführt, deren Ergebnis dann in ein Protokoll überführt wurde, welches 16 Sozialpädagogen/Sozialarbeitern, die zu diesem Zeitpunkt in einem Psychiatrischen Krankenhaus arbeiteten, in drei Gruppendiskussionen, von jeweils zweieinhalb Stunden Dauer, besprachen. Ziel war es, herauszufinden nach welchen impliziten Theorien die Berufsgruppe der Sozialarbeiterinnen und Sozialpädagoginnen in den untersuchten Psychiatrischen Krankenhäusern handelt. Die Forschungsverfahren und die inhaltlichen Ergebnisse habe ich in leicht gekürzter Fassung in meinem Buch „Sozialarbeit in der Psychiatrie"[21] veröffentlicht.

2.2.1 Die „Grounded Theory" des Anselm Strauss[22]

Die „Grounded Theory" steht in der Tradition des symbolischen Interaktionismus, dessen Grundannahmen darin bestehen, dass Menschen gegenüber sozialen Objekten auf der Basis von Bedeutungen handeln, die diese für sie haben. Diese Bedeutungen entstehen im Prozess sozialer Interaktion, wo sie entwickelt und modifiziert werden. Soziale Gebilde wie beispielsweise die Institution Jugendamt sind somit Produkte menschlichen Handelns. Durch fortlaufendes menschliches Handeln sind diese sozialen Gebilde nun weiterhin einem kontinuierlichen Wandlungsprozess unterworfen, so dass auch die Produkte dieses Veränderungsgeschehens sich verobjektivieren. Da diese Objekte nun wiederum Gegenstand

[21] Knoll, Andreas (2000): Sozialarbeit in der Psychiatrie – von der Fürsorge zur Sozialtherapie. Opladen.
[22] Strauss, A. 1991

neuerlicher Interpretationsprozesse werden, sind ihre Strukturen niemals vollständig determiniert, sondern einem andauernden Wandlungsprozess unterworfen,[23] wie im Falle der Sozialen Arbeit nachzuweisen sein wird.

Soziologische Theorien, die Aussagen über solche (dynamische) sozialen Gebilde machen, werden von Strauss nicht logisch-deduktiv entwickelt, sondern aus empirischer Forschung gefunden und gewonnen. Daher wird von einer datenbasierten Theorie gesprochen, mit der die Kluft zwischen Theorie und empirischer Forschung überwunden werden soll, denn diese so gefundene Theorie beruht auf empirischen Daten und Einsichten. „... (grounded = in der Empirie verankert)“.[24]

Die Ergebnisse und Theorien in diesem Buch sind also aus der Praxis der Sozialen Arbeit gewonnen. Ein wesentliches Ergebnis dieser Praxisforschung besteht in der Erkenntnis, dass die Soziale Arbeit sich in einem fortwährenden Entwicklungsprozess befindet. Dynamik und Richtung dieses Prozesses werden durch permanente Aushandlungsprozesse mit der bestehenden äußeren Welt (jeweilige Gesellschaftsordnung) bestimmt. Diese Aushandlungsprozesse sind den Beteiligten nur selten bewusst. Die Soziale Arbeit hat sich zur Bewusstwerdung dieser Dynamiken u.a. das Instrument der Supervision[25] gegeben.

In der durchgeführten Studie konnte festgestellt werden, dass die psychiatrische Versorgung in der Nachkriegszeit aus Sicht der Sozialarbeit menschenverachtend, zynisch und ineffektiv wirkte. Die psychisch erkrankten Menschen wurden in Großkliniken untergebracht, die klosterähnlich einer eigenen ummauerten[26] Ortschaft glichen. Bis zu 2.000 Insassen (Patienten) wurden durch einen patriarchalen Anstaltsarzt und wenigen „Irrenärzten“ samt „Irrenwärtern“ betreut. Die Patienten wurden in Schlafsälen mit bis zu 50 Personen untergebracht und besaßen weder Hab noch Gut. Sie leisteten Arbeitdienste in der Landwirtschaft und den anstaltseigenen Versorgungs- und Produktionsbetrieben. Die Mehrzahl des Personals war nicht pflegerisch ausgebildet, sondern kam aus Handwerk und Landwirtschaft. Das führte dazu, dass dieses „Irrenpersonal“ sich zu-

[23] Strauss, A. 1991

[24] Lamnek 1988, S. 107

[25] Supervision ist das von der Sozialen Arbeit entwickelte berufliche Selbstreflexionsverfahren. Hierzu weiter hinten im Text. Eine sehr verständliche Einführung liefert Belardi, 2001

[26] Bezeichnender Weise spricht man in der Psychiatrie heute noch von „intramural“ (= innerhalb der Mauern).

nehmend um die Anstalt herum ansiedelte, teilweise Häuser baute, wodurch die jeweiligen Ortschaften ihren Ruf als „Irrenanstalts"-Orte erhielten. Hinter dem Konzept dieser bewahrenden (kustodialen) Psychiatrie stand der eigentlich humanitäre Gedanke, dass man die erkrankten Menschen vor der Gesellschaft schützen müsse. Da sie ja krank waren, gehörten sie ins Bett. Die Bettenbehandlung machte sie aber noch kränker. Diese Krankheit nennt man dann Hospitalismus. Das wurde 1961 von dem amerikanischen Soziologen Erving Goffman[27], einem Schüler von Anselm Strauss, eindringlich beschrieben.

Dieses Buch löste in der Anstaltpsychiatrie eine Wende aus, die in Deutschland zunächst nur langsam in Gang kam. Im Untersuchungsfall gab es einen neuen Anstaltsleiter mit einem kritisch-humanitären Bewusstsein, der eine nur begrenze Fachkompetenz seines Personals sah. Er sucht nun *„idealistisch gesonnene Akademikerinnen"*, die sich stärker um die psychisch erkrankten Menschen bemühen sollten

Interaktionistisch und allgemein ausgedrückt können wir nun sagen, dass die Gesellschaft ein Problem entwickelt *(= psychisch kranke Menschen werden durch die Anstaltspsychiatrie noch kränker).* Für die Lösung dieses Problems wünscht sich „die Gesellschaft" Problembearbeiter *(= idealistisch gesonnene Akademikerinnen)*. Diesen Typus von Problembearbeitern fand man nun in der Fürsorge. Hier gab es gebildete junge Frauen, die sich im Sinne christlicher Nächstenliebe verwirklichen wollten und dadurch zur Bescheidenheit neigten. Ein neuer Typus von Mitarbeitern in den psychiatrischen Großkrankenhäusern wurde somit kreiert. Idealistisch, klug und bescheiden sollte dieser Typus sein. Auf diese gesellschaftliche Anforderung antwortete nun die erste Fürsorgerin, die 1960 in der Psychiatrie dieses Bundeslandes eingestellt wurde, mit der Äußerung: *„Und da habe ich sofort gesehen, hier muss Sozialarbeit geleistet werden"*.

Von herausragender Bedeutung für die Professionalisierung Sozialer Arbeit wird nun, dass diese Fürsorgerin bereits eine Vorstellung davon hatte, was Sozialarbeit sei. Diese Vorstellung nimmt der „neue Professionstypus" nicht aus der sie einstellenden Institution (Psychiatrie), sondern aus der „Sinnwelt der Sozialarbeit". Doch was war die „Sinnwelt Sozialarbeit" damals? Aus den Äußerungen der ersten Sozialarbeiterin ging hervor, dass sie Absolventin einer „Evangelischen höheren Frauen-Sozial-

[27] Goffman, Asyle a.a.O.

schule“ war. Dort hatte sie gelernt, dass es eine Berufsvereinigung der Krankenhaussozialarbeiterinnen gab. Hier informierte sie sich zunächst über sozialarbeiterische Konzepte der Krankenhausfürsorge. So trafen nun die beiden Vorstellungen, „idealistisch gesonnene Akademikerinnen“ und Konzepte der „Krankenhausfürsorge“ in der Institution Psychiatrische Anstalt aufeinander und sahen sich veranlasst, den neuen Handlungstypus miteinander auszuhandeln.

Was waren die Bedürfnisse der Institution?
Die Krankenhausverwaltung musste bei allen Neuaufnahmen die Patientendaten erheben. Dazu war es nötig, mit den Patienten zu sprechen und einige persönliche Angaben zu erfragen. Dies war bei weitem noch keine Anamnese[28], lediglich einige Angaben zur Person, wie Alter, Geschlecht, Familienstand, Sozialversicherung usw. wurden erfragt. Bei diesen Befragungen kam es vor, dass die Patienten zu weinen begannen, wenn ein persönlich, belastender Punkt angesprochen wurde. Durch diese Gefühlsausbrüche fühlte sich die Verwaltung aber überfordert und so war man froh, dass nun endlich eine Fürsorgerin eingestellt worden war, die sich um die weinenden Menschen kümmern und ihnen Trost spenden sollte.

Der Fürsorgerin war dies aber zu wenig. Sie sah, dass den Menschen „Unrecht geschah“, und sie wollte dazu beitragen, dies zu verändern. Sie wollte Ausweispapiere beschaffen, um Rentenansprüche durchzusetzen, sie wollte, dass die Menschen für ihre Arbeiten für das Anstaltspersonal bezahlt werden, sie wollte dafür sorgen, dass die Menschen miteinander kommunizierten und sich veränderten.

In dieser allerersten Professionalisierungsphase der Sozialen Arbeit in der Psychiatrie findet bereits ein Aushandlungsprozess zwischen Gesellschaft (hier Psychiatrie) und Fürsorge statt. Die Gesellschaft formuliert einen Handlungsbedarf („*wir kommen mit den Gefühlen der Patienten nicht mehr zurecht*“), auf den eine Berufsgruppe (Fürsorge) antworten soll. Geantwortet wird mit Berufsgruppenidentität (Krankenhausfürsorge), die nicht nur im Trost spenden ihre Kompetenz sieht sondern auch darin, die formalen Bürgerrechte der Menschen organisatorisch und administrativ abzusichern. Soziale Arbeit kommt also bereits von Anfang an mit dieser Doppelgesichtigkeit daher: Die Innenwelt der Menschen

[28] Eine Anamnese ist die Erhebung der Vorgeschichte und kann differenziert werden in Sozialanamnese und Krankengeschichte.

(die Gefühle, das Weinen) und die Außenwelt der Menschen (Rechte, Administration, Personalpapiere). Diese beiden Ebenen werden nun ausgehandelt und zu einem neuen, spezifischen Berufstypus weiterentwickelt.

Analytisch abstrahiert bedeutet das für eine Sozialarbeitstheorie:

> Sozialarbeiter begegnen ihren Adressaten sowohl auf der zweckrationalen Ebene (Verwaltung), als auch auf der emotionalen und der irrationalen Ebene (Psyche).

Sie müssen also die verwaltete Welt und deren Dynamiken ebenso verstehen wie die einzigartige, individuelle Psychodynamik ihrer Adressaten (Klienten).

Viele Patienten hatten zur damaligen Zeit keine gültigen Ausweispapiere. Die Sozialarbeiterin der ersten Stunde machte daraus sogleich ein „sozialtherapeutisches Event". Sie fasste die betroffenen Patienten zu einer Gruppe zusammen und führte eine „Soziale Gruppenarbeit" durch, unter dem Thema, „wie komme ich an gültige Personalpapiere". Da einige Patienten Angst vor dem Gang zum Fotografen hatten, wurde die Erstellung von Passfotos im Rollenspiel geprobt. Die gesamte Beschaffung von Ausweispapieren für acht psychiatrisch erkrankte Menschen wurde zu einem Projekt erhoben, dessen sozialtherapeutischer Gewinn vermutlich höher einzuschätzen ist, als der eigentlich formale Akt der Ausweisbeschaffung. (*„Es wurde viel gelacht dabei", erzählt die Sozialarbeiterin in diesem Zusammenhang.*) Im Grunde genommen führt uns die erste Sozialarbeiterin mit diesem Beispiel bereits ein hochprofessionelles Verfahren der Sozialen Gruppenarbeit vor, welches sie intuitiv, analog der Praxisanforderungen, umsetzt. Sie stimuliert die emotionalen Modalitäten und erreicht gleichzeitig ein rationales Ziel. Für diesen sozialtherapeutischen Fall ist es bedeutsam, die emotionalen Erfahrungen nicht nur in den Dienst des zweckrationalen Zieles zu stellen, sondern sie als eigenen Wert zu betrachten. Man könnte es ja auch umgekehrt verstehen: Die zweckrationale, bürokratische Aufgabe wird dazu genutzt, um endlich mal wieder lachen zu können.

Die Grounded Theory erforscht nun die erzählte Berufspraxis präzise, sie legt gleichsam jedes Wort auf die Goldwaage, um die darunter liegende

Theorie zu entschlüsseln. So steckt bereits diese kleine Eingangssequenz voller Theorie, die der Akteurin leider noch nicht explizit, sondern nur implizit zur Verfügung steht.

> Die vorliegende Arbeit, stellt einen Versuch dar, eine vermutete implizite Sozialarbeitstheorie explizit zu machen, um dadurch Soziale Arbeit besser lehrbar zu machen. Wir bringen also das tag-täglich im Beruf Erlebte auf abstrakte Begriffe. Dadurch können wir anderen und uns selbst dann erklären, was Sozialarbeiterinnen und Sozialpädagoginnen eigentlich tun.

In der wissenschaftlich kontrollierten Grounded Theory wird das natürlich nach streng formalen methodischen Regeln durchgeführt. Damit stellt das Verfahren die wissenschaftliche Exaktheit unter Beweis.

Supervision ist im Grunde genommen so etwas wie „Grounded Theory in der Praxis". Denn in der Supervision stellen die Teilnehmer ihre Praxis einem außenstehenden Supervisor vor. Dieser macht sich ein Bild von den erzählten (Fall)-Geschichten und spiegelt die Abstraktion davon den Supervisanden zurück. Durch die Abstraktion der Fallgeschichten bilden die Teilnehmer theoretische Begriffe, die ihnen einerseits dazu verhelfen, sich vom Fallgeschehen zu distanzieren, es nicht persönlich zu nehmen, sondern es theoretisch abstrakt zu reflektieren. Andererseits entwickeln die Teilnehmenden zunehmend eine gemeinsame Sprache, die ihnen als Team dazu verhilft, kommunikative Missverständnisse zu reduzieren, weil man zu einer gemeinsamen Fachsprache findet.

2.3 Praxiserfahrungen

Im Laufe meiner Berufspraxis habe ich einen großen Schatz an Praxiserfahrungen gefunden, der zwar nicht in systematisierter Form vorliegt, wohl aber in reflektierter Form.

2.3.1 Jugendgerichtshilfe

Mein erstes Halbjahrespraktikum absolvierte ich bei der Jugendgerichtshilfe im Jahre 1972. Kurz zuvor, zum Wintersemester 1971, wurden die Fachhochschulen für Sozialarbeit und Sozialpädagogik gegründet. An unserer Fachhochschule wurden dadurch die, bis dahin (in den „Höheren Fachschulen") noch bestimmenden, engagierten und kompetenten Fürsorgerinnen/Sozialarbeiterinnen durch Professoren[29] der Sozial-, Geistes- und Rechtswissenschaften abgelöst. Diese neuen Professoren sahen nun nicht mehr in der persönlichen Hilfeleistung das zentrale Ziel der Sozialen Arbeit. Infolge des Zeitgeistes der „Achtundsechziger", sollte nun die Sozialarbeit dazu beitragen, die gesellschaftlichen Widersprüche aufzudecken und zu überwinden. Banalisiert ausgedrückt hieß das, die Überwindung der Klassengegensätze führt automatisch dazu, dass individuelles Elend sich auflöst. „Sozialarbeit unter kapitalistischen Produktionsbedingungen" hieß die Zauberformel, und das zu dieser Zeit erschienene Buch von Hollstein und Meinhold war die Standardlektüre[30].

Auf die Jugendgerichtshilfe bezogen hieß das für mich, die jugendlichen Straftäter waren Opfer des Systems und mussten vor dem System geschützt werden. Das führte zu einer deutlichen Parteilichkeit mit den Straftätern, die Justiz war der Arm der bestehenden Verhältnisse und somit der Gegner.

Bei den ersten Fällen, die ich zu bearbeiten hatte, ging das auch gut. Es waren durchweg Ersttäter mit Bagatelldelikten wie Schwarzfahren, kleine Kaufhausdiebstähle, Drogenkonsum und ähnlichen Kleinigkeiten. Ich nahm Partei ein für die Jugendlichen und fühlte mich auf deren Seite, auf der anderen Seite stand die Justiz als Machtinstrument der privatkapitalistischen Gesellschaft, die es ja zu überwinden galt. Die fachliche Argumentation war relativ einfach, da die Straftaten der jungen Menschen im Lichte jugendlichem Risikoverhaltens und einer Identitätssuche der Pubertät und Adoleszenz, als vorübergehende Episoden ohne „schädliche Neigungen", eingeordnet werden konnten. Heute würde man diese Dinge vermutlich ähnlich beschreiben.

[29] Während vor 1971 die Ausbildung zum größten Teil in der Hand von Frauen lag, waren die neuen Professoren in der Mehrzahl Männer.

[30] Hollstein, W./Meinhold, M. (1973): Sozialarbeit unter kapitalistischen Produktionsbedingungen, Frankfurt a.M.

Später wurde ich dann etwas verunsichert, weil ich es mit Fällen von schwerer Körperverletzung, Vergewaltigung, gewerbsmäßigem Handel mit harten Drogen und Zuhälterei zu tun bekam. Konnte ich mich hier weiter auf die Seite der Straftäter stellen? Die grundsätzliche und theoretische Lösung dieser Problemkonstellationen sollte noch viele Jahre dauern. Die praktische Lösung dieser Probleme ging dann relativ leicht. Ich kam, mit Hilfe der Supervision, zu dem *Ergebnis*, dass jeder Einzelfall anders liegt und immer geprüft werden muss, auf welcher Seite ich eigentlich stehe. Damit ließ sich das Problem zwar auf der Handlungsebene steuern, eine grundsätzliche Lösung, sowohl ethisch als auch berufstheoretisch war das jedoch noch nicht.

2.3.2 Antiautoritärer Kinderladen

1972/73 war die Hochzeit der Kinderladenbewegung. Man war gerade dabei die Unterdrückungssysteme einer „schwarzen Pädagogik" zu überwinden, besonders im Heimbereich. Die Kinderheime waren, ähnlich wie die Psychiatrie, durch autoritäre Machtausübung des Erziehungspersonals, mit Gewaltanwendung, Unterdrückung, Ausbeutung und Lieblosigkeit den Kindern gegenüber gekennzeichnet. Die Studentengeneration zu jener Zeit war noch durch totalitäre und autoritäre Lehrer geprägt, die ihr eigenes Welt- und Menschenbild noch nicht von den unmenschlichen Ideen des Nationalsozialismus gelöst hatten. Diese pädagogischen Unterdrückungssysteme galt es zu überwinden.

Das Konzept der antiautoritären Erziehung wurde diesen unmenschlichen Erziehungssystemen gegenübergestellt. Statt Autorität und Unterdrückung sollten die Kinder nun völlige Freiheit erleben, um sich gemäß ihren Bedürfnissen frei und kreativ entwickeln zu können. Das humanistische Ideal von Summerhill[31] wurde zur Leitlinie einer antiautoritären Pädagogik. Dem liegt ein Menschenbild zugrunde, demzufolge der Mensch mit dem positiven Ziel geboren wird, wachsen, gedeihen und sich entfalten zu wollen. Am Erreichen dieses positiven Zieles wird der Mensch nur durch ungünstige Einflüsse aus seiner Umwelt gehindert.

Der Kinderladen vermied demzufolge alle begrenzenden Regeln und ließ die Kinder sich frei und ohne Begrenzung verhalten. Innerhalb der Räum-

[31] Neill, Alexander S. (1969): Theorie und Praxis der antiautoritären Erziehung. Reinbek/ Hamburg

lichkeiten klappte das noch einigermaßen. Allerdings mussten auch hier bereits die Türen verschlossen werden (Aufsichtspflicht). Größere Probleme bereitete dieses Konzept allerdings dann, wenn wir unsere Räumlichkeiten verlassen wollten. Schon das Überqueren der Straße stellte uns von schier unlösbare Aufgaben. Auch diese Problemkonstellationen mussten in einer Supervision besprochen und geklärt werden. Ergebnis war: Freiheit nach Innen; Regelgewissheit nach Außen.

Späteres Fazit: Man kann nur innerhalb bestehender Umstände seine Persönlichkeit entfalten, wer unter allen Umständen Persönlichkeit sein will wird scheitern (frei nach Arnold Gehlen[32]). Für uns Sozialarbeiter bedeutete das auch, es gilt, die äußeren Umstände dergestalt zu verändern oder zu beeinflussen, dass die Individuen darin ihre Potenziale kreativ und erfolgreich entfalten können.

2.3.3 Drogenhilfe

Ende der 1960er Jahre entwickelte sich in Deutschland die erste große „Drogenwelle". Viele Jugendliche, besonders aus bürgerlichen und gebildeten Kreisen, experimentierten mit illegalen Drogen, besonders mit Haschisch und LSD. Das stellte die Gesellschaft vor eine völlig neue Herausforderung, denn es gab keine Instanz, die die damit verbundenen Probleme richtig einschätzen konnte. Ärzte und Psychiater auf der einen Seite fühlten sich völlig überfordert von der total abwesenden „Compliance"[33] der jungen Leute und deren mangelndem Problembewusstsein mit völliger Abwesenheit jeglicher Krankheitseinsicht. Richter und Staatsanwälte sahen keinerlei Ansatzpunkte, juristische Mittel anzuwenden, weil sie kein Unrechtsbewusstsein vorfanden und eine Krankheitsdynamik, die die Anwendung des Strafrechtes eigentlich ausschloss.

Das damals bestehende Hilfeleistungssystem kannte zwar schon die Suchtkrankenhilfe, schließlich wurde ja der Alkoholismus seit dem Sommer 1968 zu den Krankheiten gezählt und die Heilstätten (Trinkerheilanstalten) wandelten sich gerade um in Fachkliniken. Die jugendlichen Drogenkonsumenten konnten jedoch von diesen bürgerlichen Hilfesyste-

[32] Gehlen, Arnold (1964): Der Mensch, seine Natur und seine Stellung in der Welt. Reinbek/Hamburg

[33] „Compliance" nennen Ärzte die Bereitschaft des Patienten mitzuarbeiten, sich auf den Arzt einzulassen.

men nicht erreicht werden. Diese begannen gerade erst damit, die moralisierenden Einstellungen gegenüber den hilfebedürftigen Alkoholikern zu überwinden, wie sollte man da jetzt schon die aufmüpfige und kiffende Hippiejugend verstehen?

Die konfessionell gebundenen Freien Träger (Caritas, Diakonisches Werk) erhielten dennoch, aufgrund ihrer Vorerfahrungen in der Alkoholismusbekämpfung, den gesellschaftlichen Auftrag, sich des neuen Drogenproblems anzunehmen. Dafür wurden sie finanziell recht großzügig ausgestattet[34]. Da aber die „Drogenszene" sich total von der „Alkoholikerszene" abgrenzte, musste nun neues Personal gefunden werden, welches einen Zugang zu dieser Jugendkultur fand. Dieses neue Personal fanden die älteren Sozialarbeiter der Caritasverbände und der Diakonischen Werke nun an den neu eingerichteten Fachhochschulen für Sozialarbeit. Hier liefen Studierende herum, die der betroffenen Zielgruppe doch sehr ähnlich waren und die möglicherweise bereits die eine oder andere illegale Droge ausprobiert hatten; schließlich waren ja die Sozialarbeiter in der Alkoholismusbekämpfung auch oft ehemalige- bzw. trockene Alkoholiker.

Das Diakonische Werk meiner Heimatstadt suchte also an der Fachhochschule Studierende, die im Rahmen eines Praxisprojekts eine Drogenhilfeeinrichtung aufbauen sollten. Dieses Projekt startete im Sommer 1972 und überließ den Studierenden relativ viel freie Hand, stattete sie großzügig mit Räumlichkeiten und Geld aus, übergab einem Sozialarbeiter in der Alkoholismusberatungsstelle die formale Fach- und Dienstaufsicht und einem Professor der Fachhochschule einen Projektstatus. So wurde das Drogenprojekt mit einer Teestube geboren, welches zunächst ausschließlich von Studierenden und Zivildienstleistenden betrieben wurde. Die höhersemestrigen Studenten übernahmen die informelle Leitung, indem sie sich koordinierten und absprachen. Das führte bald zur Einführung einer regelmäßigen Dienstbesprechung und einer wöchentlichen Supervisionssitzung.

Man kann zu diesem Geschehen sagen: In einem Aushandlungsprozess zwischen der sich entwickelnden neuen Profession Sozialarbeit und den gesellschaftlichen Institutionen wird auf ein neues gesellschaftliches

[34] Man kann zu dem Eindruck gelangen, dass die gute finanzielle Ausstattung damals auch darauf zurückzuführen sein könnte, dass von der ersten „Drogenwelle" hauptsächlich gebildete Jugendliche aus mittleren bis oberen sozialen Schichten betroffen waren.

Problem (Drogen) reagiert. Für das entstehende neue Handlungsproblem wird ein Angebot gesucht. Da keine der bis dahin bestehenden Professionen ein adäquates Angebot machen kann, entwickelt sich ein völlig neuer Berufstypus, der einerseits auf Fachtradition (Fürsorge/Alkoholikerhilfe) zurückgreifen kann, der sich aber andererseits in der Lage fühlt, auf völlig neue Herausforderungen zu reagieren. An dieser Herausforderung scheiterten die klassischen Professionen, weil sie an ihre Paradigmengrenzen gerieten, die Grenzen zwischen Recht und Medizin, zwischen Konsensbeschaffung und Therapieleistung.

Die gesellschaftliche Situation nach 1968 erzwingt gleichsam einen neuen Professionstyp, der in der Lage ist, die bisher als unüberwindlich geltenden Paradigmengrenzen zwischen Gemeinwohl (Recht) und individuellem Wohl (Therapie) zu überschreiten.

Oevermann hat das noch als Hindernis für eine Professionalisierung der Sozialen Arbeit gesehen, weil er strukturtheoretisch dachte. Schütze, in der Denktradition des Symbolischen Interaktionismus stehend, sah hier die Entwicklungschance der Sozialarbeit, allerdings über den Umweg der Interdisziplinarität. Ich hingegen stimme mit Heiko Kleve[35] darin überein, dass die „Postmoderne" Problemlagen produziert, die gleichsam einen Professionstypus erzwingen, der die Jahrhunderte lang fest gefügten Paradigmengrenzen zu überschreiten in der Lage ist. Dieser Professionstypus begann sich in unserem kleinen „Drogenprojekt" herauszubilden.

Das Projekt startete im Sommer 1972 mit zwei Studentinnen. Ein Jahr später waren diese Studentinnen Berufspraktikantinnen geworden und scharten nun ein Projekt mit 12 studentischen Mitarbeiterinnen um sich. Nach Beendigung des Berufspraktikums der ersten Generation wurden nun zwei neue hauptamtliche Sozialarbeiter eingestellt, die sogleich dafür sorgten, dass weitere Studierende ihr Berufspraktikum absolvieren konnten. So wurde das Projekt immer größer. Etwa 30 Jahre später, im Jahre 2002, bestand die Nachfolgeeinrichtung[36] aus 200 (!!) fest angestellten Mitarbeiterinnen und Mitarbeitern. Das dokumentiert den Siegeszug des neuen Professionstypus, dessen einzigartige Kernkompetenz

[35] Kleve, Heiko (2000): Die Sozialarbeit ohne Eigenschaften – Fragmente einer postmodernen Professions- und Wissenschaftstheorie Sozialer Arbeit. Freiburg i.Br.
[36] Vgl. Hierzu: Drogenhilfe Nordhessen e.V. – www.drogenhilfe.com/konzept

in der gleichzeitigen Befolgung der gegenläufigen Interessen von Individuum und Gesellschaft zu liegen scheint.

2.3.4 Jugend- und Drogenberatung

Die sich rasant entwickelnde Drogenhilfelandschaft kam bald mit der an der jugendlichen Subkultur orientierten Konzeption an ihre Grenzen. Arbeit mit Multiplikatoren und Eltern war in dem Hippielook nicht möglich, es musste etwas Seriöseres her. Eine Beratungsstelle für Jugendliche und Drogengefährdete wurde eröffnet. Während man sich mit der Teestubenarbeit doch stark an der offenen Jugendarbeit[37] orientierte, waren hier oft die bereits etablierten Erziehungsberatungsstellen Vorbild. Man modifizierte deren Erscheinungsbild allerdings zielgruppengerecht. Die Drogenberatungsstelle ging davon aus, dass sich die Hilfesuchenden aktiv an sie wenden würden. Die Drogenberater bildeten sich in therapeutischen Methoden weiter. Die Weiterbildungen des Gesamtverbandes der Suchtkrankenfürsorge[38] wurden entwickelt, andere Weiterbildungen z.B. in Gestalttherapie und Psychodrama kamen in Mode und wurden in dieser Zeit stark frequentiert. Die Ära des Psychobooms in der Sozialen Arbeit begann ab etwa 1974. Damit wollten sich Sozialpädagoginnen und Sozialarbeiter über die Therapeutisierung professionalisieren. Die Drogenberatungsstellen verhielten sich therapeutisch und wollten hilfesuchenden suchtkranken Menschen den Weg in eine Langzeittherapie öffnen. Dabei orientierte man sich am therapeutischen Bündnis wie es von der Psychotherapie bzw. Psychoanalyse beschrieben wurde. Der Patient kommt aufgrund seines Leidensdruckes zum Therapeuten und nimmt dessen Vorschläge an, um seine Krankheit damit behandeln zu lassen. Er wird dazu aufgefordert alles zu besprechen, was ihm wichtig erscheint.

Die drogengefährdeten jungen Menschen nahmen dieses Angebot allerdings nur spärlich an. Eltern und Multiplikatoren hingegen erschienen oft. Bei den Drogenberatern zu jener Zeit herrschte die Auffassung vor, den Betroffenen würde es noch nicht schlecht genug gehen, erst wenn sie

[37] Zu dieser Zeit entwickelten sich parallel auch die freien Jugendzentren, die eine ähnliche Zielgruppe ansprachen.

[38] Diese Weiterbildungen gehören auch heute noch zu den wenigen Zusatzqualifikationen für Suchttherapeuten, die von der deutschen Rentenversicherung anerkannt werden. Sozialarbeiterinnen und Sozialpädagoginnen, die im Suchtbereich therapeutisch tätig sein wollen, müssen eine solche Weiterbildung nachweisen (Stand Sommer 2010).

richtig am Ende seien, würde der Leidensdruck so stark, dass sie aktiv um Hilfe nachsuchen würden. Man spricht später hierbei von einem „hochschwelligen“ Konzept, welches nur eine begrenzte Gruppe von hilfsbedürftigen Menschen erreicht. Das psychotherapeutische Vorbild für diese Arbeit wird später dann auch von den Beratungsstellen für alkoholkranke Menschen übernommen. Die neuere Sozialarbeit steht jetzt in der Blüte des „Psychobooms“ und will sich mittels therapeutischer Kompetenzen weiter professionalisieren. Die Klientel für diesen Arbeitsansatz bleibt allerdings allzu oft aus, sie finden sich nun vermehrt in sozialpsychiatrischen Einrichtungen wieder, die sich durch die Psychiatriereform[39] zu gemeindenahen, nachgehenden und niederschwelligen Angeboten entwickelt hatten.

Heute werden die Professionalisierungsbemühungen aus dieser Zeit weitestgehend als gescheitert angesehen. Das Fernbleiben der Mehrzahl der betroffenen Menschen von den Beratungsangeboten bekräftigt diese These. Denn: *Der gesellschaftliche Handlungsbedarf besteht nicht in einer weiteren therapeutischen Berufsgruppe.*

Fazit: Die Professionalisierung der Sozialarbeit über das „Handlungsproblemfeld Therapieleistung“ muss weitestgehend als gescheitert angesehen werden, weil die Probleme mit den klassischen therapeutischen Mitteln nicht bearbeitet werden können[40].

2.3.5 Drogenberatung II

Die Drogenberatungsstellen entwickelten sich nun zu sogenannten „Therapieketten“. Die Kette bestand aus Beratungsstelle, Langzeittherapieeinrichtung und Nachsorge. Manchmal gab es bereits ein vorgeschaltetes Café mit einem „Streetwork“-Konzept.

---

[39] Die große Psychiatriereform veränderte infolge der „Psychiatrie-Enquette“ ab 1975 die psychiatrische Versorgung tiefgreifend. Dies habe ich in meinem Buch „Sozialarbeit in der Psychiatrie“, (Opladen 2000) ausführlich beschrieben. Hierzu weiter hinten mehr.

[40] Die Professionalisierung im Handlungsproblemfeld der Therapieleistung ist teilweise geglückt, weil sich Sozialpädagogen und Sozialarbeiterinnen seit 1999 als Kinder- und Jugendlichenpsychotherapeuten in freier Praxis niederlassen können. Der Weg zum (Erwachsenen)-Psychotherapeut ist ihnen aber verwehrt.
Die Suchttherapeuten dürfen ihre Therapieleistung nur im Rahmen einer Institution erbringen, in der ein Arzt die Fachaufsicht ausübt.

In dieser Stadt war die „Drobs“ (= Drogenberatungsstelle) so etwas wie die Schaltstelle zur trägereigenen Langzeittherapieeinrichtung geworden. Die ambulante Klientel bestand auch hier hauptsächlich aus Multiplikatoren und betroffenen Eltern. Die betroffenen Drogenabhängigen wurden nun in den Psychiatrien und Gefängnissen aufgesucht, die Drogengefährdeten in Schulen und Jugendzentren. Dies war nötig geworden, weil man ja die eigene Langzeittherapieeinrichtung belegen musste. Es fand ein allmähliches Umschalten statt, von einem therapeutisch orientierten Beratungsansatz zu einem mehr sozialarbeiterisch aufsuchenden Ansatz des Fallmanagements (Case Management). Beim therapeutischen Ansatz gingen die Sozialarbeiter davon aus, dass der Klient unter einem Problem (hier: Drogenabhängigkeit) leidet. Dieses Leiden sollte dann dazu führen, dass er sich in helfende Hände begibt, die sich darum bemühen, das Leiden zu lindern. So kam es, dass die Sozialarbeiter in ihren Beratungsstellen saßen und auf ihre Klienten (die Leidenden) warteten. Diese kamen allerdings nur im geringen Maße.

Weil die Drogenabhängigen nur selten den Kontakt zur Beratungsstelle von sich aus aufnahmen, begannen die Beratungsstellen ihre Vorgehensweisen zu modifizieren und von sich aus auf die potenzielle Klientel zuzugehen. Im Jahre 1976 fand man die Zielgruppe vermehrt in psychiatrischen Krankenhäusern und Gefängnissen. Folglich suchte man die Drogenabhängigen dort auf, indem man eine Sprechstunde im „Knast“ und in den umliegenden „Psychiatrien“ anbot. Während im Gefängnis die Sprechstunde gleich rege frequentiert wurde, war der Zulauf in der Psychiatrie zunächst etwas geringer. Deshalb ging man hier jetzt auch auf die Stationen, um dort die betroffenen Patienten direkt ansprechen zu können. Hier war der Kontakt häufig erfolgreich. Ziel war es, die drogenabhängigen Menschen zu einer Therapie zu bewegen.

Etwas später inspirierten diese Erfolge in der aufsuchenden Arbeit die Drogenberatungsstellen dazu, ihre Zielgruppe auch in deren Alltagsbezügen (*auf der Szene*) aufzusuchen, das Streetwork-Konzept wurde entwickelt.

Fazit: Die supervisorische Reflektion deckte konzeptionelle und fachliche Mängel in der klassischen Beratungsstellenarbeit auf. Drogenabhängige verhielten sich offenbar nicht so, wie die Patienten eines Arztes, welche aufgrund ihres Leidensdruckes dessen Praxis aufsuchen, um dort Hilfe zu erhalten. Drogenabhängige suchen offensichtlich nur in seltenen

Fällen aufgrund des Leidensdruck eine Praxis[41] (hier: Beratungsstelle) auf. Deshalb muss die Initiative zum Kontakt von den Beratungsstellen selbst kommen.

Professionelle Sozialarbeit bietet ihre Hilfe aktiv an.

Heute wissen wir, dass die Leidensdrucktheorie in der Suchtkrankenhilfe u.a. deshalb nicht greift, weil Drogenabhängige und Alkoholkranke ihren Suchtstoff selbst zur Leidensdruckregulierung einsetzen. Schließlich sind die allermeisten Drogen selbst ja hochpotente Schmerzmittel.

Die konsequente Weiterentwicklung dieser Gedanken führt uns schließlich zu der Überzeugung, dass im gesamten Feld der Sozialen Arbeit die Klientel nur selten und aus freien Stücken um die Hilfe durch die Sozialarbeiterin nachsucht. Die Sozialarbeit bietet ihre Dienste in der Mehrzahl Menschen an, die nicht freiwillig und eigeninitiativ die Hilfe beanspruchen, sie werden gleichsam zur Hilfeannahme überredet[42].

2.3.6 Drogentherapie[43]

Die traditionellen, aus der neuen Psychiatrie entlehnten Behandlungskonzepte scheiterten bei ihrer Anwendung auf Menschen mit einer Drogenproblematik sofort. Auch alkoholkranken Menschen konnte mit Krankenhauskonzepten nicht geholfen werden. Die in den frühen 1970er Jahren des 20. Jahrhunderts errichteten, medizinisch orientierten Drogenkliniken erreichten zwar das drogenabhängige Klientel, aber nur, weil sie es den suchtkranken Menschen ermöglichten, ihre Sucht weiter zu leben, unter geschützten Umständen. Die Ärzte versuchten mit Medikamenten zu helfen, ohne Kontrolle aber mit viel Schutz und Zuwendung. Das führte zu einem regen Drogenleben in den Kliniken. Die Patienten waren fast nie „clean“ (drogenfrei), die Behandlung war quasi eine Farce, das medizinische Paradigma war an seine Grenzen gestoßen weil es der kriminellen Dynamik des Drogenhandels in den Kliniken fast nie Herr werden konnte.

---

41 Arztpraxen hingegen werden aufgesucht, weil man sich hier verspricht, Medikamente zu bekommen.

42 Dieser zentrale Punkt im professionellen Handeln der Sozialarbeit wird weiter hinten, im Kapitel „Mandat und Lizenz“, noch vertieft.

43 www.drogentherapie-stadtmission-nuernberg.de

In dieser Phase kamen die sogenannten therapeutischen Wohngemeinschaften auf, deren Grundprinzipien aus der Gleichzeitigkeit von Hilfe und Kontrolle bestanden. Diese Konzepte kamen mit dem Psychoboom auf, sie hießen Daytop, Four Steps oder einfach therapeutische WG für Drogenabhängige.

Der deutsche Gestalttherapeut und spätere Entwickler der „Integrativen Therapie", Hilarion Petzold, führte ein solches Konzept 1974 in unserer Einrichtung ein[44].

Die Formen, mit denen Hilfe und Kontrolle damals umgesetzt wurden sind umstritten, weil der Kontrollcharakter häufig durch unkontrollierte Machtentfaltung umgesetzt wurde. Diese Kontrollstrukturen wurden später von Psychosekten übernommen und mit den Zielen beispielsweise der Scientologie-Sekte verbunden. Daher sind die Ursprungskonzepte von Daytop später auch deutlich modifiziert worden.

Das Prinzip dieser therapeutischen Wohngemeinschaften war Folgendes: Die WG bestand aus 12 bis 15 Drogenabhängigen beiderlei Geschlechts, die einen streng geregelten Tages- und Therapieablauf mit einem differenzierten Regelwerk (Haus- und Therapieordnung) unterworfen waren.

Der Therapieablauf gliederte sich in vier Stufen (Four Steps). In der ersten Stufe hatten die Klienten keine Rechte und nur wenig Pflichten. Sie waren einem „Paten" der obersten Stufe zugeordnet, der sie überwachte und kontrollierte. Entsprechend der Therapiedauer, nach etwa sechs bis acht Wochen, konnten die Klienten der ersten Stufe einen Antrag auf Hochstufung stellen. Dieser Antrag musste in der Gruppentherapie vor allen Mitbewohnern und einem Therapeuten begründet werden. In dieser Gruppensitzung wurden dann die Therapieziele überprüft und gegebenenfalls modifiziert. Die Antragstellerin wurde dazu aufgefordert, zu berichten, welche Therapieziele sie erreicht hat. Die Gesamtgruppe befand dann über eine mögliche Höherstufung. Meist wurde dem ersten Antrag noch nicht stattgegeben. Die Höherstufung führte dann zu größerer Freiheit mit mehr Rechten, aber auch Pflichten und Verantwortlichkeiten. In der obersten Stufe hatten die Teilnehmer dann volle Ausgangsrechte und ein hohes Maß an Freiheiten. Sie waren aber auch für den Gesamtablauf

[44] Petzold, Hilarion (1974): Drogentherapie: Methoden, Modell, Erfahrungen. Neuss. Mit dem Aufsatz: Petzold, H. Das Vierstufenmodell der therapeutischen Kette in der Behandlung Drogenabhängiger, Neuerscheinung Paderborn 4. Aufl. 2003, in: Drogentherapie – Methoden, Modelle, Erfahrungen

verantwortlich und konnten zurückgestuft werden, wenn es im Gruppengeschehen zu Missständen kam; sie wurden für den Gruppenprozess verantwortlich gemacht. Ein Mitglied der obersten Stufe war für jeweils eine Woche der Gesamtaufsichtführende (AVD). Dieses Gruppenmitglied hatte dann am Ende seiner „Amtszeit" Rechenschaft abzulegen. Die Gesamtdauer der Therapie betrug 12 bis 15 Monate.

Der Tagesablauf war ebenfalls streng strukturiert: Wecken durch den Weckdienst um 6.45 Uhr. Der Frühsport (7.00 Uhr) wurde von Klienten der dritten Stufe angeleitet unter Kontrolle eines Therapeuten (Sportlehrer). Die Mitglieder der 2. Stufe durften dem Frühsport fernbleiben, weil sie das Frühstück zubereiten mussten. Um 7.45 Uhr gab es das gemeinsame Frühstück in Anwesenheit eines therapeutischen Mitarbeiters (meist die Berufspraktikantin, die im Hause schlief). Beim Frühstück wurde der Tagesablauf besprochen. Um 8.30 Uhr begann die Arbeitszeit/Arbeitstherapie. Die Arbeitszeit betrug insgesamt ca. fünf Stunden täglich und gliederte sich in Arbeiten zur Versorgung des Hauses (Mahlzeiten zubereiten, Einkaufen, Wäsche waschen usw.), Gartenarbeit und die Arbeiten in Werkstätten (Schreinerei, Kfz- und Fahrradreparaturen). Auch die Arbeitsgruppen waren hierarchisch organisiert, man konnte sich zum Gruppenleiter hocharbeiten. Dieser war dann dem Arbeitstherapeuten verpflichtet.

Der Arbeitstherapeut war von 8.00 Uhr bis 16.30 Uhr im Hause, die Psychotherapeutinnen kamen nur zu den eigentlichen Therapiesitzungen. Da während der Vormittagsstunden Einzeltherapien stattfanden waren sie meist ab 8.30 Uhr im Hause. Die Klienten, die zur Einzeltherapie gingen, konnten sich von der Arbeit abmelden. Es gab pro Woche für jede Klientin ein reguläres Einzeltherapiegespräch, bei Bedarf konnten weitere angemeldet werden. Mittagessen gab es um 12.00 Uhr. Um 13.30 Uhr regelmäßige Gruppentherapie von 15.30 bis 17.30 Uhr Arbeitstherapie, danach manchmal Sport, um 19.00 Uhr Abendessen mit Tagesreflexion, geleitet durch die jeweilige Berufspraktikantin, bis zur Tagesschau, welche zum Pflichtprogramm gehörte. Samstagvormittags fand der gemeinsame Hausputz statt. An den übrigen Wochenendzeiten wurden immer freizeitpädagogische Maßnahmen durchgeführt. Von Wanderungen über Fahrradtouren, Kajakfahrten, Klettern bis zu Theater- und Kinobesuchen war alles möglich. Die Klienten der obersten Stufe konnten sich davon abmelden, sie wurden dazu animiert, ihre Freizeit individuell zu gestalten, in die Stadt zu fahren, Kneipen zu besuchen, ohne Alkohol zu trinken, sich einen neuen Freundeskreis aufzubauen u.ä.

Reflexion: In der zweiten und dritten Stufe gab es eine signifikante Abbrecherquote. Die Klienten in der vierten Phase machten relativ wenig Gebrauch von ihren Freiheiten; sie nahmen lieber an den freitzeitpädagogischen Maßnahmen der WG teil, statt ihre Freizeit unabhängig zu gestalten. Dieser Fakt wurde von der Einrichtung zunächst als ein gutes Zeichen für die Binde- und Haltkraft des Konzeptes gewertet. Nach Beendigung der Therapie jedoch fielen viele Klienten wieder auf sich zurück, konnten nur schwer ohne den gesicherten Rahmen Fuß fassen und wurden darüber unter Umständen wieder rückfällig. In der Rückschau muss man sagen, dass dieses Konzept die „Autonomie der Lebenspraxis" der Adressaten stark beschnitt. In der Phase, wo die Klienten einen Autonomiezuwachs verspürten, nach ca. drei bis vier Monaten Drogenabstinenz, wehrten sie sich intuitiv gegen die Autonomiebeschneidung und brachen die Therapie ab. Damit wollten sie Ihre Autonomie sicherstellen. Diejenigen, die in der Therapieeinrichtung verblieben, verzichteten offensichtlich auf ihre Autonomie und wurden von der streng geregelten Institution abhängig. Ein Vorgang, den man von vielen Psychosekten kennt. Die Beendigung der Therapie, ging dann, oftmals ebenso, wie das Lösen aus einer Psychosekte, mit einer schweren Krise einher, die im Falle der Drogenabhängigen oft zum Rückfall führte.

Fazit: In der Supervision wurde das Problem bearbeitet, ohne die tiefer liegende grundsätzliche Dimension zu erkennen. Man reagierte methodisch-technisch darauf, indem man den Klienten der zweiten Phase bereits begleitete Ausgänge ermöglichte und der dritten Phase unbegleitete Heimfahrten. Außerdem gründete man eine Nachsorge WG in der Stadt, in die diejenigen einziehen konnten, die die Therapie erfolgreich durchlaufen hatten. Die Tatsache aber, dass professionelles Handeln stets der *„Autonomie der Lebenspraxis"* seiner Adressaten verpflichtet ist, und dass die Soziale Arbeit sich durch ihre Interventionen permanent in vielfältige *„Paradoxien professionellen Handelns"*[45] begibt, war den Akteuren damals nicht geläufig und konnte auch durch die Supervision nicht erschlossen werden. Die Drogentherapieeinrichtungen haben sich erst unter Druck sowohl der Klienten als auch der Kostenträger zu milderen Konzepten unter der Prämisse „Hilfe und Kontrolle" gewandelt. Einige Drogentherapiekonzepte haben sich bewusst deprofessionalisiert und sind zu sektenähnlichen Lebensgemeinschaften geworden[46].

[45] Zu den Begriffen „Autonomie der Lebenspraxis" und „Paradoxien professionellen Handelns" gibt es weiter hinten ausführliche Kapitel.

[46] Vgl. Synanon: www.synanon-aktuell.de

2.3.7 Jugendpflege/Freizeitpädagogik/Ferienspiele

Gruppendynamische Kompetenzen der Sozialpädagogen sind in der Jugendarbeit von großem Vorteil, weil Jugendliche im Alter von 12 bis 15 Jahren, im Zuge ihrer Persönlichkeitsentwicklung, sich bevorzugt an Gleichaltrigen ausrichten[47].

In einer Überbrückungszeit zu meinem zweiten Studium arbeitete ich für ca. sechs Monate bei einem Jugendfreizeitprojekt des örtlichen Jugendamtes mit. Die Hauptaufgabe bestand in der Konzipierung und Durchführung freizeitpädagogischer Maßnahmen für Kinder und Jugendliche aus „sozial schwachen Schichten".

Während zu dieser Zeit sich die Mitarbeiter in der Suchthilfe durch die unterschiedlichsten Weiterbildungen zu qualifizieren und professionalisieren versuchten, lehnten dies die in der Jugendarbeit tätigen Sozialpädagogen ab, weil sie folgerichtig erkannt hatten, dass eine professionelle Haltung ihrerseits, die autonome Entfaltung[48] der Kinder und Jugendlichen eher behindern würde. Man versuchte einer unüberwindbaren *„Paradoxie professionellen Handelns"*[49] dadurch zu entgehen, indem man sich deprofessionalisierte und eine Gegenposition gegen diejenigen Sozialarbeiter einnahm, die sich über die Therapieschiene professionalisieren wollten. Diese Sozialpädagogen kannten sich recht gut in ihren Organisationen aus und gestalteten aus dieser Position ihre Beziehungen zu den Kindern auf der Grundlage des „gesunden Menschenverstandes".

Ich hatte jedoch den Eindruck, mit meiner gruppendynamischen Kompetenz den Kindern und Jugendlichen besser gerecht werden zu können. Bei sämtlichen freizeitpädagogischen Maßnahmen ging es für die Kinder nämlich um die Frage, „welche Position habe ich in der Gruppe der Gleichaltrigen (Peer-Group), wie finden mich die anderen (Feedback) und wie muss ich mich verhalten, um möglichst viel Anerkennung und Einfluss zu bekommen (Regeln)".

---

[47] Vgl. Fritz, Jürgen (1973): Gruppendynamik und Jugendarbeit. München

[48] Die „autonomen Jugendzentren" waren damals die Jugendarbeit der Wahl und bevorzugter Arbeitsplatz von Absolventen des Studiengangs Sozialpädagogik.

[49] Dieser Schlüsselbegriff professionellen Handelns zieht sich durch die ganze Arbeit. Siehe dazu auch das eigene Kapitel „Paradoxien professionellen Handelns"; vgl. Schütze 1986, Ferchhoff et. al. 1995

In der *Gruppendynamik* geht es darum, die Interaktion der Gruppenmitglieder zu Feedbackprozessen anzuregen, die dem einzelnen Mitglied Rückmeldungen, Verständnis und Konfrontation zu seinem Verhalten geben. Die sich dadurch entfaltenden Selbsterfahrungseffekte sind von hohem therapeutischen Wert (= Therapieleistung). Gleichzeitig handeln die Gruppenmitglieder Normen, Werte und Rollen aus, die zu einem Miteinander der Gruppe führen sollen. Die sich dadurch entfaltenden Gruppenprozesse führen günstigstenfalls zu einer erhöhten Kreativität und Effektivität der Gruppe. Es findet eine Institutionalisierung statt, die als Voraussetzung für erfolgreiches Arbeiten in Lerngruppen und Arbeitsteams gewertet werden kann (= Förderung des Normenkonsens).

Gerade durch ein gruppendynamisches Verständnis fördert professionelle Soziale Arbeit die Autonomieentwicklung der Jugendlichen. Die fragliche Jugendgruppe bestand aus 14 Jungen im Alter von 12 bis 15 Jahren, mit denen verschiedene Ferienfahrten und Freizeitaktivitäten in einem Gesamtzeitraum von neun Wochen durchgeführt wurden. Die Kernzeit bestand aus den Sommerferien. Das Ferienprogramm bestand aus insgesamt 18 solcher Gruppen mit insgesamt ca. 250 Jugendlichen. Es wurden sechs eintägige Busfahrten unternommen, es fanden ganztägige Treffen auf Abenteuerspielplätzen und in Jugendzentren statt. Gemeinsame Kirmes- und Zoobesuche sowie eine Dampferfahrt rundeten das Programm ab.

Der gruppendynamische Prozess begann damit, dass die Gruppe sich einen Namen gab. Man nannte sich die „Speedys“, nach Speedy Gonzales, der schnellsten Wüstenmaus. Dann handelte die Gruppe ihre Regeln aus, nach dem Motto: „Wie sind Speedys?“ In diesem Aushandlungsprozess bekamen die Jugendlichen permanent Rückmeldung zu ihrem Verhalten durch die Gruppe der Gleichaltrigen und somit eine Information darüber, wie man von den anderen erlebt wurde. Dieses Geschehen findet zwar in Alltagsinteraktionen auch immer wieder statt, hier wurde es aber durch sozialpädagogische Interventionen gesteuert und beschleunigt, etwa indem bestimmte Rituale einführt wurden. Nach jedem Fußballspiel und jeder anderen Aktivität setzte die Gruppe sich im Kreis zusammen, ersann einen Schlachtruf und besprach sich kurz, überlegte was man besser machen könne und welche Schwächen und Stärken bei einzelnen Gruppenmitgliedern auszumachen waren. Das gruppendynamisch geschulte sozialpädagogische Auge erkennt hierbei Positions- und Rangrivalitäten der Gruppenmitglieder. Anders als in einem gruppendynamischen Training, wo der Gruppe ein Höchstmaß an Autonomie gelassen wird, steuert der Sozialpädagoge den Gruppenprozess sanft in Richtung Selbstwert, Autonomie und Regelgewissheit für die Teilnehmer. Diese Gruppenerfahrung soll schließlich Modellcharakter für späteres Gruppenverhalten der Teilnehmenden erhalten. Die „Speedys“ waren in diesem Sommer von 1978 tatsächlich die geschlossenste und zuverlässigste Gruppe. Meiner Meinung zufolge auch die Erfolgreichste.

Reflexion: Leider hatten die Sozialpädagogen zu jener Zeit (1978) noch keinen Begriff von den Paradoxien professionellen Handelns. Eine Supervision fand hier nicht statt. So kam es dazu, dass die „Deprofessionalisierer“ die Oberhand gewannen und das nächste Jahrzehnt der Jugendarbeit prägten. Sie gewannen die Oberhand, weil die „Professionalisierer“ sich ohnehin „zu gut waren“ für diese Arbeit. Letztere strebten Karrieren als Therapeuten oder Supervisoren an.

Hier wird auch eine Spaltung der Berufsgruppe sichtbar, die u.a. auch dazu geführt hat, dass es der Sozialen Arbeit zunehmend schwerer fiel, einen einheitlichen und konkret definierbaren Handlungstypus der Sozialen Arbeit zu benennen. Folge davon war auch, dass Sozialarbeiterinnen und Sozialpädagogen sich stärker mit ihren jeweiligen Arbeitsfeldern identifizierten und weniger mit ihrer akademischen Herkunft. Sie nannten sich dann eben Jugendarbeiter, Drogenberater, Bewährungshelfer, Schuldnerberater, Erziehungsberater usw. Das Türschild in der Stadtverwaltung: *Herr Knoll; Dipl. Sozialarbeiter* ist eher selten. Häufig finden wir: *Herr Knoll; Jugendamt*[50].

Diese Entwicklung hat häufig so weit geführt, dass sich die Sozialarbeiter in einer Institution eher mit den Angehörigen fremder Berufsgruppen in der eigenen Institution identifizieren konnten, als mit Kollegen der eigenen Berufsgruppe in einer anderen Institution. Dem Sozialpädagogen der Drogenberatung steht also der dortige Psychologe näher als sein sozialpädagogischer Kollege aus dem Jugendzentrum, dem wiederum der Erzieher seiner Einrichtung näher steht. Kein gutes Zeichen für ein einheitliches Berufsbild.

[50] Bei den Forschungen im Zuge meiner Doktorarbeit habe ich herausgefunden, dass das sogar in einem Berufsfeld zu Zersplitterungen kommt. In der Psychiatrie gab es Akut-Psychiatrie-Experten, Gerontologie-Sozialpädagogen, Suchttherapeuten, Kinder- und Jugendlichen-Therapeuten und Casemanager. Manche arbeiten auf den Stationen, andere in der Verwaltung, einige direkt unter dem Chefarzt.

Ich habe aber festgestellt, dass das oben beschriebene gruppendynamische Prinzip konstitutiv für die gesamte Soziale Arbeit ist. Demnach gilt es sich über Regeln zu verständigen bei gleichzeitiger Rückmeldung über die eigene Identität.

2.3.8 Heimeinrichtung für chronifizierte suchtkranke Menschen

Sucht wurde durch ein Urteil des Bundessozialgerichtes vom 18. Juni 1968 offiziell in den Status einer Krankheit versetzt. Davor wurde der Alkoholismus hauptsächlich als moralisches Versagen angesehen. Wie oben schon beschrieben, führte das zur Entwicklung von neuen Behandlungskonzepten für drogenabhängige Menschen. Diese Konzepte hielten jetzt, in modifizierter Form auch Einzug in die Behandlung von Alkoholikern. Die Behandlungsstätten wandelten sich von Trinkerheilanstalten vor 1968 über Heilstätten zu Fachkliniken ab Mitte der 1970er Jahre. Diese Fachkliniken zielten vorwiegend auf alkoholkranke Menschen, mit einer gewissen Krankheitseinsicht. Eine große Zahl der Menschen mit Alkoholproblemen war aber bereits über die Therapierbarkeit im Sinne der Fachkliniken hinaus. Es waren die sogenannten Chroniker, die jetzt vermehrt im psychiatrischen Versorgungssystem erschienen, weil sie bereits schwerere gesundheitliche Folgeschäden durch den lang anhaltenden Alkoholmissbrauch aufwiesen.

Für den Typus des langjährig chronifizierten alkoholkranken Menschen hielt das sozialarbeiterische Versorgungssystem zu Beginn der 1980er Jahre nur wenige Angebote bereit, weil die Soziale Arbeit im Suchtbereich sich damals therapeutisch qualifiziert hat. Die in diesem Sinne nicht therapierbaren Menschen tauchten dann vermehrt im psychiatrischen Versorgungssystem auf. Dieses hatte sich ja im Zuge der großen Psychiatriereform[51] völlig verändert und entwickelte ein differenziertes Versorgungssystem für Menschen in den unterschiedlichsten psychischen Kri-

[51] Die große Psychiatriereform seit ca. 1975, wird mit dem Schlagwort „Psychiatrie-Enquete" skizziert. Die Psychiatrie-Enquete-Kommission war eine vom Deutschen Bundestag eingesetzte Expertenkommission, die der Bundesregierung einen Bericht über die Lage der Psychiatrie in der BRD abliefern sollte, woraus sich Empfehlungen für eine Psychiatriereform ableiten ließen. Dieser Bericht enthielt Empfehlungen, die nach und nach umgesetzt werden sollten. Dadurch wurde die Psychiatrie ab 1975 völlig reformiert.

sen. Zu dieser Zielgruppe gehörten dann auch die akuten Suchtfälle, die bei alkoholbedingten Gesundheitsschäden stationär medizinisch behandelt wurden. Nach der medizinischen Akutbehandlung, die meistens nur einige Tage dauerte, wurden diese Patienten wieder aus den Psychiatrischen Krankenhäusern entlassen, schließlich waren sie ja jetzt „entgiftet" und somit nicht mehr behandlungsbedürftig, im engeren medizinischen Sinne. Das Konzept der neueren Psychiatrie sah nämlich nach der Reform vor, dass die psychiatrischen Krankenhäuser nur noch Akutbehandlungen durchführen sollten. Für die Menschen, die nach der medizinischen Behandlung nicht nach Hause entlassen werden konnten wurde ein System gemeindenaher sozialpsychiatrischer Betreuungseinrichtungen aufgebaut. Die neuen Wohnheime für psychisch kranke Menschen waren aber nicht geeignet, die Suchtkranken aufzunehmen. Deshalb wurden die in den Krankenhäusern behandelten Alkoholiker, nach der Akutbehandlung von einigen Tagen, wieder „nach Hause" entlassen. Da es dieses Zuhause aber in vielen Fällen nicht gab, landeten diese Menschen „auf der Straße", wurden erneut rückfällig und wieder behandlungsbedürftig. Das Psychiatrische Krankenhaus musste eine erneute Akutbehandlung durchführen und der Kreislauf begann von vorn. Dieses Rein-und-Raus aus der Psychiatrie wurde als „Psychiatrie-Drehtür-Effekt" bezeichnet, dem man mit der Einrichtung spezifischer Angebote entgegenkommen musste.

Auf Anregung des Psychiatrischen Krankenhauses wurde dann in Kostenträgerschaft des örtlichen Sozialamtes versucht, die ersten Heimeinrichtungen für chronisch alkoholkranke Menschen aufzubauen. Die erste Bezeichnung für diese Zielgruppe hieß dann „nicht mehr therapierbare Alkoholiker". Da die freien Träger ihre Kapazitäten vorwiegend bei den therapeutisch und präventiv ausgerichteten Konzepten gebunden hatten, traten jetzt erstmalig private Anbieter auf den Plan.

Ein privater Träger von Altenheimen sah hier eine Marktchance und wandelte ein kleineres Altenheim um in eine Langzeiteinrichtung für „chronifizierte Alkoholiker", wie es damals hieß. Der Unternehmer musste zwei Sozialarbeiter und einige Pflegekräfte einstellen, die diese Einrichtung betreiben sollten. Es oblag den Sozialarbeitern, diese Arbeit zu konzipieren. Bereits im Jahre 1978 wurde ein Konzept mit „tagesstrukturierenden Maßnahmen" erstellt, in dessen Mittelpunkt die Arbeits- und Beschäftigungstherapie stand.

Von Sozialarbeitern/Sozialpädagogen wird grundsätzlich die Kompetenz erwartet, institutionelle und gesellschaftliche Defizite aufzugreifen und neue institutionelle Strukturen zu bilden, zur Kompensation dieser Defizite.

Die damalige Entwicklung des Suchtbereiches sah nun den Aufbau weiterer Einrichtungen für Menschen vor, deren riskanter Suchtmittelkonsum zu andauernden gesundheitlichen, psychischen und sozialen Schäden geführt hat. Diese Hilfsangebote haben sich bis in die Gegenwart hinein breit ausdifferenziert, so dass es 30 Jahre danach ein tragfähiges Hilfeleistungssystem aus stationären und ambulanten Diensten gibt, für die immer größer werdende Bevölkerungsgruppe der chronisch sucht- oder psychisch kranken Menschen. Schließlich entwickelte sich dann hieraus auch das heute (2009) weitverbreitete Modell des „ambulant betreuten Wohnens".

2.3.9 Fachklinik für suchtkranke Frauen und Männer

Die Fachkliniken für Suchtkranke Menschen haben sich in den letzten zehn Jahren wieder etwas stärker in die Richtung der traditionellen medizinischen Rehabilitationseinrichtungen gewandelt. Das bedeutet, dass die ehedem mehr sozialtherapeutische Ausrichtung zugunsten eines Konzeptes aufgegeben wurde, welches mehr an die klassischen Kurkliniken erinnert.

Dabei war das ab Mitte der 1970er-Jahre von der Sozialen Arbeit und der Drogentherapie beeinflusste Behandlungsmodell durchaus erfolgreich, es entzog sich allerdings mehr und mehr dem traditionellen ärztlichen Paradigma.

Die Therapeutenschaft besteht heute, wie auch vor 30 Jahren, vorwiegend aus therapeutisch weitergebildeten Sozialarbeiterinnen und Sozialpädagogen.

Ab Mitte der 1970er Jahre wurden viele Fachkliniken neu gegründet bzw. wurden alte Heilstätten in Fachkliniken überführt. Das damalige Behandlungskonzept war milieutherapeutisch ausgerichtet und orientierte sich an den Prinzipien der oben bereits beschriebenen Drogentherapie.[52]

---

[52] Das Konzept habe ich ausführlich in meinem Buch, Andreas Knoll (2004): Sucht – was ist das? Wuppertal, S. 138–154 beschrieben.

Das Konzept der Klinik griff die psychoanalytische Suchttheorie auf, nach welcher es sich bei der Abhängigkeitserkrankung um eine Schädigung bestimmter „Ich-Funktionen" beim betroffenen Individuum handelt. So ist, dieser Theorie zufolge, u.a. die „Affekttoleranz" (oder auch Frustrationstoleranz) der betroffenen Individuen gestört. Das hat zur Folge, dass suchtkranke Menschen sensibler als andere auf unangenehme Gefühle reagieren. Sie können Enttäuschungen, Schmerzen oder andere Unlustgefühle schlechter verarbeiten als andere Menschen und benutzen deshalb illegale Drogen oder Alkohol als eine Art „Krücke", um mit den unangenehmen Gefühlen besser klar zu kommen. Schließlich bleiben sie auf diese Krücke angewiesen, werden also abhängig davon.

Auf der Grundlage dieser Theorie haben sich die Suchtkliniken in den 1970er Jahren konzeptionell entwickelt. Die suchtkranken Klienten fanden in der Einrichtung ein Milieu vor, in welchem sie in einem geschützten Rahmen unangenehme Erfahrungen machen konnten, die dann psychotherapeutisch bearbeitet werden sollten. Um das zu erreichen wurde eine möglichst alltagsnahe Atmosphäre geschaffen, in welcher die Patienten der Suchtklinik einem geregelten Tagesablauf mit Arbeit, Haushalt, Sport und Freizeitaktivitäten nachgingen. All diese Aktivitäten führten die Einzelnen mit anderen Menschen zusammen, mit denen es naturgemäß zu Konflikten kam. Diese Konflikte konnten aus der Interaktion mit den anderen Patienten und Arbeitstherapeuten entstehen aber auch mit der Beschäftigung selbst. Die Emotionen, die durch solche Konflikte entstanden, sollten nun in der Psychotherapie bearbeitet werden und im Idealfall auf den Ursprungskonflikt zurückgeführt werden können. In der Psychotherapie erhielt dann die Patientin Verständnis und Trost für die unangenehmen Gefühle, die durch die alltägliche Arbeitstherapie ausgelöst worden sind. Dadurch sollte nun die Fähigkeit, unangenehme Erfahrungen bewältigen zu können, gestärkt werden.

Das sozialarbeiterische Grundverständnis, nach welchem das professionelle Handeln dieser Berufsgruppe aus einem Doppelmandat besteht, das *Konsensbeschaffung und Therapieleistung* zusammenfallen lässt, ermöglichte nun einen Handlungstypus, der dem therapeutisch-ärztlichen Handeln bis dahin völlig unbekannt gewesen ist. Die psychotherapeutisch ausgebildete Sozialarbeiterin weiß, dass die Anforderungen des gesellschaftlichen Normenkonsenses den Individuen Stress und Unlustgefühle bereiten. Sie hat zwar Verständnis für diese Unlustgefühle beim suchtkranken Patienten und tröstet ihn gegebenenfalls. Sie vermeidet es aber unter allen Umständen, die realen äußeren Bedingungen für ihren Patienten zu verändern. Stattdessen ist sie darum bemüht, ihren Patienten dazu zu befähigen, die Unlustgefühle zu bewältigen oder die Unlust erzeugenden Bedingungen in seiner Realität selbst zu verändern. Indem dem Individuum Verständnis für seine unangenehmen Empfindungen entgegengebracht wird, trainiert es, Frustrationen zukünftig besser zu regulieren.

Diese Konzeption ist aus dem Zusammenfallen von Therapieleitung und Konsensbeschaffung hergeleitet. Je stärke das „Ich" des Einzelnen ausgebildet ist, umso erfolgreicher kann er sich in der Gesellschaft behaupten.

Das gesellschaftliche Zusammenleben wird also im tagtäglichen Klinikalltag simuliert, durch Arbeit, Sport, Freizeit, also Aktivitäten, die die Gruppendynamik befördern. Jenseits des Alltags finden dann Therapiesitzungen statt, in denen das hier Erlebte besprochen und günstigstenfalls auf die Lebensgeschichte des Patienten zurückgeführt wird. Damit setzt ein Prozess der Nachreife ein und der Patient wird psychisch gestärkt.

Bevor es zu diesen Konzepten kam, schlossen die klassische Psychoanalyse und die medizinisch-psychiatrische Therapie Sucht noch von ihrem Behandlungskatalog aus. Erst durch die neueren milieutherapeutischen Ansätze fand man zu brauchbaren Behandlungsmodellen. Leider ist die hierin enthaltene sozialarbeiterische Basisausrichtung *(Therapieleistung und Konsensbeschaffung)* den Sozialarbeiterinnen und Sozialpädagogen in der Suchtkrankentherapie bisher nie als ausbuchstabierte Theorie bewusst gewesen, sie folgten meistens nur einem impliziten Berufsverständnis und entwickelten ihre Konzepte „aus dem Bauch heraus".

Die Sozialarbeiter in den Suchtkliniken qualifizierten sich dann zunehmend in psychotherapeutischen Methoden und wurden zu Suchttherapeuten. Dadurch verloren viele mehr und mehr ihre ursprünglich akademische Basis, was sie in gewisser Weise deprofessionalisierte. Sie waren jetzt zwar hoch qualifizierte Suchttherapeuten und machten in dieser Hinsicht die gleiche Arbeit wie Ärzte und Psychologen auch, sie verloren aber immer mehr ihren eigenständigen sozialarbeiterischen Blick, mit dem immer auf die Verbindung Individuum und Gesellschaft geschaut wurde. Zwar ist die Soziale Arbeit in der Suchttherapie heute noch die am weitesten verbreitete Berufsgruppe, jedoch scheint sich ein Trend abzuzeichnen, sie mehr und mehr in die Reihe der ärztlichen Hilfsberufe einzuordnen, wie Ergotherapie und Physiotherapie auch. Dies wird da sichtbar, wo das oben beschriebene milieutherapeutische Basiskonzept mehr und mehr einem Indikationskonzept weicht, wie es aus anderen Reha-Kliniken auch bekannt ist. Der Patient der „Kurklinik" erhält jetzt ärztlich verordnete Anwendungen welche Psychotherapie, Ergotherapie, Sporttherapie usw. heißen.

So gesehen muss man leider festhalten, dass die Höherqualifizierung der Sozialarbeiterinnen und Sozialpädagogen im Suchtbereich diese auch deprofessionalisiert, was heute dazu führen kann, dass das einstmals erfolgreiche Konzept von einer stolzen Profession übernommen und umgewandelt wird.

2.4 Supervisionspraxis

Das oben beschriebene Szenario aus der **Suchtklinik** reflektiert bereits meine Erfahrungen, die ich als Supervisor machen konnte. Während ich in der Zeit zwischen 1981 und 1986 als Therapeut in einer Suchtklinik tätig war, supervidiere ich seit etwa 1990 einige Suchtkliniken.

Die von mir supervisierten Suchtkliniken entwickelten sich zunehmend in die Richtung der klassischen Rehabilitationseinrichtungen, analog der Kurkliniken für psychosomatische Erkrankungen. Das hat zur Folge, dass es zwar noch Regeln und eine Hausordnung gibt, dass diese aber nun viel weicher ausgelegt werden und nur noch vage therapeutische verzahnt sind. Die Regeln beziehen zunehmend ihren Sinn daraus, den Klinikkonsens abzusichern; sie verlieren ihren therapeutischen Sinn. Da die therapeutisch ausgebildeten Sozialarbeiterinnen und Sozialpädagogen sich von einer sozialarbeiterischen Berufsidentität entfernt haben, fiel ihnen diese Entwicklung in den vergangenen Jahren nicht auf. Den therapeutisch orientierten Sozialarbeitern ging im Laufe ihrer Berufsentwicklung zunehmend das Verständnis dafür verloren, dass ihr fachlicher Blick immer auch die Gesetze, Regeln, Normen und Grenzen des sozialen Miteinanders gleichberechtigt neben dem Blick auf die seelische Innenwelt ihrer Klientel im Auge hatte. Gerade in der Suchtbehandlung gewinnt diese Perspektive aber wieder an Bedeutung, weil die Klientel der stationären Einrichtungen zunehmend dissoziale Strukturen aufweisen. Die sozial stabilere Klientel wird zunehmend ambulant versorgt.

In meiner nahezu 30-jährigen Supervisionspraxis war ich Teilnehmer und Beobachter verschiedener Entwicklungen. Zu Beginn der 1980er Jahre etablierte sich die Teamsupervision mehr und mehr. Damals hatten

Arbeitsteams teilweise wöchentliche Supervisionssitzungen über einen begrenzten Zeitraum. Heute (2009) geläufige Praxis ist die monatliche Supervision über einen unbegrenzten Zeitraum. Die Haltung des Supervisors ist hauptsächlich unterstützend und fördernd, nur selten belehrend. Die Supervision bedient sich mehr psychotherapeutischer Verfahren, weniger pädagogischer Vorgehensweisen. Therapeutisierungen werden jedoch weitestgehend vermieden; stattdessen werden die mit therapeutischen Methoden gewonnenen Informationen vom Supervisor abstrahiert und den Teilnehmerinnen zurückgespiegelt. Dadurch wird das ungleiche Therapeut-Klient-Verhältnis vermieden. Stattdessen wird ein gleiches Kollegenverhältnis zwischen dem Supervisor und den Supervisanden erzeugt. Der Supervisor nimmt dabei die Rolle des externen Kollegen an, der in der Lage ist, die Praxisphänomene aus einer Metaperspektive wahrzunehmen und den „internen Kollegen" von „draußen" zu spiegeln. Hierdurch bekommt der Begriff „Supervision" seine wahre Bedeutung: „von oben drauf blicken".

Supervision kann somit als beruflicher Bildungsprozess verstanden werden, in welchem konkrete Ereignisse des beruflichen Alltags untersucht, abstrahiert und theoretisiert werden, um dann in einem neuen Lichte betrachtet werden zu können. Da diese beruflichen Ereignisse immer durch die Person der Professionellen aufgenommen und geschildert werden, wird das Persönliche derjenigen Person, die den Fall schildert, auch zum Gegenstand der Reflexion. Das Geschehen zwischen Klient und Sozialarbeiterin spielt sich innerhalb äußerer Rahmenbedingungen ab, die von den beteiligten Personen nicht gesehen werden können, weil sie sich innerhalb dieser Bedingungen befinden. Der von außen kommende Supervisor kann diese Rahmenbedingungen erkennen, weil er nicht Teil dieses Systems ist.

In meiner Supervisionstätigkeit bin ich nahezu mit allen Feldern der Sozialen Arbeit in Kontakt gekommen. Dabei zeichnete sich in den letzten Jahrzehnten eine Entwicklung ab, in der immer weniger die intrapsychischen Bedingungen der Professionellen thematisiert werden als vielmehr die institutionellen Rahmungen.

Im **Jugendamt** wird der Fallbezug hergestellt, indem man den Konflikt bespricht, den die gesetzlichen Bedingungen erzeugen, weil sie das sozialpädagogische Handeln zwischen Hilfeleistung und Wächteramt verorten. Das Jugendamt soll das Kindeswohl überwachen und sicherstellen und gleichzeitig den Eltern Hilfeleistungen bei der Erziehung ihrer Kinder anbieten. Sie leisten folglich Hilfe und Kontrolle gleichermaßen. Die Sozialarbeiter stellen oftmals erst in der Supervision fest, dass die daraus erwachsenden paradoxen Herausforderungen weniger aus einer persönlichen Schwäche ihrerseits heraus entstehen, sondern vielmehr aus den gegenläufigen Anforderungen dieser Praxis. Einerseits sind die Menschen dazu aufgefordert, in Autonomie, die Erziehung ihrer Kinder zu verwirklichen. Andererseits gelingt es vielen Menschen nicht, diese Autonomie mit der gleichzeitigen Verantwortung für ihre Kinder zu verbinden. Weil viele Sozialarbeiter diesen immanenten Berufskonflikt – Hilfe und Kontrolle – aus ihrem akademischen Studium heraus, nicht als Kern des professionellen sozialen Handelns identifiziert haben, versuchen sie diese immanente Paradoxie in der Praxis zu überwinden, woran sie scheitern müssen. Ausgebrannte und unglückliche Kollegen und Kolleginnen in der Jugendhilfe sind die Folge. Die besondere Herausforderung der Supervision beim Jugendamt besteht folglich darin, den Professionellen diese Perspektive zu eröffnen. Viele Konflikte entstammen nicht dem persönlichen Unvermögen der Sozialarbeiterinnen, als vielmehr der klassischen Berufswidersprüchlichkeit zwischen Hilfeleistung und Kontrolle, der die Soziale Arbeit grundsätzlich nicht ausweichen kann.

Die **Bewährungshilfe** stellt dasjenige Berufsfeld dar, in welchem die antagonistischen Professionsanforderungen am deutlichsten sichtbar sind. Der Supervisor trifft hier allerdings auf ein Feld, in welchem die Teamarbeit relativ wenig Verbreitung fand, was für die Professionalisierung dann verheerende Folgen hat. An Supervisionen und Teambesprechungen nehmen nur diejenigen Kolleginnen teil, denen etwas daran gelegen ist; das war bisher meistens nur eine Minderheit. Da es der Sozialen Arbeit noch nicht gelungen ist, sich auf eine einheitliche Theoriebasis beziehen zu können, benötigen ihre Akteure aber immer den kollegialen Austausch zur Selbstvergewisserung. Bewährungshelfer orientieren sich in ihrem Handeln mehrheitlich an der Welt der Juristen, in der ja auch der Richter oder der Anwalt alleine, ohne kollegiale Beratung, aufgrund der ihm bekannten Sachlage, zu adäquaten Ergebnissen kommt. Im Gegensatz zu diesen Juristen fehlt aber den Sozialarbeitern die eigene Fachwelt, wie sie die Juristerei besitzt. Letztere steht den Juristinnen in Form von Gesetzbüchern zur Verfügung; den Umgang mit diesen Gesetzbüchern haben sie in einem anspruchsvollen Studium erlernt. Diese Gesetzbücher stehen zwar dem Bewährungshelfer auch zur Verfügung. Sein Berufsauftrag lautet jedoch, sozialarbeiterische Mittel und Wege einzusetzen, um seinen Fall zu lösen, weniger juristische Mittel. Dafür gibt es aber keine vereinheitlichten und allgemeingültigen Regeln, die auf den Einzelfall bezogen werden könnten. Die eigene Fachwelt der Sozialarbeiter erschließt sich heute hauptsächlich aus der Kommunikation mit den Kollegen, in Dienstbesprechungen, Teamsitzungen, Fallkonferenzen und Supervisionen. Da diese Kommunikation im Felde der Bewährungshilfe nur schwach ausgeprägt ist, ist es diesem Berufsfeld bis heute nicht gelungen, das spezifische Handeln der Sozialen Arbeit, zwischen Hilfe und Kontrolle zu professionalisieren, obwohl die institutionellen Bedingungen bisher äußerst günstig dafür waren, denn die Bewährungshilfe besitzt eine große Berufsautonomie. Dieser Konflikt konnte zwar in den Supervisionen besprochen und bewusst gemacht, jedoch niemals gelöst werden, da er strukturell bedingt ist. Folge davon ist, dass eine Gruppierung von Bewährungshelfern mehr dem Justizsystem nahe steht und hauptsächlich formal rechtlich denkt, während eine andere Gruppierung sich mehr dem Hilfeleistungssystem zuordnet und mehr therapeutisch denkt. So polarisiert sich die Bewährungshilfe in eine „konservativ-bürokratische" und eine „sozialromantische" Fraktion, die einen ständigen Konfliktherd bilden. Die Unkenntnis darüber, dass professionelle Soziale Arbeit beiden Dimensionen gleichermaßen verpflichtet ist, begünstigt diese Spaltung, und so gelingt die Professionalisierung in diesem Felde nur schleppend. Die Bewährungshelfer bleiben deshalb häufig „Einzelkämpfer" und können von den Konkurrenzprofessionen nach Belieben gespalten und geschwächt werden. In der Bewährungshilfe wirkt das Fehlen eines einheitlichen „höhersymbolischen Sinnbezirks"[53] daher so destruktiv.

Der **Psychiatriebereich** hat sich in den letzten Jahrzehnten stark ausdifferenziert und zwingt die Soziale Arbeit, sich zu professionalisieren. Supervision findet hier sowohl im multidisziplinären Team statt, mit Krankenschwestern, Ärztinnen, Ergotherapeuten usw., als auch im Sozialdienstteam.

Im Laufe des Entwicklungsprozess wurde die Soziale Arbeit aus dem rein therapeutischen Bereich der psychiatrischen Krankenhäuser mehr und mehr verdrängt, oftmals zum Verdruss der dortigen Kolleginnen und Kollegen. Die in den psychiatrischen Krankenhäusern tätigen Sozialarbeiterinnen arbeiten heute in den meisten Fällen auf der Grenze, zwischen dem Krankenhaus und der Außenwelt der Patienten. Dieser Logik folgen sie auch, wenn sie innerhalb der Klinik arbeiten, etwa auf einer Akutstation oder einer Indikationsstation (z.B. Depressivenstation u.Ä.).

[53] vgl. Kap. 6.7 „Der höhersymbolische Sinnbezirk".

In den Supervisionsprozessen der letzten 20 Jahre konnte dieser Prozess gut nachvollzogen werden. Die Sozialarbeiter rangen zunächst um ihre Identität, weil ihnen das (psycho)-therapeutisches Handeln durch Ärzte und Psychologen streitig gemacht wurde. Sie gelangten dadurch aber zu ihrer eigentlichen und eigentümlichen Professionalität, in der sie aufgerufen sind, Innenwelt und Außenwelt der Patienten zu verknüpfen.

Diese Erkenntnis, und das Handeln danach, führte in der psychiatrischen Sozialarbeit zu einem regelrechten Professionalisierungsboom, in dessen Folge die Soziale Arbeit sich sehr stark in allen ambulanten und teilstationären psychiatrischen Berufsfeldern etabliert hat. Diese Entwicklung führte schließlich zum qualifizierten Ausbau des Berufsfeldes „Betreutes Wohnen“ für psychisch kranke Menschen. Leider wird diese Berufslogik, mit der gleichzeitigen Befolgung des Antagonismus von Innenwelt und Außenwelt, von subjektiven Empfinden der psychisch Kranken Menschen und ihrer „objektiven Wirklichkeit“, von den professionellen Akteuren in erster Linie noch rein intuitiv umgesetzt. In der Supervision werden die sich daraus entfaltenden Konflikte abstrahiert, um so zu erfolgreichen Handlungskonzepten zu kommen. Für die Sozialpädagogen im betreuten Wohnen für psychisch Kranke ist es selbstverständlich geworden, für ihren Klienten einzutreten und gleichzeitig auch die Interessen der Mitbürger im Blick zu haben. Die Tatsache, dass aus dieser Fähigkeit die Kernkompetenz Sozialer Arbeit ableitbar ist, muss den Akteuren in der Supervision allerdings immer wieder gespiegelt werden.

Der **Suchtbereich** war in den vergangenen 30 Jahren das Hauptbetätigungsfeld meiner Supervisionstätigkeit. Man muss hier zunächst differenzieren, zwischen Suchthilfeeinrichtungen für illegale Drogen und solche für legale Drogen. Zwar fließen die beiden Suchtformen immer wieder ineinander, aber nur eine geringere Zahl von Einrichtungen hat sich gezielt sowohl den legalen als auch den illegalen Süchten gewidmet.

Die Einrichtungen für Menschen, die von *legalen Drogen* abhängig sind, also meistens vom Alkohol, haben sich auf Druck der Kostenträger und des psychiatrischen Versorgungssystem professionell sehr ausdifferenziert und entwickelt. Zunächst einmal müssen diejenigen Sozialarbeiter, die suchttherapeutisch arbeiten wollen, eine der Psychotherapie vergleichbare Weiterbildung nachweisen. Hierbei handelt es sich dann sozusagen um den *„hochschwelligen“* Bereich, welcher Therapieleistung anbietet, ambulant und stationär. Diese Therapieleistung unterscheidet sich aber von jener der niedergelassenen Psychotherapeuten, weil die Therapie immer noch ein Kontrollaspekt beinhaltet und sei es auch nur der, dass die Klienten auf mögliche Rückfälligkeit hin überprüft werden. Diese Kontrolltätigkeit wird ausdrücklich vom Kostenträger (Rentenversicherung) verlangt. Auch hier erscheint bereits wieder die Doppelfunktion, Hilfe und Kontrolle.

Die Ausdifferenzierung im Bereich der legalen Drogen grenzt in den niedrigschwelligeren Bereichen zum einen an das Feld der Psychiatrie und zum anderen an den Wohnungslosenbereich. Im Überschneidungsfeld zur psychiatrischen Versorgung sind die Sozialarbeiterinnen ordnungspolitisch tätig, indem sie im Bereich der Gesundheitsämter (Sozialpsychiatrische Dienste) selbst bei Zwangsmaßnahmen involviert sind.

Im Zentrum aller sozialarbeiterischen Tätigkeitsfelder im Feld der legalen Süchte steht noch die „klassische Beratungsarbeit" deren Kerngeschäft im Prinzip aus der Weitervermittlung in andere Maßnahmen besteht, entweder in therapeutische Maßnahmen oder in Betreuungsverhältnisse der unterschiedlichsten Art[54]. Das Doppelmandat zwischen Hilfe und Kontrolle wird den professionellen Akteuren in diesem sozialarbeiterischen Feld zunehmend deutlich und eine Professionalisierung in diese Richtung gewinnt an Kontur.

Der Bereich der *illegalen Drogen* wird zunehmend durch einen Ansatz der akzeptierenden Suchthilfe geprägt. Diese Möglichkeit wurde dadurch eröffnet, weil immer mehr drogenabhängige Menschen mit Ersatzdrogen versorgt werden. Dies nennt man Substitutionsbehandlung und die häufigste Ersatzdroge heißt „Methadon". Mit der Möglichkeit Ersatzdrogen zu verabreichen und hygienische Konsumbedingungen für den Gebrauch illegaler Drogen zu bieten *(„Fixerstuben", Drogenkonsumräume)*, entsteht für die dort tätigen Sozialpädagoginnen und Sozialarbeiter die Gefahr der Deprofessionalisierung, weil sie durch ihren Arbeitsansatz den süchtigen Menschen ihre Drogensucht ermöglichen und erleichtern. Sie machen sich gleichsam zu „Co-Abhängigen"[55]. Wenn diese Problematik in der Supervision reflektiert wird, kann herauskommen, dass es eine gesteuerte und gezielt eingesetzte „professionelle Co-Abhängigkeit" in diesem Bereich geben muss, um den völlig verelendeten drogen-

[54] Hier spricht man dann auch von „Case-Management".

[55] Der Begriff „Co-Abhängigkeit" ist ein Fachterminus, mit dem Partner von suchtkranken Menschen bezeichnet werden, die ihrem Angehörigen die Sucht erst durch ein (unbewusst) unterstützendes Verhalten ermöglichen. „Co-Abhängige" haben davon einen sekundären Gewinn.

kranken Menschen vor weiterer Verschlimmerung ihres Zustandes temporär zu bewahren. Reflektiert und bewusst eingesetzt, bezeichneten einige Kollegen aus den Supervisionsgruppen im niedrigschwelligen Suchtbereich ihre suchtbegleitenden und unterstützenden Maßnahmen als *„professionelle Unprofessionalität“*. Nur mit dieser Haltung gelingt Ihnen noch der Zugang zu dieser verelendeten Klientel. Diese Haltung entspringt dem ethischen Grundverständnis von Solidarität und Menschenwürde. Solidarität mit den Schwächsten der Gesellschaft erfordert gelegentlich eine Professionalität, die auch in der Lage ist, Wege zu gehen, die beim ersten Draufblicken seltsam und ungewöhnlich erscheinen. Diese Fachlichkeit ist in der Haltung der Sozialen Arbeit angelegt, denn mit dem akzeptierenden Ansatz der Suchthilfe sichert die Soziale Arbeit doch wieder unseren gesellschaftlichen Normenkonsens, weil sie durch den Schutz, den sie den chronisch Drogensüchtigen zukommen lässt, letztlich auch die Gesellschaft vor schlimmeren Folgen und Gewaltkriminalität bewahrt. Dabei hat die Soziale Arbeit aber immer noch das individuelle Wohl der Klientel im Auge und fühlt sich somit doch wieder auch der Therapieleistung verpflichtet.

Gerade die niedrigschwellige Suchthilfe, also diejenige Sozialarbeit, die sich darum bemüht, dass die schwer chronisch Kranken noch einigermaßen überleben können, leistet einen erheblichen Beitrag für den gesellschaftlichen Frieden *(Konsensbeschaffung),* indem sie Bedingungen schafft, unter welchen diese Klientel noch überleben kann *(Therapieleistung).* Der Supervision in diesen Feldern kommt die Aufgabe zu, diese Konfliktdimensionen immer wieder herauszuarbeiten und den Professionellen zu spiegeln. Ohne eine solche Reflektion mit ihrer Verfachlichung würden die Sozialarbeiterinnen in diesem Bereich der Gefahr der tatsächlichen Deprofessionalisierung ausgesetzt werden.

Natürlich gibt es im illegalen Drogenbereich noch viele andere Angebote, auf die an dieser Stelle nicht weiter eingegangen werden kann. Aber auch die anderen sozialarbeiterischen Tätigkeiten in diesen Bereichen sind immer wieder der Gefahr der Entprofessionalisierung ausgesetzt, wenn sie nicht genügend reflektiert werden.

Meine Supervisionserfahrungen umfassen noch viele andere Bereiche, von denen ich nachfolgend nur noch einige aufzählen möchte, mit ergänzenden Hypothesen.

Die **Erziehungsberatung** unterliegt seit einigen Jahren verstärkt dem Zwang, sich von ihrer traditionell therapeutischen Ausrichtung verabschieden zu müssen, weil viele der therapeutischen Maßnahmen aus früheren Zeiten heute von niedergelassenen Kinder- und Jugendlichenpsychotherapeuten übernommen werden. Daher entwickeln sich diese Stellen vermehrt zu Spezialabteilungen der Jugendhilfe und öffnen sich mehr der Konsensbeschaffung, weil die Jugendämter in ihrem Wächteramt vermehrt Unterstützung benötigen.

Die **Schuldnerberatung** nimmt zunehmend die innere Verfassung der verschuldeten Klientel in den Blick, weil die dort tätigen Juristen vermehrt die Erfahrung machen mussten, dass die Klientel deren zweckrationalen Vorgehensweisen nur selten folgen konnten. Schuldnerberatung ist ein psychosoziales Verfahren geworden.

Die **ambulante Jugendhilfe** hat sich flexibilisiert und führt Hilfen zur Erziehung immer häufiger mit jungen Menschen durch, die ständig mit den Regeln ihrer Welt in Konflikt geraten. Dazu bedarf es Profis, die sowohl die innere Verfassung der Kinder und Jugendlichen antizipieren können, als auch die gesellschaftlichen Orte, in denen diese Klientel jeweils lebt.

Beratungsstellen gegen sexuellen Missbrauch pendeln zwischen investigatorischen Bemühungen und therapeutischen Vorgehensweisen. Oftmals versuchen sie mit therapeutischen Mitteln investigatorisch zu arbeiten, um Missbraucher hinter Schloss und Riegel zu bringen. Die Reflexion dieser Paradoxie macht die Sozialpädagoginnen in diesen Feldern sicherer vor Gericht und schützt damit die betroffenen Kinder.

In der Nachbetrachtung vieler Supervisionsfelder wird deutlich, dass sich ein Wandel vollzogen hat, vom einseitigen Blick auf die Person des Professionellen mit seinen Schwächen und Fehlern, zum Blick auf die institutionellen Bedingungen Sozialer Arbeit mit ihren Paradoxien. Natürlich wird die Soziale Arbeit nach wie vor durch die Person des Professionellen transportiert und somit ist die Berufspersönlichkeit auch weiterhin Gegenstand der Reflexion. Eine wirkliche Professionalisierung durch Supervision kann aber nur erfolgen, wenn die Ereignisse in der Sozialen Arbeit im Lichte eines fachlich-institutionellen Gesamtrahmens gesehen werden. Dadurch wir dann deutlich, welch anspruchsvolle Aufgaben durch die Akteure der Sozialen Arbeit verwirklicht werden sollen, und dass diese Aufgaben letztlich doch nur mit Hilfe einer in Wissenschaft gegründeten Professionalität zu lösen sind.

2.5 Diplomarbeiten

Mit ihren Diplomarbeiten belegen die Absolventen der Studiengänge des Sozialwesens, dass sie eine in Wissenschaft gegründete Professionalität anstreben. Mittlerweisen haben weit über hundert Studierende ihre Diplomarbeiten bei mir eingereicht. Dabei wurde in vielen Fällen die wissenschaftliche Auseinandersetzung zu einem Vehikel der professionellen Identitätssuche.

Im Mai 2009 setzt sich Sandra Sachowski mit dem Thema *„Konzepte und Methoden professioneller Straßensozialarbeit“*[56] auseinander, und Janin Domnik schreibt ihre Arbeit über *„Erlebnispädagogik als Handlungskonzept professioneller Sozialer Arbeit“*[57]. Beide Autorinnen beleuchten in ihren Arbeiten ganz spezielle Bereiche Sozialer Arbeit und betrachten diese Berufsfelder unter allgemein professionstheoretischen Fragestellungen.

Während die gegenwärtige Studierendengeneration ihre Fragestellungen zur Professionalität der Sozialen Arbeit seit etwa 2008 an Spezialgebieten des Berufes ausrichtet, befassten sich frühere Studierendengenerationen eher mit dem professionellen Handeln in der „klassischen Sozialarbeit“. Einen sehr wichtigen Beitrag leistete im Jahre 2008 Alexandra Dröge, mit dem Thema *„Beratung im Zwangskontext“*[58]. In dieser Arbeit bezieht sich die Kollegin zwar nur auf die Bereiche Suchtkrankenhilfe und Jugendhilfe; sie eröffnet allerdings eine generelle Perspektive auf die Sozialen Arbeit, die zu Überlegungen führt, inwieweit ein Zwangskontext in der Sozialen Arbeit nicht grundsätzlich angelegt ist. Jedenfalls kann man nach der Lektüre diese Arbeit leicht zu der Auffassung gelangen, dass die weitaus größte Mehrzahl der Adressaten Sozialer Arbeit diese nicht freiwillig in Anspruch nimmt.

Die anspruchvollste Arbeit zur Professionalisierung lieferte im November 2007 Sandra Nicole Warren ab. *(„Soziale Arbeit zwischen Wissen Können und Profession – eine qualitative Studie der Professionalisierung Sozialer Arbeit im Bereich der Erziehungsberatung“)*[59]. Mit dieser Arbeit geht die Autorin weit über das Niveau von Diplomarbeiten an ei-

[56] Sachowsky, Sandra – 2009 Diplomarbeit
[57] Dominik, Janine – 2009 Diplomarbeit
[58] Dröge Alexandra – 2008 Diplomarbeit
[59] Warren, Sandra Nicole – 2007 Diplomarbeit

ner Fachhochschule hinaus, weil sie einerseits nahezu die gesamte Breite der relevanten professionstheoretischen Literatur verarbeitet und andererseits die diesen Schulen nahestehenden qualitativen Forschungsmethoden, auf ein konkretes Praxisfeld zu beziehen in der Lage ist. Frau Warren kommt dabei u.a. zu dem Ergebnis, dass sich im Bereich der Erziehungsberatung eine Entwicklung abzuzeichnen scheint, die von einer mehr psychotherapeutischen Ausrichtung zu einer sozialpädagogischen Sicht tendiert. Die von ihr untersuchte sozialpädagogische Herangehensweise ist dabei besonders von einer „multiperspektivischen Sicht" geprägt. Die Fähigkeit diese Sicht einzunehmen, kann dann dazu führen, dass das von so vielen beklagte Identitätsproblem der Sozialen Arbeit überwunden wird, weil diese Sicht den Problemstellungen der Postmoderne[60], als Mittlerrolle zwischen den Unterschiedlichsten Problemsichten von Recht, Politik, Medizin, Pädagogik usw. am, ehesten gerecht wird.

Nachfolgend führe ich noch einige relevante Diplomarbeiten zur Professionsthematik auf, die mich in dieser Ausarbeitung beeinflusst haben.

Petra Patschkowski und Nicole Patzkowski haben sich bereits im Sommer 1991 mit den *„Spezifischen Merkmalen des sozialarbeiterischen Handelns in Beratungsstellen"*[61] auseinandergesetzt. Ein zentrales Ergebnis ihrer Untersuchung war die Erkenntnis, dass alle Sozialarbeiter aus Beratungsstellen, die sie mit einer kleinen Studie erfasst hatten, ihre Rechts- und Verwaltungskenntnisse als spezielle sozialarbeiterische Fähigkeit definieren, die sie eigentlich erst zu einer personenzentrierten Beratungsarbeit befähigten.

1994 verfasste Ute Widmayer die erste professionstheoretische Arbeit im engeren Sinne. *„Sozialarbeit auf dem Weg zur Profession"*.[62]

Bereits im Jahre 1999 befasste sich Andreas Johst mit dem Thema, *„Auswirkungen wachsender Ökonomisierung auf die Professionalisierung der Sozialarbeit"*[63]. Darauf aufbauend untersuchte Heiko Britz im Jahre 2002 *„die Auswirkungen des Qualitätssicherungskonzept auf die Professionalisierung der Sozialen Arbeit"*[64].

---

[60] Vgl. Kleve 2000, S. 159

[61] Patschkowski/Patzkowski – 1991 Diplomarbeit

[62] Widmayer, Ute – 1991 Diplomarbeit

[63] Johst, Andrea – 1999 Diplomarbeit

[64] Britz, Heiko – 2002 Diplomarbeit

Eine Aufzählung weiterer Diplomarbeiten unterbleibt an dieser Stelle, sie befindet sich aber in einem gesonderten Literaturverzeichnis am Ende dieses Buches.

3
Profession und Disziplin

Die weitaus meisten wissenschaftlichen Arbeiten zur Sozialarbeit werden von Vertretern sozialwissenschaftlicher oder geisteswissenschaftlicher Disziplinen verfasst, die ihrerseits meistens nur eine geringe Verankerung in einer professionellen Praxis besitzen. Das führt zu der oftmals beklagten Kluft zwischen Theorie und Praxis der Sozialen Arbeit

Wir machen uns hier eine einfache Definition zu eigen, nach der Disziplin und Profession zwei Seiten einer Medaille sind. Die beiden Seiten heißen Denken und Handeln. Ausgehend von dieser Metapher fällt die Behauptung nicht schwer, dass Medaillen, deren beide Seiten gut geprägt sind, höherwertiger sind als nur einseitig geprägte. Für die Soziale Arbeit bedeutet das, dass der häufig nicht gelöste Theorie-Praxis-Konflikt die Steigerung ihres Wertes erschwert. Aber auch die sozialwissenschaftlichen Disziplinen müssten darunter leiden, fehlt ihnen doch allzu häufig der professionell handelnde Arm.

Die Medizin zeigt uns, wie man's macht. Sie besitzt einen starken disziplinären Arm des universitären *Denkens* mit seiner Forschung und dem Wissenschaftsbetrieb, samt Lehre. Der andere Arm ist die professionelle Praxis der (be)*handelnden* Ärzte. Die Ärzte in der Praxis können sich stets auf ihre disziplinäre Heimat berufen, die forschende Disziplin begründet ihren Betrieb mit dem Gewinn ihrer Forschung für kranke Menschen, die dadurch besser behandelt werden können. So spielen sich Disziplin und Profession gegenseitig Bälle zu, zum Wohle beider Seiten.

Disziplinen sind das an Universitäten in lehrbare Form gebrachte Wissen einerseits und eine „Scientific Community", also eine Gemeinschaft von wissenschaftlichen Spezialisten, andererseits. Den (wissenschaftlichen) Disziplinen geht es um „Wahrheit und Richtigkeit", welche über Logik, Methodologie und Erkenntnistheorie erlangt werden.

Im Gegensatz zu der Profession sind für die Disziplin die Abstraktheit und die „methodische Distanz zum Gegenstand" ausschlaggebend. Ein weiteres besonderes Merkmal der Disziplinen ist, dass sie keinen unmittelbaren Entscheidungszwängen unterliegen und deshalb das Privileg besitzen, gedankliche Umwege gehen zu können, die fruchtlos sein dürfen oder aber zu neuen Erkenntnissen führen können. Oberste Forderung dabei ist, dass die neuen Erkenntnisse in ein theoretisches System überführt werden, welches widerspruchsfrei sein muss.

Allerdings unterliegen Disziplinen einem Begründungs- und Rechtfertigungszwang, welcher auf Zweifel am Erkannten abzielt. Kritiker sind dazu aufgerufen, Widersprüche da zu entdecken, wo höchstes Ziel theoretische Widerspruchsfreiheit ist.

Die disziplinäre Situation der Sozialen Arbeit ist in der derzeitigen Situation jedoch höchst unbefriedigend, da, wie oben schon angedeutet, sich vorwiegend benachbarte Disziplinen mit ihrem Gegenstand beschäftigen. Eine Orientierung, an einer eigenen, „von der Berufspraxis entlasteten freien Form der Reflexion über das eigene Selbstverständnis im Kontext der sukzessiven Disziplinbildung“[1] fehlt leider noch.

Solche Reflexionsprozesse sind aber für die Herausbildung einer Identität als Wissenschaft unverzichtbar, um eine disziplinäre Heimat zu erlangen. Diese „disziplinäre Heimat“ speist die professionelle Identität und macht sie somit wertvoll. Um die Metapher wieder aufzugreifen: Nur eine Medaille, deren beiden Seiten gut geprägt sind, ist eine wertvolle Medaille. Da die disziplinäre Prägung in der Sozialen Arbeit aber noch sehr undeutlich ist, gewinnt die professionelle Prägung auch nur mühselig an Kontur.

Diese Arbeit hier ist schließlich leider auch nur eine professionelle Selbstreflexion. Letztendlich braucht es aber viel mehr disziplinäre Distanz, damit eine „Profession Soziale Arbeit“ den ihr zustehenden Platz selbstbewusst einnehmen kann.

Professionen sind hingegen gekennzeichnet von einem bestimmten Typus des besonderen beruflichen Handelns.

Profession

Spezieller wird unter Profession, eine Spezialisierung und Verwissenschaftlichung von bestimmten beruflichen Handlungsvollzügen verstanden. Diese Spezialisierung tritt ein, wenn die Anforderungen an das berufliche Handeln und das Fachwissen so hoch werden, dass eine Verwissenschaftlichung zur Höherqualifizierung der Berufstätigen nötig wird. Genau in dieser Situation befand sich die Fürsorge/Sozialarbeit/Sozialpädagogik gegen Ende der 1960er-Jahre. Die Anforderungen an die Berufstätigen (Fürsorgerinnen) waren so hoch geworden, dass dem mit der „Höherqualifizierung der Berufsausbildung durch die Einrichtung formalisierter Studiengänge mit einer Kontrolle der Berufsqualifikation und des Berufszuganges durch Fachprüfungen“[2] Rechnung getragen werden musste. Außerdem gehört zu einer Profession die Organisation der Be-

[1] Dewe/Otto (1996): Zugänge zur Sozialpädagogik – Reflexive Wissenschaftstheorie und kognitive Identität. Weinheim, S. 23.

[2] Lexikon der Soziologie, Stichwort Profession

rufsangehörigen in besonderen Berufsverbänden oder Berufskammern. Die Berufsverbände entwickeln berufsethische Normen, kontrollieren deren Einhaltung und sind um Leistungssteigerungen einerseits und Berufsautonomie andererseits bemüht. Ziel ist es außerdem, das Prestige und das Einkommen zu verbessern.

Man kann beobachten, dass der gesellschaftliche Bedarf an der Professionalisierung der Sozialen Arbeit (Fürsorge) vor etwa 40 Jahren, also ab 1968 einsetzte. Schon 1971 entwickelte sich eine Qualifizierung durch die Einführung der Fachhochschulen. Eine formale Gleichstellung der Fachhochschulen mit den Universitäten erfolgte 2006 mit der Einrichtung von Bachelor- und Master-Studiengängen, die zur Promotionsberechtigung führen. Ab jetzt können Sozialarbeiterinnen und Sozialpädagoginnen Doktorarbeiten schreiben und dadurch den Weg der Disziplin beschreiten.

Die berufsständische Vertretung[3] hat zwar eine lange Tradition, jedoch ist nur ein sehr geringer Teil der Akteure Sozialer Arbeit hier organisiert, was eine Professionalisierung von dieser Seite aus auch nicht erleichtert. Berufsprestige und Vergütung bleiben daher relativ bescheiden.

Professionen sind folglich keine Wissenssysteme, so wie die Disziplinen; Professionen sind vielmehr Handlungssysteme, welche auf wissenschaftlichem Wissen gegründet sind. Im Gegensatz zu den Disziplinen unterliegen sie einem Handlungszwang, der zwar durch Wissen gesteuert wird, aber aufgrund seiner innewohnenden Entscheidungszwänge niemals die Präzision der Disziplin haben kann. Professionelle Entscheidungen sind daher immer prekär und fehleranfällig. Oftmals kommt es erst im Nachhinein zur Begründung durch Wissen.

Professionalisiertes Handeln erfolgt also habitualisiert, das heißt, Professionelle handeln intuitiv. Diese Intuition ist allerdings in wissenschaftlichem Wissen gegründet[4].

Wir unterscheiden also zwischen Disziplin und Profession, indem wir bei der Disziplin die Zieldimension von Richtigkeit bzw. Wahrheit sehen. Die Widerspruchsfreiheit ist ihr Validitätskriterium ist. Sie unterliegt ei-

[3] DBSH = deutscher Berufsverband für Sozialarbeit, Sozialpädagogik und Heilpädagogik

[4] Man kann auch sagen, Sozialarbeiter handeln aus dem Bauch heraus. Wenn dieser Bauch gut mit Theorien gesättigt ist, gelingt das Handeln in der Regel auch sehr gut. Theoretisch nicht gesättigte Bäuche können allerdings nur schwächlich, energie- und substanzlos handeln.

nem Begründungs- und Rechtfertigungszwang, jedoch keinem Entscheidungs- und Handlungszwang. Die Profession hingegen zielt auf Wirksamkeit, und ihr Validitätskriterium ist die Angemessenheit einer Intervention. Professionen unterliegen weiterhin der Gleichzeitigkeit von Entscheidungsdruck, Handlungszwang und einem erhöhten Ergebniszwang.

Wir betrachten noch einmal einen Ausschnitt aus der Grafik von weiter oben. Hier haben wir die gesellschaftlichen Handlungsproblemfelder skizziert und denen unterschiedliche Logiken zugeordnet. Übertragen auf die Aspekte Disziplin und Profession stellt sich das nun folgendermaßen dar.

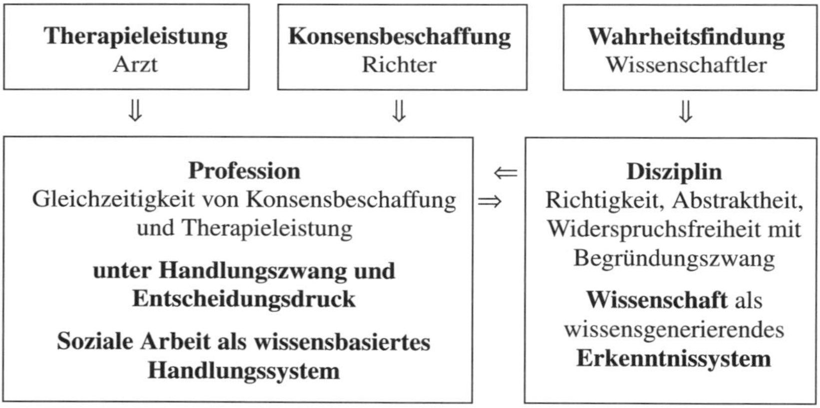

Die Grafik will verdeutlichen, dass das gesellschaftliche *Handlungsproblemfeld* der „Wahrheitsfindung“ der Ort der Wissenschaft ist, aus dem sich die Disziplin speist. Die so verortete Disziplin blickt mit größtmöglicher Distanz ohne Entscheidungszwänge auf die Profession und steht unter dem Zwang, ihre Erkenntnisse begründen zu müssen.

Die Profession hingegen steht unter permanentem Handlungs- und Entscheidungszwang und blickt zwecks Selbstvergewisserung auf die Disziplin. Da das professionelle Handeln unter stets prekärem Entscheidungsdruck steht, darf die disziplinäre Selbstvergewisserung auch im Nachhinein erfolgen.

3.1 Soziale Arbeit und Symbolischer Interaktionismus

Der disziplinäre Zugang zu dieser Arbeit ist mit Hilfe der „Grounded Theory“ des Anselm Strauss erfolgt. Dieser Erkenntnisweg wurde in einem vorherigen Kapitel bereits kurz beschrieben[5]. Die Grounded Theory geht auf die soziologische Disziplin des symbolischen Interaktionismus zurück, die Herbert Blumer, auf die ethnologischen Erkenntnisse George-Herbert Mead's aufbauend, in den 1930er Jahren in Chicago entwickelt hat. George Herbert Mead war bereits ab 1894 Professor für Sozialpsychologie an der dortigen Universität und wird als Begründer der Chicagoer Schule (Disziplin) des Symbolischen Interaktionismus angesehen.

Bereits vor seiner Berufung an die Universität in Chicago hatte G.H. Mead Kontakt zu einer der *„Gründermütter der Sozialen Arbeit“*, Jane Addams. Diese hatte bereits 1889 das Settlement Haus, „Hull House“ gegründet. Hull House war eine soziale Einrichtung für Arme, die Bildungs- und Sozialleistungen sowie Versorgungs- und Erziehungsleistungen einerseits anbot, andererseits aber auch politisch, auf Sozialreformen und Frauenrechte zielte. Die gesamte heutige Sozialarbeit hat ihre Wurzeln dort, insbesondere das, was wir heute „Gemeinwesenarbeit“ nennen. Auf unsere heutige Situation übertragen, handelte es sich um eine Einrichtung in einem Gemeinwesen, welche eine allgemeine Sozialberatung anbot, verbunden mit einer Volkshochschule, einem Kindergarten und einer Suppenküche. Es ging um Armenbildung mittels Bibliothek, Kunst- und Sporthallen. Zum anderen ging es aber auch um Armenpolitik durch Sozialreformen.

Jane Addams war im Jahre 1893 Mitherausgeberin der „Hull-House-Maps and Papers“, welche die Arbeitsgebiete der Chicagoer Soziologenschule definierten, wie sie G.H. Mead bei seiner Berufung zum Professor vorfand. Es ist bekannt, dass Addams und Mead bis zum Jahre 1910 an verschiedenen Sozialreform- und Frauenrechtsprojekten zusammen arbeiteten und dass Jane Addams die zentralen Ideen des symbolischen Interaktionismus mit ihren sozialarbeiterischen und soziologischen Vorstellungen verbunden hat.[6]

---

[5] Ausführlicher beschreibe ich die „Grounded Theorie“ in meinem Buch „Sozialarbeit in der Psychiatrie“ S. 75–86, Opladen 2000.

[6] Ross, Dorothy/Addams, Jane: Häuslicher Feminismus und die Möglichkeiten der Sozialwissenschaften, in: Honegger/Wobbe (1998): Frauen in der Soziologie. München

Bezogen auf die Ausführungen zum Themenkomplex Disziplin und Profession können wir nun zeigen, dass sich an der Chicagoer Universität mit der Chicago Schule des symbolischen Interaktionismus eine sozialwissenschaftliche Disziplin herauszubilden begann, während sich zur gleichen Zeit in den Armenvierteln der Stadt, im Hull House, die Wurzeln einer Sozialen Profession entwickelten. Nun scheint allerdings diese Professions-Disziplin-Verbindung nicht sehr stark gewesen zu sein, ab 1910 verlieren sich die gemeinsamen Spuren doch.

Ich vermute, dass der Handlungsdruck auf die professionelle Soziale Arbeit bereits damals, wie heute auch, so groß war, dass die professionell Handelnden ihr Auge schwerpunktmäßig auf die hilfebedürftigen Menschen und deren Elendsverursachungen legen mussten und somit unter einem permanenten Handlungs- und Entscheidungszwang standen. Bei Jane Addams hat das zu einem friedenspolitischem Blick geführt, für den sie schließlich 1931 den Friedensnobelpreis erhielt. G. H. Mead hat die Basis für die Sozialpsychologie und den Symbolischen Interaktionismus gelegt. Hier geht eine Spur über Mead, Blumer, Anselm Strauss und Goffman, die sich stets mit höchst relevanten Themen für die Soziale Arbeit befasst haben, wie die Grundlagen für die qualitative Sozialforschung, die für die Soziale Arbeit ja so eine hohe Relevanz besitzt.

Bei Jane Addams beginnt die professionelle Spur der Sozialen Arbeit, die über Mary Richmond, Alice Salomon zu Silvia Staub-Bernasconi führt.

Für den Fortschritt der Sozialen Arbeit wäre es zu wünschen, wenn wir diese beiden, in Chicago eingeschlagen Pfade, wieder etwas näher zusammenführen könnten, damit Disziplin und Profession als zwei Seiten einer Medaille durch eine deutliche Prägung an Wert gewinnen.

4
Professionstheorien

Bevor im nächsten Kapitel das ganz vorne schon beschriebene Professionskonzept vertieft erläutert wird, stelle ich nachfolgend einige unterschiedliche Professionstheorien dar. Das ist nötig, weil das eigentliche professionstheoretische Konzept, um das es später gehen soll, theoretisch nicht in sich konsistent ist. Es besteht vielmehr aus einem Konglomerat unterschiedlicher Professionstheorien und ist daher aus disziplinärer Sicht unsauber. Aus Sicht der professionellen Praxis jedoch soll das dargelegte Professionsverständnis plausibel sein, praktisch handhabbar und verstehbar. Um zu verstehen, welche professionstheoretischen Ansätze nachher vermischt werden, skizziere ich zunächst einige dieser Theorieentwürfe.

Die Vorarbeiten zu dieser Darstellung sind von Studierenden erbracht worden, die meine Seminarreihe an der Evangelischen Fachhochschule in Bochum, im Sommersemester 2006 und dem darauf folgenden Wintersemester besucht haben[1]. Bei den Seminaren handelt es sich um die Themen: *„Einführung in die Professionstheorie der Sozialen Arbeit“* und *„Soziale Arbeit als Institutionshermeneutik“*.

Weiter vorne wurden einige allgemeine Professionsdefinitionen angesprochen und mit der Reflexion von Disziplin und Profession wurden bereits Differenzierungen vorgenommen.

Lange bevor die erste, die missglückte Professionalisierungsdebatte in der Sozialen Arbeit geführt wurde, diskutierte man in Amerika bereits die Professionalisierung der Sozialarbeit. Im Jahre 1915 wurde der Aufsatz „Is Social Work a Profession?“ nach einem Vortrag von Abraham Flexner veröffentlicht[2]: *„I have made the point that all the established and recognized professions have a definite and specific ends: medicine, law, engeering – one can draw a clear line of demarcation about ther respective fields. This is not true of social work. It appears not so much a definite field as an aspekt of work in many fields. An aspekt of medicine belongs to*

[1] Besonders hervorheben möchte ich hier *Sandra Nicole Warren*, die das Thema anscheinend so gefesselt hat, dass sie in einer ausgesprochenen Fleißarbeit eine ganze Reihe von hilfreichen Seminarskripten für ihre Kommilitonen zusammengestellt hat.
Schließlich hat Frau Warren auch eine sehr gute Diplomarbeit zu diesem Thema abgeliefert: „Soziale Arbeit zwischen Wissen, Können und Profession“ – eine qualitative Studie der Professionalisierung Sozialer Arbeit im Bereich der Erziehungsberatung, Bochum, November 2007.

[2] Am 10. Mai 2009 listete die Internet-Suchmaschine „Google“ 572 Einträge zu diesem Aufsatz auf. www.hhs.csus.edu/homepages/sw/Yuen/Link%20html%20Aobe%20files/Is%20social%20work%20a%20profession,%20A%20Flexner.pdf

social work, as do certain aspects of law, education, architecture, etc." (Übersetzung[3]).

Dieses Zitat aus dem Vortrag des Jahres 1915 zeigt bereits die Besonderheit der Profession „Sozial Work" auf. Es ist der Zwang zum Überschreiten der Paradigmengrenzen (Line of demarcation).

Diese Grundproblematik wurde in der ersten Professionalisierungsdiskussion hierzulande, die 1971 losgetreten wurde, leider so nicht aufgenommen. Die von Otto und Uttermann[4] 1971 angestoßene Professionalisierungsdebatte mündete später in eine Professionskritik, die als Deprofessionalisierungsdiskussion weitergeführt wurde.

Die Professionskritik der 1980er Jahre wird aus Sicht der reaktualisierten Diskussion im engeren Sinne als Expertenkritik verstanden. Dewe und andere kritisieren die Gleichsetzung von Professionalisierung und Expertisierung in diesen professionskritischen Diskursen und meinen, dass diese Gleichsetzung „ja selbst bereits Ergebnis einer technisch-instrumentellen Überschätzung des wissenschaftlichen Expertenwissens im Rahmen der Lösung berufspraktischer Probleme" war.[5]

Anstatt diese „misslungene Professionalisierungsdiskussion" weiterzuführen, die zumeist als legitimations- und standespolitische Debatte im Sinne eines „Aufstiegsprojektes"[6] geführt worden ist, schenkt man in der reaktualisierten Professionalisierungsdebatte die Aufmerksamkeit nun den ambivalenten Binnenstrukturen und der Logik sozialarbeiterischen Handelns. Die Aufmerksamkeit wendet sich nun zu Problemstellungen, die Aufschluss darüber geben sollen, wie die Komponenten konkreter Professionalität in direkten Kernaktivitäten und Handlungssituationen rekonstruktiv zu thematisieren sind. Dabei wird von einer Analyse der Strukturbedingungen in konkreten sozialarbeiterischen Handlungsfeldern ausgegangen. Ziel ist es, zu überprüfen, ob in den unterschiedlichen Handlungs- und Berufsfeldern der Sozialarbeit eine spezifische Einheit

[3] „Ich habe darauf verwiesen, dass alle etablierten und anerkannten Berufe definierte und spezifische Begrenzungen haben. Medizin, Recht, Architektur, Ingenieurwesen – um all ihre Felder kann man eine klare Demarkationslinie zeichnen. Das ist nicht so in der Sozialen Arbeit. Es scheint nicht so, als gäbe es in der Sozialen Arbeit einen klar definierten Bereich. Ein Aspekt der Medizin gehört zur Sozialen Arbeit, genau so wie verschiedene Aspekte des Rechts, des Bildungswesens, der Architektur usw."

[4] Otto, H.U./Uttermann (1973): Sozialarbeit als Beruf – auf dem Wege zur Professionalisierung. München.

[5] Rewe, Ferchhoff, Scherr, Stüwe 1995, S. 37.

[6] Gildemeister 1992.

im sozialarbeiterischen Handeln ausgemacht werden kann. Aus dieser Perspektive rücken dann die prinzipiell nicht überwindbaren „Paradoxien des professionellen Handelns“[7] und das prekäre Theorie-Praxis-Verhältnis ins Zentrum der Betrachtung.

Um hier nicht wieder auf dass missverstehbare Professionsverständnis der ersten Professionalisierungsdebatte zurückzufallen, werden nun verschiedene Theorieansätze geschildert.

4.1 Der Merkmalsorientierte Ansatz

Die merkmalsorientierten Professionskonzepte verglichen die Sozialarbeit/Sozialpädagogik mit den „stolzen“ Professionen und beschrieben bestimmte Merkmale von Professionen, die für professionelles Handeln bedeutsam sind.

Folgende Merkmale professionellen Handelns werden beschrieben:

1. *Grundlage ist eine theoretische, wissenschaftlich fundierte Ausbildung;*
2. *Wissenschaftliches, systematisches Fachwissen wird mittels spezieller Verfahren vermittelt und angeeignet;*
3. *berufsbezogene Anteile in der Ausbildung (Berufspraktikum, Referendariat, Vikariat, PJ);*
4. *spezielle Prüfungsverfahren, die durch die Hochschule und den Berufsverband abgenommen werden (Staatsexamen, Theologisches Examen, Diplomprüfung;)*
5. *eine für Laien nicht verstehbare Fachsprache;*
6. *ein abgegrenztes Handlungsproblemfeld, das eine herausragende Bedeutung für die Gesellschaft hat und mit eigenen fachlichen Standards bearbeitet wird;*
7. *die Verpflichtung auf einen „code of ethics“;*
8. *einen Zentralwertbezug (Glaube, Gesundheit, Gerechtigkeit);*
9. *das Vorhandensein eines höhersymbolischen Sinnbezirks;*
10. *die Autonomie der Lebenspraxis der Klienten bleibt gewahrt;*
11. *professionelles Handeln ist nicht standardisierbar;*
12. *Professionsautonomie ohne Weisung durch andere Berufe;*
13. *hohes soziales Ansehen;*
14. *die Etablierung von Berufsverbänden, mit kollegialer Selbstkontrolle.*

[7] Schütze 1992.

Das an Merkmalen orientierte Professionsverständnis legt nahe, dass jeder Beruf, der diese Merkmale aufweist, Profession sein könnte. In dieser Logik gedacht wäre dann prinzipiell jeder Beruf professionalisierbar. Dies lässt jedoch die gesellschaftliche Dimension aus. Letztendlich bedeutet das für die Soziale Arbeit, dass sie einige Merkmale übererfüllt und andere nicht. Die Frage nach der Professionalisierungsnotwendigkeit stellt sich hier ebenfalls nicht.[8]

Für die weitere Ausarbeitung dieses professionstheoretischen Ansatzes sind zwar merkmalstheoretische Aspekte relevant, jedoch muss die fehlende historische und gesellschaftliche Dimension ergänzt werden.

4.2 Der Funktionalistische Ansatz

Parsons's funktionalistisches Professionskonzept stellt die Professionalisierungsbedürftigkeit eines Berufs an den Ausgangspunkt; also, die Frage danach, welche Bedeutung hat ein bestimmter Beruf für die Gesellschaft und welche Funktionen werden durch dessen Professionalisierung sichergestellt. Man orientiert sich an der wissenschaftlichen Rationalität und bildet eine funktionale Spezifität aus. Die Gesellschaft hat, so gesehen, ein Bedürfnis nach gewissen Spezialisten für bestimmte Funktionen, ohne die das gesellschaftliche Zusammenleben nicht funktionieren würde. Der Richter ist, so gesehen, Parsons's Prototyp, verkörpert er doch die wissenschaftliche Rationalität, mit der er eine spezifische Funktion ausübt, die er „ohne Ansehen der Person" umsetzt, ohne dabei Bürokrat zu werden. Letzteres gelingt, weil er zwar dem Staat und der Organisation verpflichtet ist, jedoch in seinem Dienstideal bleibt er zuallererst seiner Profession verpflichtet. Als Richter ist er eben unabhängig.

Im professionellen Handeln werden Probleme bearbeitet, die für Individuen und die Gesellschaft von zentraler Bedeutung sind. Da den Individuen in einer wichtigen Sache die Fähigkeit fehlt, ihre Probleme selbst zu lösen, stoßen sie an Grenzen. Der Arzt wird dann konsultiert, wenn der Einzelne seine gesundheitlichen Probleme nicht mehr autonom bewältigen kann. In dieser sensiblen Situation sind die Individuen darauf angewiesen, jemanden zu finden, dem sie so sehr vertrauen, dass sie sich in die Hände dieses Professionellen mit seiner spezifischen wissenschaftlichen

[8] Vgl.: Merten (2002): Sozialarbeit/Sozialpädagogik als Disziplin und Profession.

Kompetenz begeben können. Der Arzt stellt sozusagen eine Solidaritätsbeziehung mit hohem Verantwortungsbewusstsein, auf der Basis wissenschaftlich fundierten Wissens zur Verfügung. Diese Beziehungsdynamik verschärft sich durch den Wissens- und Machtvorsprung des Arztes gegenüber seinem Patienten. Weil dieses Verhältnis nicht von außen kontrollierbar ist, wird eine Innenkontrolle nötig, die der Staat bestimmten innerprofessionellen Kontrollinstanzen gewährt. Zunächst kontrolliert der Staat durch eine schwere anspruchsvolle wissenschaftliche Ausbildung mit verschiedensten Prüfungs- und Kontrollsystemen. Dann wird der Profession durch die Gesellschaft eine Professionsautonomie verliehen, die mit eigenen Organisationsstrukturen (z.B. Kammern, Berufsverbände) sich selbst mittels Aus- und Weiterbildung, Berufsethik mit Standesgerichten kontrollieren und so der Gesellschaft Integrität und Fachkompetenz zusichern soll[9]. Im Gegenzug werden die so etablierten Professionen mit gesellschaftlichen Ansehen, hoher Vergütung und weitestgehender Autonomie ausgestattet.

Dieser „implizite Vertrag“ wird häufig kritisiert, weil die Berufskontrolle nicht so gut wie gewünscht funktioniert, wie die Problematik um Kunstfehlerprozesse bei Ärzten oder „Skandalurteile“ durch Richter zeigen. Die Machtfrage wird bei Parsons eben nicht gestellt und so wird naiv ein Vertrauensvorschuss gegeben, den die Professionellen zur Mehrung ihrer Vergütungs- und Autonomievorrechte nutzen. Ein Blick in die Presse genügt, um diese Kritik bestätigt zu sehen.

Für die Professionalisierung der Sozialen Arbeit ist der strukturfunktionale Ansatz in zweierlei Hinsicht von großem Belang. Zum Ersten müsste die Soziale Arbeit nachweisen können, dass sie für die Gesellschaft eine wichtige Rolle spielt, ohne die das Funktionieren dieser Gesellschaft nicht mehr sichergestellt werden könnte. Zum Zweiten zeigt gerade die Soziale Arbeit, dass eine Profession, die nur wenig Machtansprüche[10] für sich reklamiert, im Konkurrenzkampf um Positionen nur schlecht gerüstet ist.

---

[9] Die Soziale Arbeit hat hier das Instrument der Supervision „erfunden“. Ein sehr modernes Verfahren professioneller Selbstkontrolle (vgl. Belardi 2001).

[10] Der berufsständische Organisationsgrad ist in der Sozialen Arbeit sehr gering. Andere Professionen haben Pflichtmitgliedschaften in ihren Kammern. Standesdenken und akademischer Stolz sind in der Sozialen Arbeit meistens noch verpönt.

4.3 Der Machttheoretische Ansatz

Hier wird die Frage gestellt, wie sich Professionen durch ihren spezifischen Wissensvorsprung in der Gesellschaft Macht und Einfluss sichern. Professionen versuchen Machtbereiche, Zuständigkeitsmonopole und Privilegien mit Hilfe ihrer innewohnenden Machtquellen zu sichern. Diese Machtquellen haben sie durch einen Wissensvorsprung erlangt, den sie sich gesellschaftlich lizenzieren lassen. Besonders augenfällig ist dieses Machtmonopol bei den Ärzten. Bestimmte fachliche Handlungen dürfen nur von Ärzten durchgeführt werden, selbst wenn ein Krankenpfleger das eventuell besser könnte. Denken wir nur an das Verordnung eines Medikamentes oder das Verabreichen einer intravenösen Injektion. Der Arzt hat die Macht, Krankenscheine auszustellen, und sogar Betäubungsmittel zu verschreiben.

Von dieser ihrer Machtposition aus versuchen die Professionen auf das gesamte Gesellschaftssystem Einfluss zu nehmen, wie wir sehr gut in der Gesundheitspolitik erkennen können.

Auch die Juristen geben uns ein gutes Beispiel für das Machtstreben der Professionen. Mittlerweile sind sie die weitaus stärkste Berufsgruppe unter den Politikern. Die juristischen Lobbyisten benutzen ihren Wissensvorsprung, um Einfluss auf Erlasse und Gesetzgebungsverfahren auszuüben.

Für die professionelle Machtausübung sind aber nicht nur der Wissensvorsprung durch eine lange wissenschaftliche Ausbildung mit der Aneignung eines Sonderwissens ausschlaggebend, sondern auch die soziale Akzeptanz der Professionen durch die übrigen Gesellschaftsmitglieder. Durch diese Akzeptanz hat der Professionelle bereits einen Machtvorsprung, selbst wenn sein professionelles Wissen im einzelnen Fall irrelevant oder zu schwach ausgeprägt ist. Die Macht wird dann noch durch äußere Zeichen dokumentiert. Dazu gehören Arztkittel, Richterrobe und auch die Architektur von Gerichten, Kirchen und Krankenhäusern.

Wir sehen, dass Professionalisierungsprozesse stets in enger Wechselwirkung mit gesellschaftlichen Entwicklungen stehen. Während in Zeiten der sozialliberalen Bundesregierung unter Helmut Schmidt (bis 1981) auffällig viele Politiker aus dem Lehrerberuf kamen, finden wir heute vorwiegend Juristen. Dazu passt, dass der Lehrerberuf in den letzten beiden Jahrzehnten mehr und mehr entzaubert und deprofessionalisiert wurde und heute (2008) unter dem Kuratel von Bürokraten zu stehen scheint. Diesen Machtkampf zu untersuchen ist allerdings nicht Ziel dieser Arbeit, hier geht es um die Soziale Arbeit.

Es stellt sich nun die Frage danach, inwieweit es der Sozialen Arbeit gelingen kann, aus ihrer schwachen Machtposition herauszukommen, um für relevante gesellschaftliche Bereiche ein Zuständigkeitsmonopol zu erringen.

4.4 Der Systemtheoretische Ansatz

Unsere Gesellschaft hat sich in unterschiedliche Teilsysteme ausdifferenziert, die unterschiedliche Funktionen übernehmen, um so das Funktionieren der Gesellschaft sicher zu stellen. Beispiele für solche Teilsysteme, auch Subsysteme genannt, sind das Gesundheitswesen, das Erziehungswesen oder das Rechtswesen. Zwar sollten diese Subsysteme gleichberechtigt nebeneinander stehen, jedoch kann man sich fragen, ob das Sozialwesen tatsächlich auf Augenhöhe mit dem Gesundheitswesen oder dem Rechtswesen steht. Man spricht auch von Funktionssystemen, die von den Gesellschaftsmitgliedern zur Problembearbeitung genutzt werden können. Professionen bilden sich in diesem Zusammenhang immer dann heraus, wenn es einer Berufsgruppe gelingt, das gesamte Wissen eines der Systeme im Besitz zu halten.

Also: Die Ärzte sind im Besitz des gesamten relevanten Wissens im Gesundheitssystem. Sie beschränken sich in ihrem Wissen auf dieses System, anderes Wissen wird unwichtig. Aber das Wissen, welches relevant für das Gesundheitssystem ist, wird stets vermehrt und vertieft und möglichst hegemonial besetzt.

Anderen Berufsgruppen wird der Zugang zum System erschwert. Deswegen fällt es der Krankenpflege und den Psychologen so schwer, sich im Gesundheitssystem zu professionalisieren (machttheoretische Dimension).

Die Professionellen innerhalb eines Funktionssystems handeln ausschließlich in der Logik dieses Systems. Diese Logik beziehen sie aus wissenschaftlichem Wissen, dessen Präzision sie der Diffusität des Alltagswissens gegenüberstellen. Indem ein Alltagsproblem, wie z.B. das Gesundheitsproblem Kopfschmerzen, nicht alltagsweltlich gedeutet wird, sondern „wissenschaftlich rekonstruiert" wird, kann eine Definition der Kopfschmerzen durch das gesammelte Wissen aus diesem Funktionssystem erfolgen. Es gibt also eine viel tiefer gehende Definition der Kopfschmerzen; eine medizinische Diagnose eben, die sich auf die gesammelten Wissensbestände, der dieses Subsystem beherrschenden Profession, berufen kann.

Für die Soziale Arbeit wird es schwer, sich hier zu etablieren, weil es nicht klar ist, ob es überhaupt schon ein gleichberechtigtes „Funktionssystem Sozialwesen" gibt, und wenn es dieses System gäbe, wie dann die exklusiven Wissensbestände dieses Systems aussehen bzw. reduziert werden könnten.

Ein weiteres Problem für die Soziale Arbeit stellt sich dadurch ein, dass zwischen der Welt innerhalb der Subsysteme und der Alltagswelt eine erhebliche Distanz besteht. Juristen oder Ärzte besitzen ja ein Sonderwissen, dass sich der Alltagswelt nicht von selbst erschließt, sie müssen es irgendwie in die Alltagswelt transportieren. So stehen die Professionellen dann an der Grenze ihres Subsystems und vermitteln das darin enthaltene Sonderwissen in den Alltag der Menschen. So geht der Kopfschmerzpatient zum Arzt und teilt diesem sein Leiden an Kopfschmerzen mit, als seine diffuse Alltagsdefinition. Der Arzt wendet nun seine Anamnese und Diagnoseverfahren an und gleicht die so gewonnenen Daten mit den Sonderwissensbeständen des medizinischen Wissenschaftssystems ab und kommt zu einer Diagnose, die in ihrer Präzision die Alltagsdefinitionen weit überschreitet. Migräne, Hirntumor, Spannungskopfschmerz, Neuralgie usw. wären dann mögliche Diagnosen aus dem Exklusivsystem „Gesundheitswesen". Diese sind nun wieder in die Alltagswelt des Patienten zu übersetzen. So gesehen gibt es ein Dreiecksverhältnis: Klient – Thema – Professioneller.

Es geht also beim systemtheoretischen Ansatz darum, dass bestimmte Funktionssysteme in einer Gesellschaft entstehen, auf die sich dann eine Berufsgruppe ausrichtet. Dadurch dass diese Berufsgruppe sich das gesamte relevante Wissen für dieses System aneignet, beherrscht sie es und wird dadurch zur Profession.

Die Soziale Arbeit hat es schwer, sich unter dieser Perspektive zu professionalisieren, es sei denn, es gäbe ein gleichwertiges „Funktionssystem Sozialwesen". Dann müssten noch die relevanten und exklusiven Wissensbestände für dieses Funktionssystem aus dem Alltagswissen herausdestilliert werden.

4.5 Der Strukturtheoretische Ansatz

Die in dieser Arbeit skizzierte Ausgangsmetapher aus der Asterix-und-Obelix-Geschichte geht auf die strukturtheoretischen Arbeiten von Ulrich Oevermann zurück. Dieser thematisiert die dem professionellen Handeln innewohnende Struktur. Er geht davon aus, dass Professionen existenzielle Problemlagen von Menschen bearbeiten. Diese Problemlagen werden unterschiedlichen Handlungsproblemfeldern zugeordnet, welche *Therapieleistung, Wahrheitsfindung* und *Konsensbeschaffung* genannt werden.

Oevermann führt aus, dass die Vermittlung zwischen Wissenschaft und Lebenspraxis konstitutiv für professionelles Handeln ist. Im Unterschied zum funktionalistischen Professionsansatz nach Parsons, bei dem es darum geht, dass den Professionen die Aufgabe zukommt, den Sinn von wissenschaftlichem Fach- und Spezialwissen für die Alltagspraxis der Menschen unter Beweis zu stellen, zu verwalten und anzuwenden, sieht Oevermann das anders. Er zielt darauf ab, die Alltagswelt der Menschen vor einseitigen sozialwissenschaftlichen und technokratischen Deutungen zu schützen. Nicht die Wissenschaft und die technologische Vorgehensweisen sind der zentrale Aspekt professionellen Handelns, sondern „die widersprüchliche Einheit von universalisierter Regelanwendung auf wissenschaftlicher Basis einerseits und hermeneutischem Fallverstehen andererseits.“ [11]

Diese Elemente sind grundlegend für die professionelle Praxis, welche mittels stellvertretender Deutung realisiert wird. Es geht hier also sowohl um das Verallgemeinerte der Theorie als auch um das Konkrete der Lebenspraxis. Dieser Aspekt ist für die Soziale Arbeit von besonderer Bedeutung, denn sie versucht, ihre (wissenschaftlichen) Erkenntnisse stets in der Alltagssprache ihrer jeweiligen Adressaten (= Klienten, Kunden, Patienten usw.) auszudrücken und umgekehrt; sie versucht auch die Alltagswelten ihrer Zielgruppen in eine Fachsprache zu übertragen. Das nennen wir dann „stellvertretende Deutung“.

„Stellvertretende Deutung“ bedeutet, wie bei Hans Thiersch auch, dass der Professionelle nach der Schilderung der Problemstellungen des Klienten sein wissenschaftliches Fachwissen und seine fallbezogenen

[11] Olk, Thomas (1986): Abschied vom Experten – Sozialarbeit auf dem Weg zu einer alternativen Professionalisierung. Weinheim und München, S. 24.

hermeneutischen Kompetenzen aktiviert, um darauf die komplexe Besonderheiten des konkreten Einzelfalls erfassen und rekonstruieren zu können, um dem Klienten anschließend Handlungsalternativen und Bearbeitungsstrategien zu vermitteln. Ziel professionellen Handelns ist grundsätzlich die Wiederherstellung der Autonomie der Lebenspraxis des Adressaten. Da der Professionelle sowohl dem konkreten Fall verpflichtet ist, als auch „Repräsentant von allgemein verbindlichen Definitionen, Normen und abstrakten Wissensbeständen" versteht sich professionelles Handeln nach Oevermann grundsätzlich als Vermittlungsinstanz zwischen Theorie und Praxis: „Professionelles Handeln ist wesentlich der gesellschaftliche Ort der Vermittlung von Theorie und Praxis unter den Bedingungen der verwissenschaftlichten Rationalität, das heißt unter Bedingungen der wissenschaftlich zu begründenden Problemlösung in der Praxis."[12]

Für professionelles soziales Handeln ist es demnach grundlegend, die Gleichzeitigkeit von Entscheidungs- und Handlungszwang mit einem erhöhten Begründungszwang zu akzeptieren. Aufgrund dieser widersprüchlichen Einheit ist professionelles Handeln auf eine Kunstlehre[13] angewiesen. Es bedarf eines besonderen Könnens um handlungsfähig zu bleiben, wo die Situationen mit den Adressaten, prekär, unsicher, sowie von Zeitdruck und Diffusität geprägt sind.

Der Professionelle benötigt demzufolge ein ausgeprägtes Fallverstehen. Dieses „impliziert ein Verstehen, das über eine reine Übersetzung hinausgeht. Es besteht aus der Gleichzeitigkeit von Empathie- und Abstraktionsfähigkeit. Die stellvertretende Deutung und das spezifische Fallverstehen gleichen somit einem „kreativen Akt"[14]. Professionelles Handeln ist folglich nicht standardisierbar.

4.6 Der Interaktionistische Ansatz

Das interaktionistische Professionsmodell geht in Deutschland stark auf die Arbeiten von Fritz Schütze zurück. Schütze hat in seinen qualitativen

[12] Oevermann, Ulrich (1996): Theoretische Skizze einer revidierten Theorie professionellen Handelns, in: Combe/Werner Pädagogische Professionalität. Frankfurt a.M., S. 80.

[13] Als „Kunstlehre" verstehen wir hier z.B. die Methoden Sozialer Arbeit wie Beratung und Gruppenarbeit.

[14] Heiner, Maja (2004): Professionalität in der Sozialen Arbeit. München, S. 19.

Studien, auf der Grundlage der „Grounded Theory“, empirische Daten vorwiegend aus Supervisionsmitschriften gewonnen.[15]

Durch diese Arbeiten ist Schütze zu dem Ergebnis gekommen, dass Soziale Arbeit im Begriff ist, sich zu professionalisieren, aber nur über einen schwach ausgeprägten Orientierungs- und Handlungsbereich verfügt. Die Professionen, welche über einen deutlich ausgeprägten Handlungsbereich verfügen, nennt er „stolze Professionen“, demgegenüber nennt er die Soziale Arbeit „bescheidene Profession“, der aber hohes Professionalisierungspotenzial innewohnt, weil sie im besonderen Maße die Problematiken heutiger Professionalisierungsprozesse verkörpert und nutzen kann (z.B. Zwang zur Interdisziplinarität).

Diese Forschungsrichtung entstammt der Chicagoer Schule des Symbolischen Interaktionismus. Sie sieht die Professionen als relativ abgegrenzten Orientierungs- und Handlungsbereich. Deren Abgrenzung erfolgt nicht nur der Laienwelt gegenüber, sondern gilt auch den anderen Expertenwelten. In dieser Orientierungswelt erbringen praktisch und wissenschaftlich ausgebildete Berufsexperten bestimmte Dienstleistungen, für die sie von der Gesellschaft eine besondere Lizenz erhalten. Des Weiteren erhalten sie das Mandat, diese Dienstleitungen an bestimmten Menschen zu erbringen. Im Idealfall nehmen diese Menschen den Kontakt zum Professionellen freiwillig auf, welcher dann mit einer bestimmten Problembearbeitung beauftragt wird. Bei der Problembearbeitung richtet sich der Professionelle stets am Wohl des Auftraggebers aus.

Also: der Arzt bekommt von der Gesellschaft die Lizenz, eine Praxis zu gründen um „Gesundheits-Dienstleistungen“ zu erbringen. Ihm werden Patienten mittels Mandat „anbefohlen“, die diesen Kontakt freiwillig herstellen, um dann die gewünschten Dienstleitungen zu erhalten. Der Arzt handelt dann ausschließlich zum Wohle dieses seines konkreten Patienten.

Um diese Lizenz zu erhalten, weist der Professionelle nach, dass er Teil dieses „relativ abgegrenzten Orientierungs- und Handlungsbereiches“ ist. Den Zugang zu diesem Handlungsbereich handelt der Einzelne mit dem Handlungsbereich aus, indem als Eingangsvoraussetzungen besondere, klar definierte Leistungen nachgewiesen werden. Diese Leistungen können dann ein bestimmtes Zertifikat, ein wissenschaftlicher Nachweis

[15] Schütze, Fritz (1984): Professionelles Handeln, wissenschaftliche Forschung und Supervision. Kassel.

oder spezifische Ausbildungen sein. Die Handlungsbereiche ihrerseits handeln die Zuständigkeiten für ihren Bereich wiederum mit der Gesellschaft und den anderen Handlungsbereichen aus. Die Handlungsbereiche verfügen über einen eigenen „höhersymbolischen Sinnbezirk“ (= eigene Fachwelt mit eigener Sprache, Ritualen und Zeichen), zu dem der Novize sich Zugang verschaffen muss.

Aus der Interaktion zwischen dem Professionellen und seinem Adressaten (Klienten, Patienten, Mandanten, Kunden) ergeben sich zwangsläufig eine Reihe unüberwindbarer Paradoxien. Schütze hat herausgefunden, dass diese Paradoxien, die es in allen Professionen gibt, sich in der Sozialen Arbeit zu „besonders hartnäckigen und Handlungs- und Interpretationsproblemen“[16] auswachsen können, wenn sie nicht reflektiert werden[17].

Vor diesem Hintergrund antwortet Schütze hauptsächlich auf Professionstheorien, die der Sozialen Arbeit, aufgrund fehlender bzw. diffuser Merkmale, keine oder nur eingeschränkte Professionalisierungschancen geben. Er sieht hingegen besondere Professionalisierungschancen eines neuen Typus bei der Sozialen Arbeit.

1. Soziale Arbeit hat das gesellschaftliche Mandat, Menschen in sozialen Problemlagen zu befähigen, diese zu lösen und sie somit vor eskalierenden Krisen zu bewahren.

Sie ist also im Besitz eines gesellschaftlichen Mandates für einen besonderen Dienst am Menschen und hat somit berufsethisch eine „große Aufgabe“, in der sie mit anderen Professionen vergleichbar ist.

2. Sozialarbeiter sind im Besitz einer gesellschaftlichen Lizenz für die Erfüllung dieser Aufgabe. Diese Lizenz enthält die Erlaubnis, von außen in die Lebenssphäre ihrer Klientel einzudringen (zu intervenieren). Diese Interventionen können mitunter schmerzhaft sein (z.B. der Arzt gibt dem Patienten eine Spritze; die Sozialarbeiterin veranlasst eine „Inobhutnahme“). Weil die Sozialarbeiterin diese Lizenz inne hat, benötigt sie besondere Diagnose- und Bearbeitungsverfahren. Diese Diagnose und Bearbeitungsverfahren gründen sich in wissenschaftlichem Wissen. Weil diese Verfahren in der Sozialen Arbeit nicht so konsistent wie bei anderen

[16] Schütze, Fritz: Sozialarbeit als „bescheidene Profession“ (S. 137), in: Dewe/Ferchoff/Radke (1992): Erziehen als Profession. Opladen.

[17] Genauere Ausführungen zu den Paradoxien . . . und zum interaktionistischen Modell finden sich weiter hinten in einem eigenen Kapitel.

Professionen sind, haben sich hier besondere professionelle Selbstreflexions- und Kontrollverfahren ausgebildet, die Supervision und die Teamarbeit.

3. Die Systemschwierigkeiten, die allen Professionen zu schaffen machen – Paradoxien genannt – treten in der Sozialen Arbeit ebenfalls auf; hier sogar in besonders prägnanter Weise.

4. Im Rahmen der Interaktionistischen Professionstheorie kommt Schütze zu dem Schluss, dass Sozialarbeit eine Profession ist, die aber noch nicht den Grad an Autonomie errungen hat, wie er in der Medizin oder der Jurisprudenz üblich ist.

Soziale Arbeit ist darauf angewiesen ihr Handeln und ihre Verstrickungsgefahren zu reflektieren. Dazu hat sie das Instrument der Supervision entwickelt. Dieses reicht jedoch nicht aus. Es wird auch eine interdisziplinäre, sozialwissenschaftliche Reflexionsfähigkeit benötigt, mit Hilfe derer die Sozialarbeiterin in die Lage versetzt wird, konkrete Einzelschicksale in allgemeinen sozialen Prozessen verwoben zu sehen, und diese besonderen Einzelschicksale auch in einer abstrahierenden Sprache darzustellen. Sie soll in der Lage sein, Einzelfälle vor ihrem biografischen und sozialen Hintergrund zu verstehen, um daraus auch allgemeine Aussagen über gesellschaftliche Strukturen und deren Subwelten machen zu können. Schütze verweist hier auf die Fallanalysen von Mary Richmond.[18]

4.7 Der Reflexive Professionsansatz und die Habitualisierung

Dieser Ansatz beschreibt Professionalität als „Strukturort der Relationierung von Theorie und Praxis im Kontext dialogischer Prozesse“[19]. Soziale Arbeit ist somit Beziehungsarbeit. In der Beziehung zwischen Professionellem und Klient entwickelt sich ein Dialog, in welchem der Sozialarbeiter sein allgemeines fachliches Sonderwissen mit den konkreten Fragestellungen aus der Lebenspraxis des Klienten einbringt. Dabei kann er sich nie absolut auf ein standardisiertes wissenschaftliches Wissen verlassen. Im Gegenteil, er muss stets den einzigartigen, oft schwer durch-

[18] Schütze 1992 a.a.O., S. 145.

[19] Dewe/Ferchoff/Scherr (2002): Professionelles Soziales Handeln im Spannungsfeld zwischen Theorie und Praxis. Weinheim und München, S. 16.

schaubaren Alltagsfragestellungen folgen und dafür immer wieder gesichert geglaubtes Fachterretorium verlassen. Dies ist auch bei den stolzen Professionen so: Jeder Fall liegt anders. Die stolzen Professionen haben jedoch einen relativ klar eingegrenztes Fachgebiet („höhersymbolischer Sinnbezirk"), welches sich von gut ausgebildeten Professionellen noch einigermaßen überschauen lässt. Da das Fachgebiet Sozialer Arbeit jedoch so komplex, diffus und vielschichtig ist, muss hier der Professionelle bereit sein, sich auch überraschen zu lassen und Antworten für manche Fragen erst im Nachhinein, im Teamgespräch oder der Supervision, zu finden. Dennoch unterliegt er einem Handlungszwang, der ihn veranlasst, Entscheidungen auf unsicherer Erkenntnislage basierend zu treffen. Das macht die professionelle Soziale Arbeit grundsätzlich fehleranfällig.

Wissenschaftliches Wissen wird also nicht einfach in die Praxis übersetzt, weshalb die Forderung der Praxis an die Wissenschaft nach konkret verwertbaren Theorien und Techniken nicht angemessen ist. Wissenschaftliches Denken wird vielmehr als unverzichtbarer Aspekt der professionellen Persönlichkeit gesehen; es wird zum Habitus.

Die reflexive Professionalität distanziert sich deutlich von einer Expertenprofessionalität, in welcher der Experte sein Wissen am Abnehmer zur Anwendung bringt. Sie unterscheidet sich aber genauso vom wissenschaftsfernen Handeln, in welchem allein auf Erfahrung, Gewissheit, Empathie, Weisheit und Intuition vertraut wird.

Reflexive Professionalität kommt nicht ohne wissenschaftliches Wissen einerseits sowie Erfahrung, Intuition und Empathie andererseits aus. Es bildet sich eine in Wissenschaft und Alltag gebildete Intuition heraus, die durch „Selbst- und Welt-Reflexionsprozesse" gesteuert wird. Supervision und Selbsterfahrung reflektieren die Innensicht dieser Haltung – politisches, soziales, institutionelles und fachliches Bewusstsein deren Außensicht.

Das fall- und situationsbezogene Verstehen steht im Mittelpunkt des professionellen Handelns in diesem Sinne. Somit befindet sich die professionelle Haltung im krassen Gegensatz zu technizistischen Problemlösungen und darf nur in begründeten Einzelfällen in stellvertretendes Handeln übergehen. Die besondere professionelle Kunst besteht in der Gleichzeitigkeit von Theorieverstehen und Fallverstehen. Das führt dazu, dass professionelles Handeln nicht standardisierbar ist, sondern in jedem Einzelfall anders zum Tragen kommt.

Die zum professionellen Handeln erforderlichen Fähigkeiten, können nicht nur durch ein akademisch-wissenschaftliches Studium erworben werden, sondern durch eine Verzahnung von Theorie und Praxis. Bereits während der Ausbildung wird der Novize einsozialisiert, in diese spezifische professionelle Haltung. Dieser professionelle Habitus kann aber grundsätzlich von allen Studierenden erlernt, bzw. erworben werden, weil die Theoriekompetenz in die Interaktion mit praktisch tätigen Kollegen überführt wird. Das soll dazu führen, die verschiedenartigen Lebenswelten unterschiedlichster Menschen verstehen zu lernen. Um in diese professionelle Haltung einsozialisiert zu werden, reflektieren die Professionellen des Weiteren auch noch die eigene Lebensgeschichte, damit sie trennen lernen, zwischen sich selbst und dem Gegenüber. Ergebnis dieses Prozesses ist dann die Habitualisierung einer erfolgreichen Nähe-Distanz-Regulierungsfähigkeit.

4.7.1 Habitualisierung

Dadurch, dass die einzelnen Professionellen eine *fachliche Haltung* entwickeln, die fachlichen Standards lernen und in den Beruf einsozialisiert werden, erwerben sie den Habitus, der den „zentralen Strukturort der Vermittlung von Theorie und Praxis herausbildet".[20] Dies stellt sozusagen die wissenschaftliche Definition der Fachfloskel, „der Sozialarbeiter ist sein eigenes Instrument" dar. Diese Fachfloskel scheint aber oft in der Praxis Sozialer Arbeit dahingehend missverstanden worden zu sein, dass man meinte, eine gut gebildete Persönlichkeit würde bereits genügen und wissenschaftliches Wissen sei eigentlich sekundär[21]. Genau dies ist nicht der Fall. Wissenschaftliches Wissen ist zwingend erforderlich, weil es seinen Inhaber dazu befähigt, die unterschiedlichsten Lebenswelten, die er aus eigener Anschauung und Erfahrung niemals kennen kann, aus der Abstraktion heraus zu erschließen. Im Habitualisierungsprozess eigenen wir uns das Fachwissen nicht einfach nur kognitiv an, wir lernen es nicht nur, sondern wir verinnerlichen es. Habitualisierung bedeutet somit, Erfahrungen zum Teil der eigenen Persönlichkeitsstruktur werden zu las-

[20] Skizze einer revidierten Theorie professionellen Handelns, (Oevermann, Frankfurt a.M. 1996, S. 80),

[21] Manche Fürsorgetheorien bis weit in die 1960er Jahre gingen davon aus, dass grundsätzlich eine zum Helfen prädisponierte Persönlichkeit vorhanden sein sollte, die durch wissenschaftliche Theorien nur noch veredelt werden müsse.

sen. Hierzu reicht der einfache Wissenserwerb, wie er in akademischen Kreisen oft missverstanden wird, nicht aus. Wissenschaftliches Wissen kann erst dann habitualisiert werden, wenn es erfahrbar gemacht wird. Deshalb gelingt die Einsozialisierung, in den professionellen Habitus, erst dann, wenn abstraktes Wissen in der praktischen Konkretion erlebt wird. Daher ist die Verzahnung von Theorie und Praxis während des Studiums der Schlüssel zum Erfolg einer Profession, wie wir im Medizinstudium anschaulich erkennen können.

Der Habitusgedanke geht auf die Schriften des französischen Sozialphilosophen Pierre Bourdieu[22] zurück. Ganz allgemein bedeutet hier Habitus das gesamte Auftreten einer Person. Damit sind Lebensstil, Sprache, Rang, Kleidung und Umgangsformen gemeint. All dies sind erworbene, verinnerlichte Haltungen, die wir im Laufe unserer individuellen Sozialisation aus der uns umgebenden Welt aufnehmen und zu Aspekten unsere Persönlichkeit werden lassen.

Weil Professionen zum Ort der Vermittlung von Theorie und Praxis werden, benötigen die Professionellen einen bestimmten Habitus, mit dem sie diese Vermittlerfunktion verkörpern. Der Umgang mit diesen strukturellen Ambivalenzen muss sich im Zuge der professionellen Sozialisation einspielen. Dies gelingt manchmal nicht, wie wir am Beispiel eines Arztes sehen können, der in Interaktion mit seinem Patienten das „Fachchinesisch“ nicht aufgeben kann. Das Gegenbeispiel wäre dann der Sozialpädagoge in der Jugendarbeit, der die Ebene der „Kumpanei“ nicht verlassen kann. Die angehenden Professionellen sind gefordert, eine Haltung (Habitus) auszubilden, welche sowohl auf einer wissenschaftlichen Basis beruht als auch auf einer lebenswelt-hermeneutischen Perspektive. Wie bereits erwähnt, ist die akademische Hochschulausbildung dafür nicht hinreichend gerüstet, weil sie in erster Linie auf die Vermittlung von wissenschaftlichem Sonderwissen zielt. Die Soziale Arbeit kann aber auch hier als Trendsetterin eines neuen Professionstypus gesehen werden, weil sie die Instrumente Supervision, Fallanalyse, Selbsterfahrung entwickelt hat und in den Ausbildungskanon ihres Nachwuchses integriert.

Wenn in den heutigen Berufen über die Relevanz von Schlüsselkompetenzen gestritten wird, so zielt dies wiederum genau auf jenen Habitus, der auch einen Ingenieur befähigen sollte, sein Sonderwissen zu kommu-

[22] Brockhaus

nizieren. In der Sozialen Arbeit sind diese Schlüsselkompetenzen keine Zusatzqualifikationen, sondern der Habitus, in welchem Wissenschaft und Alltag zusammenfallen, bildet den Kern der Professionspersönlichkeit.

Anekdote:

Über Siegmund Freud wird kolportiert, dass er eigentlich den Arztberuf als ungeeignet ansah, psychoanalytisch zu handeln. Der Grund wäre darin zu sehen, dass angehende Ärzte eine wesentliche Zeit ihres Lebens damit verbrächten, ein schwieriges, kognitiv anspruchsvolles Studium zu absolvieren, welches zum Erwerb von umfangreichem Faktenwissen zwänge. Es bliebe ihnen wenig Zeit relevante emotionale Erfahrungen und Alltagserfahrungen zu sammeln, um dadurch ihre Persönlichkeit zu bilden. Solche Menschen seien eigentlich nicht geeignet, anderen Menschen zu helfen, die mit ihrem Gefühlsleben und dem Alltag nicht zurecht kämen.

Daraus folgere ich: Soziale Arbeit sollte im kognitiven Bereich ein relativ leichtes Studium bleiben, damit den Studierenden genügend Zeit bleibt, auch emotional zu lernen und relevante Alltagserfahrungen zu sammeln, um somit Persönlichkeitsbildungsprozesse zu habitualisieren.

Sex & Drugs & Rock'n Roll sind folglich wünschenswert für Studierende der Sozialen Arbeit. *(Neben der praxisreflektierenden Supervision waren die alltagsreflektierenden Selbsterfahrungsgruppen bei viele Studierenden stets sehr beliebt.)*

5
Zur Ethik professionellen sozialen Handelns

Bei der Reflexion meiner Praxiserfahrungen, der Durchsicht vieler Veröffentlichungen und der von mir erhobenen Studie zeichnet sich ab, dass die Sozialarbeiterinnen ihr Handeln zuvorderst an ethischen Grundprinzipien ausrichten. Darauf baut sich eine implizite, alltagsbezogene Theorie auf, die im Wesentlichen auf psychologischen und soziologischen Erkenntnissen basiert. Diese ethischen Prinzipien sind zum großen Teil religionssoziologisch fundiert. Man kann Merkmale eines evangelischen und eines katholischen Typus ausmachen. Es ist jedoch nicht zu übersehen, dass die ethische Dimension des professionellen sozialen Handelns auch weit in den säkularisierten Bereich hineinragt und die Sozialarbeiterschaft in ihrem Kern zusammenhält.

Während meiner Forschungstätigkeiten in einem Psychiatrischen Großkrankenhaus mit einer langen Tradition als „Irrenhaus“ konnten die Sozialarbeiterinnen der gegenwärtigen Generation (1990er-Jahre) davon berichten, dass mit dem Eintreten der ersten Sozialarbeiterinnen in die Klinik, sich der Ton den Patienten gegenüber völlig gewandelt hat. Dies entnahmen sie den Krankenakten. Sie unterschieden hier die ärztliche „Diagnostik“ und die „Fallbeschreibungen“ durch die ersten Fürsorgerinnen. Während die diagnostische Sprache der Ärzteschaft als *„menschenverachtend, diskriminierend“* charakterisiert wurde, kam mit dem Eintreten der ersten Sozialarbeiterinnen ein neuer Ton in die Akten. Dieser neue Ton war dadurch gekennzeichnet, dass nun der ganze Mensch gesehen wurde, mit Fähigkeiten, die beschrieben werden konnten. Damit ist ein ganz anderer Stil in die Psychiatrie gekommen. Davor sei es auch nicht so gewesen, dass nur einige Ärzte diese „menschenverachtende“ Sprache gesprochen hätten, diese Sprache hätten alle gehabt, so sei der Fachjargon der Ärzte damals gewesen. In diesem Jargon sind die Patienten allesamt als *„Idioten, Schwachsinnige und Irre“* definiert worden[1].

Mit dem Eintritt der Sozialen Arbeit auf die professionelle Bühne, gelangte auch deren Ethik in die Institutionen und beeinflusste diese von Innen, wie im Nachhinein gut an der sich wandelnden Psychiatrie gesehen werden kann. Der kulturelle Wandel wurde von späteren Generationen an einem menschlicheren Ton in den Akten festgestellt.

Die Kultur der frühen Sozialen Arbeit (1960er-Jahre) ruht also nicht nur auf einem rein fachlichen Fundament, sonst hätte sie keine Allgemeingültigkeit erlangt. Es muss sich um eine tiefere, ethisch-moralische Aus-

[1] Vgl. Knoll, Sozialarbeit in der Psychiatrie, S. 191ff.

richtung handeln, die möglicherweise mit religiös fundierten ethischen Prinzipien zusammenhängt. Der Begriff der „Ganzheitlichkeit" wird von der späteren Berufsgeneration an oberster Stelle gesehen. Diese ganzheitliche Sicht kann als eine humanistische Reaktionsbildung auf eine Kultur gewertet werden, die technokratisch, bürokratisch die (abweichenden) Menschen verwahrt und lediglich nach bestimmten, offensichtlichen Merkmalen klassifiziert. Diese offensichtlichen Merkmale bestehen in der Psychiatrie aus den Krankheitssymptomen, die so stark in den Vordergrund gerückt wurden, dass dadurch ein stark entmenschlichender Sprachstil entstanden ist. Gegenüber dieser Eindimensionalität der technizistisch-diskriminierenden Klassifizierung von Menschen wirkt die „ganzheitliche Sicht", trotz ihrer wissenschaftlichen Begrenztheiten, ausgesprochen fortschrittlich, denn sie nimmt die humane Gestaltung des Lebens in den Blick. Die in der Sozialarbeit angelegte „Sorge um den ganzen Menschen" hat allerdings auch professionsimmanente Gründe, denn die Sozialarbeit hat es in der Tat mit Menschen in ihrer konkreten leib-seelisch-ökonomischen Hilfebedürftigkeit zu tun und nicht nur mit Menschen in ihrer abstrakt reduzierten Form als zu erledigender „Fall", wie es in manchen medizinischen oder juristischen Modellen vorkommt. *„Daraus folgt zunächst, dass der Hilfesuchende nicht auf eine bestimmte Diagnose bzw. Indikation hin ‚zurechtgestutzt' (...), sondern als Mensch mit somatischen, psychischen und sozialen Bedürfnissen wahrgenommen werden sollte."*[2]

Während Johach in seiner hier zitierten Forderung aber den Hilfesuchenden lediglich als einen Menschen mit *Bedürfnissen* somatischer, psychischer und sozialer Art beschreibt, sind augenscheinlich die Sozialarbeiterinnen in ihrer Praxis schon weit darüber hinaus gegangen. Sie sehen die hilfesuchenden Menschen auch in ihren *Fähigkeiten*.

Im Interview mit der ersten Sozialarbeiterin in einem Psychiatrischen Krankenhaus des Bundeslandes brachte diese zum Ausdruck, dass es ihr von Anbeginn an darum ging, bei den psychiatrisch erkrankten Menschen auch deren Fähigkeiten zu erkennen und zu aktivieren. Es scheint so, als habe sich nach dem zweiten Weltkrieg in Deutschland eine neue Sozialarbeit entwickelt, die sich gegen die Fürsorge aus dem Nationalsozialismus abgrenzen musste.

---

[2] Johach, Helmut (1993): Soziale Therapie und Alltagspraxis – Ethische und methodische Aspekte einer Theorie der Sozialen Berufe. Weinheim und Basel, S. 29

Die Sozialarbeiterinnen, die unter dem Einfluss des Casework ausgebildet wurden, also ab Mitte der 1950er-Jahre, mussten sich aktiv gegen einen bevormundenden und entmenschlichenden Fürsorgestil abgrenzen, wie ihn die Nationalsozialisten den in Deutschland gebliebenen Sozialfürsorgern aufgezwungen hatten[3].

Die nach dem 2. Weltkrieg durch die amerikanische Siegermacht beeinflusste sozialarbeiterische Ethik stellte nun die Menschenrechte in den Mittelpunkt. Die Sozialarbeiterinnen aus dieser Zeit[4] grenzten sich vehement gegen eine bevormundende, autoritäre und eingreifende Fürsorge ab, wie sie sie noch teilweise aus der Nazizeit kennengelernt hatten. Stattdessen gewannen sie offensichtlich eine im Casework gegründete ethische Ausrichtung „ihrer Sozialarbeit“. Die sich daraus ergebenden Grundprinzipien werden benannt als „Achtung der menschlichen Persönlichkeit, aktiver und bewusster Beteiligung des Klienten, Kenntnis des Sozialarbeiters über sich selbst, Verantwortung des Einzelnen für die Gesellschaft“.[5] So gesehen kann man die Sozialarbeiterinnen der späten 1950er Jahre tatsächlich als Teil einer „Bewegung“ betrachten, die einen völlig neuen Geist, nicht nur in die psychiatrische Sozialarbeit brachte, sondern diese an den Menschenrechten ausgerichteten Prinzipien in sämtliche gesellschaftliche Institutionen zu tragen bestrebt war.

In der Rückschau zur Psychiatriegeschichte könnte man heute vielleicht zu dem Schluss gelangen, dass es der ersten Sozialarbeiterinnengeneration in den 1960er Jahren durchaus gelungen zu sein scheint, dazu beizutragen, die Bürokratisierungs- und Verdinglichungstendenzen einer damals bestehenden „Verwahrungspsychiatrie“ aufzuweichen. Dies geschah zwar gelegentlich auch durch moralisierende Haltungen in

---

[3] Lilo Haag hat mit ihren berufsbiographischen Interviews gefunden, dass doch große Teile dieser Fürsorgerinnengeneration darum bemüht waren, vom Klientel einseitige Anpassungsleistungen an die „Adenauer-Gesellschaft“ der 1950er Jahre zu verlangen und die Menschen auch autoritär dahin lenken wollten. Diese Fürsorgerinnen fühlten sich berechtigt, die Autonomie ihrer Klientel zu beschneiden, vgl. Haag, Lilo (2000): Berufsbiographische Erinnerungen von Fürsorgerinnen an die Zeit des Nationalsozialismus. Freiburg i.Br.

[4] Die jungen Frauen, die ihre Ausbildung gegen Ende der 1950er Jahre machten, waren sehr bemüht sich vom Makel der Nazi-Fürsorge abzugrenzen. Sie fanden diesen Typus noch in den 1950er Jahren vor bei Fürsorgerinnen, die sich damals noch als „staatliche Erfüllungsgehilfen“ betrachteten, die sich berechtigt fühlten, autoritär in das Leben ihrer „Zöglinge“ einzugreifen. Deshalb war es auch für viele Kolleginnen der damaligen Zeit wichtig, sich Sozialarbeiterinnen nennen zu können und nicht mehr Fürsorgerin.

[5] Neuffer 1993, S. 200

ethischen Prinzipien von „Menschlichkeit"; dadurch trug man jedoch entscheidend zur Humanisierung bei. Diese ethisch-moralische Ausrichtung scheint aber nicht nur in den Persönlichkeiten dieser ersten Sozialarbeiterinnengeneration verankert zu sein, sondern es handelt sich dabei offensichtlich um eine berufs- oder professionsimmanente, nicht hinterfragbare Handlungsweise. Auf die Spitze getrieben könnte man von einem „professionellen Axiom" sprechen, welches, bedingt durch den Einfluss des Casework in den 1950er Jahren, diese ethische Dimension dem beruflichen Handeln der Sozialarbeiterschaft zugrunde legt. Diese ethische Ausrichtung kann ganz allgemein mit der „Liebe zum Menschen" beschrieben werden.

Helmut Johach nennt dies die „biophile Grundhaltung" der sozialen Berufe und fasst diese folgendermaßen zusammen: „Oberstes Ziel oder letzter Wert menschlichen Handelns kann nur sein, das Leben auf dem Planeten Erde nicht auszurotten, sondern zu bewahren und dies zu Bedingungen, die es auch künftigen Generationen noch ermöglichen, in Frieden miteinander und mit der Natur zu leben. Dazu ist außer der Erhaltung der natürlichen Lebensgrundlagen ein positives Engagement für das Leben gegen die destruktiven Tendenzen in der gegenwärtigen Industriegesellschaft erforderlich, wozu die sozialen Berufe einen wichtigen Beitrag leisten können."[6]

Diese ethischen Voraussetzungen wurde als „Axiom" am deutlichsten von Ruth Cohn[7] formuliert, die sich ihrerseits in ihrer „Liebe zum Lebenden" an die Arbeiten von Erich Fromm anlehnt, für den es darauf ankommt, inmitten bürokratischer und technokratischer Strukturen möglichst viel Menschlichkeit („biophile Energie") zu bewahren und mit deren Hilfe die Strukturen selbst zu humanisieren. Dies wurde von den Sozialarbeiterinnen der ersten Generation dadurch erreicht, dass sie kleinere, überschaubare Einheiten schufen und den Klienten/innen dort größere Mitspracherechte einräumten. Das Prinzip der Mitverantwortung spricht die Wachstumskräfte der Klienten/innen an und verhinderte eine Reduktion auf einen zu bearbeitenden Fall.[8]

---

[6] Johach 1993, S. 86.
[7] Cohn 1975.
[8] Diese Arbeitsweise kann bei beiden Sozialarbeiterinnen der ersten Generation geradezu exemplarisch in allen vorgestellten Fallbeschreibungen nachvollzogen werden.

Ethische Grundsätze und humanistisches Gedankengut scheinen tief in der „professionellen Persönlichkeit“ der Sozialarbeiter/innen verwurzelt zu sein, ohne dass es diesen immer bewusst ist. Dennoch markieren ethische Grundeinstellungen den Charakter dieser Berufsgruppe, im Kontrast zu anderen Berufsgruppen. Natürlich soll hier den konkurrierenden und kooperierenden Berufsgruppen und Professionen diese ethische Ausrichtung nicht grundsätzlich abgesprochen werden, im Gegenteil; Berufsethik ist eine Voraussetzung zur Professionalisierung. In der Sozialen Arbeit jedoch ist diese ethische Ausrichtung wesenhaft, sie geht dem professionellen Handeln voraus.

Auch wenn die Sozialarbeiterinnen und Sozialpädagoginnen in völlig unterschiedlichen Feldern ihre berufliche Heimat finden und auf unterschiedliche Zielgruppen und Strukturen blicken, so sind sie sich doch weitestgehend darin einig, dass sie ein bestimmtes ethisches Verständnis teilen, das in diesem Maße von keiner anderen Berufsgruppe geteilt wird. Es ist die Art und Weise, wie diese Berufsgruppe mit ihren Klienten umgeht, wie sie die Menschen sieht, unabhängig von deren Krankheitsbild, deren sozialer Situation oder der sonstigen Probleme. Es ist diese „humanistisch-ganzheitliche“ Ausrichtung, die Helmut Johach[9] ausführlich darstellt und die sich in der Praxis des sozialarbeiterischen Handelns als Gerechtigkeits- und Solidaritätspostulat, als Emanzipationsanspruch in einem Normalitätsprinzip verwirklicht.

5.1 Gerechtigkeit, Solidarität und Menschenwürde als normative Grundlagen der Sozialarbeit

Aus den erzählten Berufsgeschichten und Fallbeschreibungen der ersten Sozialarbeitergeneration in der Psychiatrie (1960) wird ersichtlich, dass das Gerechtigkeitsmotiv gleichsam als Charakteristikum der Sozialen Arbeit in die Institution Psychiatrisches Krankenhaus eingeführt wurde. Mit Beginn der sozialarbeiterischen Tätigkeit in der Klinik erkannte die Sozialarbeiterin sofort, dass vielen Patienten „großes Unrecht“ angetan wird. Dieses Unrecht wurde den erkrankten Menschen durch Angehörige, Personal und Institutionen (und der Gesellschaft) zugefügt. Manche Patienten wurden von Angehörigen um Einkünfte und Besitz geprellt;

[9] Vgl. Johach 1993, S. 75ff.

anderen wurden von ihren Versicherungen nicht die Leistungen gewährt, auf die sie Anspruch hatten; die arbeitsfähigen Menschen wurden als billige Arbeitskräfte missbraucht und teilweise sogar von Ärzten und Pflegern ausgebeutet.

Aus den Fallschilderungen der frühen Sozialarbeiterinnen war zu erfahren, dass sie „Unrecht" aufgedeckt haben und dadurch einigen Patienten zu ihren Rechten verhalfen. Bemerkenswert ist es in diesem Zusammenhang, dass sich dies im Krankenhaus schnell herumgesprochen hat, und dass bekannt wurde, dass die Sozialarbeiterinnen den Patienten zu ihren Rechten verholfen hatten. Nach Aussage der ersten Sozialarbeitergeneration hat sich die Soziale Arbeit in den Institutionen an Einzelfällen entwickelt, bei denen das Gerechtigkeitsmotiv an zentraler Stelle stand. Die ersten Beispiele, die die Soziale Arbeite in den Institutionen von ihrem Handeln abgegeben hat, waren um die Bekämpfung der Ungerechtigkeit zentriert. Daher wird vermutlich in der Institution der Eindruck erweckt worden sein, der Sozialen Arbeit gehe es zuvorderst um die Überwindung von Ungerechtigkeiten. So könnte sich schon früh eine institutionelle Erwartung an die Sozialarbeit herausgebildet haben, derzufolge die Soziale Arbeit Gerechtigkeit als normatives Prinzip in der Institution verwirklichen möchte. So gesehen könnte sich fortan eine institutionelle Erwartung entwickelt haben, nach der die Berufsgruppe der Sozialarbeiterinnen sich in erster Linie von Gerechtigkeitsvorstellungen leiten lässt.

> Die Sensibilität dafür, Ungerechtigkeiten, die den Menschen widerfahren, zu erkennen, ist bei allen Sozialarbeitern/innen, die hier erfasst wurden, vorhanden. Dabei scheint es sich aber weniger um ein rationales Erkennen ungerechter Strukturen zu handeln, als vielmehr um ein intuitiv-emotionales Erfassen von Ungerechtigkeit.

In den Diskussionen um die Entwicklung einer eigenständigen Theorie sozialer Arbeit entwirft Sylvia Staub-Bernasconi eine Meta- bzw. Verknüpfungstheorie und geht dabei vom Begriff des Wertewissens aus. Auf dieser Grundlage entwickelt sie eine integriert-pluralistische Handlungstheorie für die soziale Arbeit, in die relevanten Wissensvorräte eingehen.[10] Man kann das Handlungsmodell von Staub-Bernasconi im Wesentlichen als einen Versuch verstehen, Werte, die in unserer Gesellschaft

[10] vgl. Staub-Bernasconi 1994, S. 41ff.

in ihrer Abstraktion durchaus konsensfähig sind, zu operationalisieren. Und das ist vielleicht wirklich die eigentliche Errungenschaft dieses Ansatzes, dass ein Weg aufgezeigt werden soll, der es der Sozialarbeit ermöglicht, Werte wie Freiheit, Solidarität und Gerechtigkeit auch umzusetzen. In diesem Sinne steht Staub-Bernasconi unmittelbar in der Tradition von Alice Salomon, es geht um „gerechten Austausch".[11]

Es muss hier jedoch festgehalten werden, dass die Sozialarbeiterschaft ihren Gerechtigkeitsbegriff weniger aus der systematischen Analyse ethischer Wertediskussionen bezieht als vielmehr aus einer empathischen Wahrnehmung der Lebenswelten derer, die den sie benachteiligenden Strukturen ausgeliefert sind. So gesehen wäre es sicherlich sinnvoll, die intuitiv wahrgenommenen Ungerechtigkeiten, denen die Klienten ausgesetzt erscheinen, einer bewussten Reflexion der Professionellen zuzuführen. Diese bewusste Reflexion könnte dann dazu führen, dass die Kritik an den benachteiligenden Strukturen, denen die Klienten der Sozialarbeit unterworfen sind, als professionsimmanent gesehen würden und nicht als rein persönliche Gerechtigkeitsauffassung der Sozialarbeiter. Weil aber der Gerechtigkeitsanspruch der Sozialarbeiter von den anderen Berufsgruppen häufig als persönlichkeitsimmanent und nicht als professionsimmanent wahrgenommen wird, kommt es mitunter dazu, dass den Sozialarbeitern innerseelische Gerechtigkeitsbedürfnisse unterstellt werden. Dadurch können die einzelnen Mitglieder der Berufsgruppe in ihrem Bemühen um Gerechtigkeit für ihre Klientel von Außenstehenden leicht mit dem Etikett „Gerechtigkeitswahn" oder „Helfersyndrom"[12] versehen werden. Gegen eine solchermaßen zynische Pathologisierung gilt es sich aber mit Fachlichkeit zu wehren. Die professionelle Sicht auf ungerechte Lebenslagen sollten die fachlich ausgebildeten Sozialarbeiter bereits während ihres Studiums erworben haben. Denn wie in keinem anderer helfender Beruf erfahren die Studierenden der Sozialen Arbeiter während ihres Studiums sowohl von den „inneren Zuständen" ihrer zukünftigen Klientel als auch vom verbrieften Sozialstaatsprinzip, welches, ausgehend von Artikel 20 Abs.1 Grundgesetz, den elementaren Verfassungsgrundsatz formuliert:

[11] Engelke gibt eine knappe enzyklopädische Darstellung des Werkes von Alice Salomon. Hieraus wird gut ersichtlich, wie Staub-Bernasconi genau auf diesem Ansatz aufbaut. Vgl. Engelke u.a. 2009, S. 234ff.

[12] Schmidtbauer, Wolfgang (1977): Die hilflosen Helfer. Reinbek bei Hamburg.

„Soziale Gerechtigkeit und soziale Sicherheit sind wesentliche Postulate des Sozialstaates und der Endzweck aller sozialen Leistungen. Dabei ist unter sozialer Gerechtigkeit zwar nicht die größtmögliche Gleichheit aller in der Gesellschaft zu verstehen, aber doch ein Zustand, in dem übermäßig große Unterschiede vermieden sind. (...) Eine Politik sozialer Gerechtigkeit, wie sie dem Sozialstaat aufgegeben ist, wird also auf einen Ausgleich und einen Abbau übermäßig großer Unterschiede hinwirken müssen und insoweit gesellschaftliche Strukturen nicht als unabänderlich hinnehmen können."[13]

Mit dieser Grundlegung des Sozialstaatsprinzips werden angehende Sozialarbeiter/innen bereits frühzeitig konfrontiert, um dann im Bundessozialhilfegesetz darauf zu stoßen, dass es Aufgabe der Sozialhilfe ist, *„dem Empfänger der Hilfe die Führung eines Lebens zu ermöglichen, das der Würde des Menschen entspricht"*.[14]

Dieser kleine Blick auf die Grundlagen unseres Sozialrechts verdeutlicht, dass es bei dem Versuch der Sozialarbeiterschaft, Gerechtigkeit für ihre Klientel umzusetzen, um mehr geht als um die theoretische Behauptung, nach der Gerechtigkeit und Menschenwürde zum integralen, aber dennoch schwer bestimmbaren und unpräzisen, normativen Kerngehalt der Sozialarbeit gehören.

Der Auftrag an die Sozialarbeit besteht somit darin, die Verfassungsprinzipien von Gerechtigkeit und Menschenwürde umzusetzen.

Von daher haben Brunkenhorst und Otto mit ihrer Kritik an der Therapeutisierung durchaus nicht unrecht, wonach in der Sozialarbeit die *Gerechtigkeit Vorrang vor der Therapie* hat.[15]

---

[13] Wannagat 1989, S. 2.

[14] § 1 Abs. 2, BSHG.

[15] Brunkenhorst/Otto 1989, S. 373.

6

Ein professionstheoretisches Konzept der Sozialen Arbeit

Das im Folgenden dargestellte professionstheoretische Konzept greift sowohl die Sozialarbeitstheorien, die Forschung, die Praxiserfahrungen und die skizzierten Professionstheorien auf, um daraus ein leicht handhabbares und habitualisierbares Sozialarbeitsverständnis zu erzeugen.

Obwohl es sich hierbei nicht in erster Linie um ein rein merkmalstheoretisches Konzept handelt, so wird die Soziale Arbeit doch an Merkmalen beschrieben. Dies soll den Berufsanfänger befähigen, sich ein Bild der Sozialen Arbeit zu machen, welches so deutlich ist, dass man es Außenstehenden erläutern kann. Damit bilden die Studierenden der Sozialen Arbeit bereits zu Beginn ihrer Ausbildung einen professionellen Identitätskern aus. Diesen werden sie im weiteren Verlauf ihrer beruflichen Sozialisation differenzieren und verfeinern, um dann in der späteren beruflichen Praxis sehr flexibel, auf die sich beständig wandelnden Anforderungen an ihre Profession, reagieren zu können.

Der erfahrene Praktiker der Sozialen Arbeit soll sich in diesen Merkmalen wieder finden, um dadurch höhere Identitätsgewissheit zu erlangen, die ihm Erkenntnis in die Bedeutung seine Profession verschafft und dadurch sein berufliches Selbstwertgefühl steigert.

Eine schwache berufliche Identität der Sozialen Arbeit bleibt nämlich nicht ohne Folgen: „Es fällt der Profession nicht leicht, das eigene Handeln zu erklären, wissenschaftlich zu fundieren und sozialpolitisch zu legitimieren."[1] Ziel dieses Konzeptes ist es, dass dies Sozialarbeiterinnen und Sozialpädagogen zukünftig leichter fällt.

6.1 Gesellschaftliche Prozesse

Neuerdings unterliegt unsere Gesellschaft sehr dynamischen Wandlungsprozessen, die die Individuen dazu zwingen, sich darin zu orientieren, sich anzupassen oder sich abzugrenzen.

In autoritär strukturierten Gesellschaften gingen diese Wandlungsprozesse viel langsamer vonstatten und der Staat griff bei Abweichungen, von den oft sehr eng gesetzten Normen, schnell sanktionierend ein. Das können wir noch gut an der Gesellschaft der ehemaligen DDR erkennen. Hier

[1] Harmsen, Thomas (2005): Die Konstruktion professioneller Identität in der Sozialen Arbeit. Heidelberg, S. 13

war viel mehr staatlich geregelt. Dies ergab ein Mehr an Sicherheit und ein Weniger an Freiheit. Probleme wurden von den „stolzen Professionen“, Arzt und Richter geregelt. Der Bereich der „Wahrheitsfindung“ (Pfarrer) lag hier wahrscheinlich in den Händen der Polit-Ideologen. Wenn die Kompetenzen dieser Professionen zur Problemlösung nicht ausreichten, griff der Staat ein[2]. Um aber ein Eingreifen des Staates zu vermeiden, stärkten die Individuen ihre natürlichen sozialen Netze. Das sind Familien, Freundeskreise, informelle Kollegenkreise, Nachbarschaften und Gemeinden.

Dies fanden wir im Nationalsozialismus in noch viel schärferer Form vor, die Menschen duckten sich gleichsam vor dem Staat ab und versuchten, individuelle Schwächen im Geheimen des Familienverbandes zu lösen, weil man befürchten musste, dass das behinderte Kind eventuell von der Staatsmacht getötet werden würde, der alkoholkranke Onkel ins Zuchthaus käme, die untreue Ehefrau verstoßen würde usw.

In vielen patriarchal oder muslimisch geprägten Gesellschaften haben Familie oder Sippe eine ganz stark orientierungsgebende Funktion; nur diejenigen Probleme die hier nicht gelöst werden können, werden in die professionellen Hände von Ärzten, Richtern oder Theologen[3] gelegt. Die Familien geben hier zwar Sicherheit und Orientierung, verhindern aber zugleich eine individuelle Entwicklung und Persönlichkeitsentfaltung. Sie stabilisieren so die traditionell-patriarchale Gesellschaftsordnung und verhindern Individualisierung und Kreativität.

Über der deutschen Gesellschaftsentwicklung nach dem Zweiten Weltkrieg schwebte noch der autoritäre Geist des Nationalsozialismus. Dieser war in Westdeutschland gepaart mit einem amerikanischen Gründeroptimismus samt Wiederaufbauerfolgen. Individuelle Freiheiten waren jetzt zwar theoretisch vorgesehen, praktisch jedoch unerwünscht. Diese paradoxe Ausgangslage führte bereits in den 1950er Jahren zur ersten rebellischen Jugendbewegung. Im Rock’n Roll des Elvis Presley trifft eine For-

---

[2] In der professionstheoretischen Logik ausgedrückt heißt das, der Staat verleiht das „Wahrheitsmonopol“ der Partei, welche dann postuliert, „die Partei, die Partei, die hat immer recht“ (Lied der Partei).

[3] Bei eskalierenden Krisen wird dann oft der Hodscha konsultiert. Er ist zwar nicht mit den christlichen Geistlichen vergleichbar, genießt allerdings ähnliche Autorität bei Fragen des täglichen Lebens aus religiöser Sicht.

derung nach (sexueller)[4] Freiheit auf ein starres, autoritär geprägtes Gesellschaftssystem. Die damalige Sozialarbeit (Fürsorge) steht den daraus entstehenden Konflikten noch relativ ratlos gegenüber[5].

Da diese Jugendbewegung kaum politische Reflexion kannte, blieb sie auf dem Status „Halbstarke"[6] stehen. Erst in der Jugendbewegung der 1960er Jahre (Beatmusik) fand eine Überleitung in eine gesellschaftspolitische Bewegung statt, die unter dem Schlagwort „die Achtundsechziger", die gesamte westdeutsche Gesellschaft völlig veränderte[7].

Die sozial-liberale Regierung unter Willy Brandt tritt dann mit dem Slogan an: *„Mehr Demokratie wagen"*.

Mehr Demokratie führt zu mehr Freiheiten der Individuen. Gleichzeitig handeln sich die Individuen damit ein Weniger an Sicherheit ein. Familie, Nachbarschaft und Gemeinde verlieren an Bedeutung, die Einzelnen dürfen (und müssen) jetzt mehr selbst entscheiden. Mehr Freiheit bedeutet mehr Unsicherheit und mehr Verantwortung. Die freiheitlich demokratische Gesellschaftsordnung erzeugt unsichere, prekäre Lebenslagen als unerwünschte Nebenwirkung.

6.1.1 Die Risikogesellschaft[8]

Mit einem Mehr an Freiheiten handeln sich die Individuen ein Mehr an individuellen Risiken ein.

„Risikogesellschaft" ist ein von dem deutschen Soziologen Ulrich Beck geprägter Begriff, mit dem die Probleme der nach-industriellen Welt beschrieben werden. Demnach werden durch die Industrie- und Konsumge-

---

4 Bis zum Jahre 1969 bestand in Deutschland noch der „Kuppeleiparagraph" 180a StGB. Dieser bedrohte Eltern mit bis zu 5 Jahren Haft, wenn sie es ihren (erwachsenen, unverheirateten) Kindern ermöglichten, zu Hause Geschlechtsverkehr zu haben (einfache Kuppelei).

5 Die Fachzeitschrift „Unsere Jugend" ist in den 1950er Jahren ein gutes Beispiel dafür. Masturbation wurde noch als „krankhaft" angesehen.

6 Als Halbstarke wurden die Jugendlichen der ersten Jugendbewegung der 1950er Jahre bezeichnet. Idole: James Dean, Bill Haeley, Horst Buchholz, Karin Dor.

7 Dies färbte auch auf die Jugend in der damaligen DDR ab. Dennoch konnte der Staat dies noch fast 20 Jahre lang unter Kontrolle halten. Wohl auch, weil Individualisierung in der DDR auch in Republikfluchtfantasien oder tatsächlicher Republikflucht ausgelebt wurde.

8 Beck, Ulrich (1986): Risikogesellschaft. Frankfurt a.M.

sellschaft ungewollte Nebenwirkungen produziert, die sich als Risiken auf die Menschen auswirken. Die bekanntesten Risiken sind die durch die industrielle Produktionsweise verursachten Umweltgefahren, die ihrerseits krankmachend auf die Bevölkerung zurückwirken. Infolge der Industrie- und Konsumgesellschaft haben sich auch große soziale Veränderungen ergeben, die zunächst einmal die Menschen von alten Zwängen und Rollenvorgaben befreiten. Die einschneidendste Veränderung ist die Emanzipation der Frau[9]. Dadurch, dass Frauen ihre traditionellen Rollenzwänge verlassen haben, können sie heute selbst entscheiden, wie sie leben möchten. Infolgedessen fallen die traditionellen Frauentätigkeiten, wie Haushalt, Kindererziehung und Alten- und Krankenpflege weg und die Gesellschaft muss für diese Notwendigkeiten neue Strukturen und Berufe schaffen. Dem positiven Ergebnis größerer Unabhängigkeit, Freiheit und Gleichheit stehen unerwünschte Nebenwirkungen gegenüber, die sich besonders in familiären Konflikten auswirken. Die hohe Scheidungsrate ist eine Auswirkung davon. Diese Folgen können von manchen Menschen in diesem Gesellschaftssystem schlecht kompensiert werden. Sie stehen hilflos den Risiken der Freiheit gegenüber. Für diese hilflos in der Freiheit stehenden Menschen müssen nun neue Strukturen der Selbstvergewisserung geschaffen werden. Beck meint dazu, dass der Mensch der Risikogesellschaft jetzt vermehrt institutionsabhängig wird.

Der Siegeszug der Sozialen Arbeit ab 1971 ist genau auf diese gesellschaftliche Veränderung zurückzuführen. Um sich in der Freiheit zu orientieren, bedarf es eines Orientierungs- und Hilfeleistungssystem, welches den orientierungslos gewordenen Individuen die Regeln und Strukturen der freiheitlichen Gesellschaft zu interpretieren hilft. Die am Einzelfall ausgerichtete Orientierungshilfe kann man dann gut mit dem Begriff *„stellvertretende Lebenswelthermeneutik“* beschreiben. Der Professionelle deutet folglich die für den Einzelnen unüberschaubare Lebenswelt aus (= Lebenswelthermeneutik) und nimmt dabei immer die Position des Hilfesuchenden ein (= stellvertretend).

[9] Es ist heute kaum noch zu glauben, dass vor 1976 verheiratete Frauen nur mit Genehmigung ihres Ehemannes eine eigene Erwerbstätigkeit aufnehmen durften. Erst mit der Reform des Ehe- und Familienrechts von 1976 änderte sich dies (vgl. Essay: „Die 68er-Falle“, in: Die Welt vom 25.6.2007) Die konservative Kritik, 40 Jahre nach 1968, nimmt die „unerwünschten Nebenwirkungen“ der Befreiung von autoritären Strukturen zum Anlass, die gesamte Bewegung zu verwerfen.

Die Einrichtung von Beratungsstellen einer jeglichen Couleur spiegelt diese Entwicklung und diesen Orientierungsbedarf deutlich wider. Die freiheitlich demokratische Gesellschaftsordnung entwickelt einen Beratungsbedarf auf breitester Front, dieser reicht von der Eheberatung über die Schuldnerberatung zur Trauerberatung usw. Er trifft gleichsam auf alle Lebensbereiche und die Sozialpädagogen finden hier ihr Betätigungsfeld.

6.1.2 Die Postmoderne Gesellschaft[10]

Die ehedem sicher geglaubten Gesellschaftsstrukturen lösen sich mehr und mehr auf; alles wird zufälliger, unberechenbarer, chaotischer, beliebiger und identitätsloser. In dieser geschichtlichen Epoche benötigt die Gesellschaft zunehmend professionelle Hilfe durch Akteure, die ihrerseits auf gesicherte Identitäten verzichten können.

Heiko Kleve beschreibt in seinem konstruktivistischen Ansatz die Soziale Arbeit als „postmoderne Profession", die es versteht, auf Gesellschaftssituationen, die immer unberechenbarer werden, adäquate Antworten zu geben, weil die Soziale Arbeit selbst identitätsschwach daherkommt.

Die Identitätsproblematik der Sozialen Arbeit stellt seit jeher das Schlüsselproblem dieses Berufes dar; es ist das meistdiskutierte Thema in den Fachschriften zur Sozialen Arbeit, und auch mit meinem, hier vorgestelltem Ansatz möchte ich etwas zur Lösung dieser Problematik beitragen. Dabei wird das Identitätsproblem zunehmend als Chance der Sozialen Arbeit gesehen, weil dadurch die Profession die „postmodernen Problemkonstellationen" selbst verkörpert.

Die moderne Gesellschaftsordnung tendierte dazu, überall Klarheit, Ordnung, Eindeutigkeit und Identität zu erzeugen. Der moderne Mensch hält es nicht aus, wenn die Dinge nicht geklärt werden können, wenn etwas nicht eindeutig auf den Punkt gebracht wird, beliebig und zufällig bleibt.

Ein Ehepaar, welches eine ***moderne*** *Eheberatungsstelle aufsucht, weil ihm die sexuelle Lust aufeinander verloren geht, wird dazu aufgefordert, an der Partnerschaft zu arbeiten, bestimmte romantische Rituale einzu-*

[10] Kleve, Heiko (2003): Sozialarbeitswissenschaft, Systemtheorie und Postmoderne. Freiburg i.Br.

führen, Zweisamkeit zu leben, sich füreinander attraktiv zu machen und sinnlich anregende Stimmungen zu erzeugen, dann würde sich, der Theorie zufolge, die gegenseitige sexuelle Attraktion bestimmt wieder einstellen.

In der **postmodernen** *Version sagt die Eheberaterin: „Na und, dann lassen Sie's halt. Wenn Sie sonst miteinander klar kommen, sollten sie diese Gemeinsamkeiten festigen, wie jeder Einzelne von Ihnen das Sexleben organisiert, ist dessen individuelle Entscheidung."*

Postmoderne Sozialarbeit akzeptiert die Differenziertheit und Vielfältigkeit der heutigen Welt. Sie strebt nicht mehr nach Eindeutigkeit und Identität. Sie gibt die Bemühungen nach eindeutigen Klärungen auf und stellt sich auf Unübersichtlichkeiten ein. Sie sucht nach einem konstruktiven, kreativen und brauchbaren Umgang mit der Unübersichtlichkeit und Vielfältigkeit in jedem konkreten Einzelfall.

Kleve antwortet auf die Frage, was er von den Versuchen der sozialarbeiterischen Identitätsfindung halte: *„Meine Antwort darauf ist ambivalent, denn sie lautet: zugleich sehr viel und sehr wenig; sehr viel, wenn es darum geht, Soziale Arbeit mit theoretischen Konzepten, neuen Methoden, mit bisher außergewöhnlichen Reflexionen und vielversprechenden Verfahren hinsichtlich ihrer Aufgaben flexibler und erfolgreicher zu machen; sehr wenig, wenn damit das Identitätsproblem der Sozialen Arbeit gelöst werden soll. Denn dieses Problem ist nicht lösbar, weil es keins ist."*[11]

Heiko Kleve gibt also der Sozialen Arbeit die besondere Chance, in ihrer Identitätslosigkeit ihre Identität zu sehen. Damit knüpft er einerseits an eine ältere Sozialarbeitsdiskussion an, die wir bereits von Silvia Staub-Bernasconi[12] kennen, andererseits antwortet er damit auf den sich im ständigen Wandel befindlichen Identitätspluralismus der Postmoderne.

Für die jungen Kolleginnen und Kollegen, die ihre Professionalisierung in der Postmoderne erfolgreich entwickeln wollen, kommt es folglich darauf an, ein theoretisches Konzept zu habitualisieren, welches ihnen als Kern ihrer professionellen Identität ermöglicht, äußerst flexibel und niemals festgeschrieben, auf die sich im steten Wandel begriffenen Problemkonstellationen dieser Gesellschaft zu reagieren. Ein solcher Konzeptvorschlag soll hier entwickelt werden, der Vorgeschmack davon wurde bereits in der Einführung gegeben.

---

[11] Kleve 2003 a.a.O., S. 118f.

[12] Vgl. Staub-Bernasconi, 1986 a.a.O.

6.1.3 Interaktion zwischen Gesellschaft und Profession

Im symbolischen Interaktionismus handeln die Interaktionspartner ihre Rollen, ihren Status und ihre Inhalte beständig miteinander aus und kommen so immer zu einem vorläufigen Ergebnis, welches Anlass erneuter Aushandlungsprozesse ist.

Die Entwicklung von einer autoritären zur freiheitlich-demokratischen Gesellschaftsordnung führte zu mehr Freiheiten der Individuen und, als unerwünschte Nebenwirkung, zu neuen Problemen. Bis dahin wurden die Probleme der Menschen in drei unterschiedliche Handlungsproblemfelder unterteilt und dort einer Lösung zugeführt, wenn die „primären Lebenskontexte“ (Selbsthilfe, Familie, Nachbarschaft usw.) mit der Konfliktlösung überfordert waren. Die neuen Probleme der freiheitlich-demokratischen Gesellschaftsordnung überforderten jetzt aber auch die traditionellen professionellen Handlungsproblemfelder. Arzt, Richter und Pfarrer gerieten zunehmend an ihre Grenzen bei Armuts-, Bildungs-, Beziehungs-, Versorgungs- und Gesundheitsproblemen.

In dieser Situation meldete sich die Fürsorge zu Wort und beanspruchte für sich einen professionellen Status, weil sie sich in der Lage glaubte, diese neuen Probleme lösen zu können, denn sie blickte ja auf eine Erfahrung im Umgang mit Armutsproblemen zurück.

In einem Aushandlungsprozess zwischen der herrschenden Gesellschaft und der Fürsorge gelang es Letzterer, für den Berufsnachwuchs ab 1971 eine Hochschulausbildung zu etablieren. Der Fürsorge ist es somit gelungen, der Gesellschaft ein Fachhochschulstudium abzuhandeln, allerdings mit dem niedrigsten akademischen Abschluss[13]. Der Diplom Sozialarbeiter, die Diplom Sozialpädagogin sind seitdem geschaffen.

Dieser Aushandlungsprozess findet aber nicht nur zwischen der Gesamtgesellschaft und den professionalisierungswilligen Berufen statt, es entsteht auch ein Aushandlungs- und Konkurrenzverhältnis zwischen den Berufen und ihrem jeweiligen Handlungsproblemfeld. Diejenigen Berufsgruppen, welche ein Handlungsproblemfeld dominieren (z.B. die Ärzte), versuchen ihr Feld hegemonial zu beherrschen und keine anderen Berufe zuzulassen. So hat zwar die neue Berufsgruppe durch das Hoch-

[13] Zunächst gab es noch den Abschluss Sozialarbeiter (grad.) und Sozialpädagoge (grad.). Ab etwa 1975 wurde nach und nach in den verschiedenen Bundesländern das FH-Diplom verliehen.

schulstudium eine fundamentale Voraussetzung zur Professionalisierung errungen, sie muss aber des Weiteren jetzt noch ihren Platz unter den Professionen mit den anderen Professionen aushandeln.

So haben sich breite Schichten der Sozialarbeit/Sozialpädagogik nach der Einführung des Hochschulstudiums darum bemüht, sich im *Handlungsfeld der Therapieleistung* zu etablieren, was als weitestgehend gescheitert angesehen werden muss. Obwohl die Ärzte zunehmend an die Grenzen ihrer Kompetenz gerieten (z.B. im Suchtbereich), schotteten sie sich gegen die Sozialpädagogen ab. Die Sozialpädagogen erhielten auch von gesellschaftlicher bzw. politischer Seite hier wenig Unterstützung, vermutlich weil der gesellschaftliche Handlungsbedarf nicht in einer weiteren therapeutischen Profession bestand. Stattdessen etablierten sich einige therapeutische Hilfsberufe, wie Ergotherapeuten, Bewegungstherapeuten, Altentherapeuten, Physiotherapeuten, Sprachheiltherapeuten usw. All diese Berufe sind knapp unterhalb der akademischen Schranke positioniert und erfüllen dadurch nicht die Grundvoraussetzungen der Professionen[14]. Sie bleiben letztendlich ärztliche Hilfsberufe, die auf ärztliche Anordnung hin in Aktion treten. Das ist bei der Sozialen Arbeit nicht so, sie ist durch ihren akademischen Status grundsätzlich autonom und besitzt von daher Professionalisierungspotenzial.

Durch die Etablierung der therapeutischen Hilfsberufe ist es gelungen, die Soziale Arbeit aus dem therapeutischen Kernhandeln, besonders in den psychiatrischen Krankenhäusern[15], herauszudrängen. Die frühen Fürsorgerinnen und Sozialpädagoginnen konnten als erste therapeutische Berufsgruppe in den Psychiatrischen Krankenhäusern gelten, weil sie das Gefühls- und Sozialleben der Patienten vorrangig in den Blick nahmen. Diese Funktionen haben heute vermehrt die Krankenpflege und die anderen therapeutischen Hilfsprofessionen, besonders die Ergotherapie, übernommen. Die Sozialarbeiter sind jetzt mehr an den Rand der Klinik gedrängt worden, sie verbinden die soziale Außenwelt mit der Innenwelt der Patienten. Obwohl diese Rolle den Sozialpädagoginnen mehr aufge-

[14] Einige dieser Berufe sind bestrebt sich zu akademisieren und Fachhochschulstudium zu werden. Der Krankenpflege ist dies gelungen, mit geringem Erfolg allerdings bisher (2008).

[15] Im Suchtbereich hat sich die Soziale Arbeit allerdings erfolgreich im psychotherapeutischen Kern etabliert. In der Kinder- und Jugendlichen-Psychotherapie können sie sogar völlig autonomen Status erlangen.

drängt wurde, scheint aber darin der eigentliche gesellschaftliche Handlungsbedarf zu liegen.

Als die Fürsorge/Sozialarbeit in den 1960er-Jahren in die Psychiatrie eintrat, war sie quasi die erste (psycho)therapeutische Berufsgruppe und die Verwaltung freute sich: *„Hurra, jetzt haben wir endlich jemanden der sich um die weinenden Patienten kümmern kann"*.

Heute nun freut sich die Ärzteschaft: *„Hurra, jetzt haben wir endlich jemanden, der sich um die organisatorischen Angelegenheiten der Patienten kümmern kann."*

In beiden Positionen fühlen sich die Sozialarbeiterinnen beschnitten und unglücklich. Erst wenn beide Positionen zusammengeführt werden, erleben sie eine einheitliche Identitätsgewissheit. Daraus können wir jetzt schon schließen, *Tränen und Verwaltung liegen im Kern der Sozialen Arbeit.*

Aus diesem Aushandlungsprozess, zwischen der Gesellschaft, den anderen Professionen und der Sozialen Arbeit, beginnt sich nun endlich ein konkreter Handlungsbedarf der Gesellschaft an eine Profession Soziale Arbeit abzuzeichnen.

> Es scheint darum zu gehen, dass in postmodernen Gesellschaften eine Profession benötigt wird, die das Gefühlsleben der Individuen und die sich permanent wandelnden formalen und informellen Strukturen der Gesellschaft miteinander in Einklang bringen kann.

So wird nun endlich klar, dass eine freiheitlich-demokratische Gesellschaftsordnung einer Profession bedarf, die die Paradigmengrenzen der „Stolzen Professionen" zu überschreiten in der Lage ist, weil Ärzte auf der einen Seite und Richter auf der anderen Seite zunehmend an diese Grenzen geraten.

Im Beruf des Bewährungshelfers ist diese widersprüchliche Logik aus „Tränen und Organisation" schon immer zusammengeführt und kommt hier als „Hilfe und Kontrolle" zum Ausdruck.

Wenn wir die Gleichzeitigkeit von Konsensbeschaffung und Therapieleistung als Ausgangsgröße des professionellen Handelns der Sozialen Arbeit, als einzigartigen, unumstößlichen Kern dieser Profession anerkennen, finden wir zu einem besonderen Identitätskern, der so in keiner anderen Profession angelegt ist. Es ist das Eigene der Sozialen Arbeit. Dies ist so keiner Konkurrenzberufsgruppe zu eigen. Das können ausschließlich Sozialarbeiter und Sozialpädagogen. Sie antworten damit auf einen völlig neuen gesellschaftlichen Handlungsbedarf. Die bestehende Gesellschaft entwickelt bisher unbekannte, neue Handlungsprobleme, die das professionelle Überschreiten der Paradigmengrenzen der „stolzen Professionen" erzwingen. Aus diesem Identitätskern kann sich nun der spezielle Habitus von Sozialarbeiterinnen und Sozialpädagogen speisen, unabhängig davon, ob sie nun in einem Altenheim, der Bewährungshilfe oder auf einem Abenteuerspielplatz tätig sind. Überall geht es um die Gleichzeitigkeit von individuellem Gefühlsleben und organisierter Gesellschaft. Denn wenn die Kinder im Kindergarten einander wehtun, muss einerseits Trost gespendet werden und andererseits der Friede untereinander sichergestellt werden.

In einer freiheitlich, demokratischen, pluralisierten, postmodernen Gesellschaft musste der Bedarf nach einer Profession entstehen, die Gesellschaft und Individuum, also Konsensbeschaffung und Therapieleistung zusammenführen kann. Diese Kompetenz wird von der Sozialen Arbeit gefordert und geleistet.

6.2 Die gesellschaftlichen Handlungsproblemfelder

Oevermann hat mit seinem strukturtheoretischen Professionsverständnis die drei gesellschaftlichen Handlungsproblemfelder definiert, auf die bestimmte Professionen, stellvertretend für die Alltagspraxis antworten. Grundsätzlich lösen die Menschen ihre Probleme selbst. Wenn das nicht mehr geht, treten die natürlichen Sozialen Netze, wie Familie, Freunde, Nachbarschaft u.Ä. in Aktion. Dann aber, wenn diese Hilfeleistungssysteme ebenfalls an ihre Grenzen geraten, tritt professionelle Hilfe auf den Plan.

Diese professionellen Handlungssysteme kann man nun in drei unterschiedliche Handlungslogiken gliedern.

Da sind zunächst die gesundheitlichen Probleme. Einer Erkältung wird vom Betroffenen mit den bekannten Hausmitteln begegnet: Bettwärme, heiße Zitrone, Kamillentee usw. Wenn das nicht mehr ausreicht, wird die Nachbarin um Aspirin gebeten; diese macht den Zusatzvorschlag, dem

Fieber eventuell mit Wadenwickeln entgegen zu wirken. Wenn diese Hilfe immer noch nicht zum Erfolg führt, kommt der betroffene Mensch an die Grenze seiner autonomen Bewältigungsfähigkeiten. Weil er, trotz all seiner Selbsthilfemaßnahmen, noch immer an diesen Erkältungsbeschwerden leidet, führt sein Leidensdruck dazu, dass er sich nun in professionelle Hände begibt. Für einen bestimmten und begrenzten Ausschnitt seines Lebens, also seine Erkältungsbeschwerden, gibt er seine Autonomie auf und sucht nach ärztlicher Hilfe. Der Arzt wendet nun, auf diese konkrete Erkältung seines Patienten hin, seine wissenschaftlich gegründeten Diagnose- und Therapieverfahren an. Er verordnet seinem Patienten zur Behandlung dieser Erkältung ein bestimmtes Medikament (z.B. ein Antibiotikum), weil er mit Hilfe seiner wissenschaftlichen Verfahren eine schwere Grippe diagnostizieren konnte, die in diesem konkreten Einzelfall nur mit einem ganz bestimmten Medikament, in einer ganz bestimmten Dosierung, behandelt werden kann, weil evtl. dieser bestimmte Patient eine Unverträglichkeit gegen einige andere Medikamente entwickelt hat.

Therapieleistung heißt dieses Handlungsproblemfeld, auf das die Profession der Ärzte reagiert. Aber nur dann, wenn die autonomen Selbsthilfekräfte der Individuen erschöpft sind; und immer bezogen auf den konkreten Einzelfall.

In diesem Handlungsproblemfeld haben sich nun noch weitere Professionen etabliert. Gleichberechtigt neben den Ärzten rangieren seit eh und je die Apotheker. Etwas naserümpfend hingegen werden die Heilpraktiker in diesem Handlungsproblemfeld geduldet[16]. Nach langen Kämpfen wurden die Psychologischen Psychotherapeuten sowie die Kinder- und Jugendlichenpsychotherapeuten hier auch zugelassen[17].

Zum Psychotherapeuten begibt sich der Mensch, der beispielsweise an Depressionen leidet, ebenfalls aus freien Stücken, weil er alleine oder mit Hilfe von Freunden und Verwandten seiner depressiven Stimmungen nicht mehr Herr wird. Der Therapeut schließt dann mit dem depressiven Menschen ein „therapeutisches Bündnis", indem er mit ihm Termine vereinbart. Handelt es sich um eine psychoanalytisch orientierte Therapie,

[16] Das Heilpraktikergesetz wurde im Februar 1939 erlassen. Obwohl es 1943 quasi abgeschafft worden ist wurde es, auf der Grundlage des Grundgesetzes in Westdeutschland, 1952 wieder übernommen. In der DDR hingegen wurde es durch eine neue Approbationsordnung für Ärzte abgelöst.

[17] Psychotherapeutengesetz, seit 1999 (PsychThG).

so wird der Therapeut seinen Patienten dazu auffordern, während der therapeutischen Sitzungen alles auszusprechen, was ihm durch den Sinn geht. Wenn der Patient dies nicht tut, so wird das als Widerstand gewertet, der therapeutisch bearbeitet werden kann und eigentlich auch vom Therapeuten erwartet wird. Hält der Patient allerdings seine Termine nicht ein, so kann die Therapie nicht durchgeführt werden. Der Therapeut geht dem Patienten nicht nach, wenn dieser nicht erscheint. Im Gegenteil, er erwartet, dass der Patient aufgrund seines Leidensdruckes einen Teil seiner Autonomie abgibt und sich regelmäßig in die Behandlung begibt. Wir werden später sehen, dass dies in der Sozialen Arbeit meistens anders ist.

Im Handlungsfeld der Therapieleistung stellt sich der Professionelle ganz auf die Seite seines Auftraggebers (Klient, Patient) und handelt ausschließlich in dessen Sinne. Die Psychotherapeutin steht folglich auf der Seite des untreuen Ehemanns, wenn dieser ihr Klient ist, und fragt nicht nach der betrogenen Gattin, genauso wie der Arzt auf der Seite des arbeitsunfähigen Patienten nicht die Situation des Arbeitgebers reflektieren würde. Dem Therapeuten steht es nicht zu, seinen Patienten moralisch zu bewerten. In der Logik des therapeutischen Handelns werden „Mittel und Hilfen zur Behebung der Notlage eines Klienten/Patienten entsprechend seiner individuellen und einzigartigen Lebenspraxis im Sinne der Sicherstellung oder Herstellung der Integrität eines biographischen Einzelfalles“[18] eingesetzt.

Das zweite Handlungsproblemfeld, auf das sich eine Profession ausrichtet ist nicht, wie die Therapieleistung, dem Individuum verpflichtet, sondern der Allgemeinheit. Das professionelle Handeln der Richterin bezeichnen wir deshalb als *Konsensbeschaffung*[19], weil es den gesellschaftlichen Normenkonsens sicherstellen soll.

Eigentlich sollten die Menschen ihre Konflikte und Streitigkeiten autonom regeln können. Weil aber diese Autonomie der Konfliktregulierung oftmals schnell an Grenzen gerät, hat sich die Allgemeinheit Regelwerke gegeben. Diese haben das Ziel, die Verhältnisse der Individuen untereinander und das Verhältnis der Individuen zur Allgemeinheit zu regeln. Diese Regeln nennen wir Gesetze, sie kommen bei Regelbrüchen zur Anwendung. Da aber die Regelbrüche immer einzigartig sind, benötigt die Allgemeinheit Gesetzeskundige, die diese allgemeingültigen Regeln, auf

[18] Dewe/Ferchoff et al., a.a.O., S. 133.

[19] „Konsensbeschaffung, Therapieleistung und Wahrheitsfindung“ sind strukturtheoretische Termini, die hier erläutert werden. Siehe hierzu auch Kapitel 4.5.

den Einzelfall bezogen, auslegen können. Diese Gesetzeskundigen sind die Richter und Richterinnen. Neben den unabhängigen Richtern gibt es noch Staatsanwältinnen und Rechtsanwältinnen. Die Staatsanwälte vertreten die rechtliche Position der Allgemeinheit, die Rechtsanwälte die der Individuen. Da die gesellschaftlichen Regelsysteme immer umfangreicher geworden sind, haben sich die Professionen innerhalb des Handlungsproblemfeldes der Konsensbeschaffung mehr und mehr ausdifferenziert, wie z.B. die Berufe der Notare und Steuerberater zeigen. Die Grenzen zum administrativen und verwaltungsmäßigen Handeln sind hier fließend, weil das Verhältnis des Bürgers zum Staat durch die unterschiedlichsten Rechts- und Verwaltungsnormen geregelt ist. Auch die Ansprüche, die der Einzelne gegenüber der Gemeinschaft hat, fallen unter diesen Punkt. Dazu gehören unter anderen die Renten- und Sozialleistungsansprüche ebenso wie die übrigen staatlichen Versicherungsleistungen. Das gesamte Sozialversicherungssystem als Teil gesellschaftlicher Regelsysteme ist im Sinne der Konsensbeschaffung auf den Einzelfall anzuwenden.

Konsensbeschaffung bedeutet folglich nicht einseitig den Zwang zur Einhaltung der Gesetze für das Individuum, sondern auch die Durchsetzung von Rechten des Individuums gegenüber der Allgemeinheit. So kommen im Handlungsproblemfeld der Konsensbeschaffungen zwei sich nahe stehende Logiken zur Wirkung. Erstens: die Logik rechtspflegerischen Handelns beinhaltet die Verpflichtung zur Aufrechterhaltung des gesellschaftlichen Normenkonsenses, d.h. die Menschen sollen sich an die Gesetze halten. Zweitens: die Logik des administrativ-bürokratischen Handelns sichert der Allgemeinheit die Teilhabe an den sozialstaatlichen Errungenschaften zu, d.h. den Menschen soll zu ihrem Recht gegenüber dem Staat verholfen werden. Diese bürokratische Logik subsumiert aber den individuellen Einzelfall unter generalisierte Regeln. Zum Zwecke einer möglicht gerechten Gleichbehandlung wird das Individuum auf Formular- und Fragebogenangaben reduziert. Letzteres ist das Prinzip der Verwaltung: Entscheidungen treffen ohne Ansehen der Person.

Das dritte gesellschaftliche Handlungsproblemfeld, auf welches Professionen reagieren bezeichnen wir als *Wahrheitsfindung*. Dies ist der Bereich, in welchem grundsätzlich nach Transzendenz im weitesten Sinne gefragt wird[20]. Fragen nach dem Sinn des Seins, nach dem „warum bin

[20] Damit ist alles gemeint was über das tatsächlich sinnlich Erfahrbare des Individuums hinausgeht, also auch z.B. die Kugelgestalt der Erde.

ich, was ist nach meinem Tode, woher kommt die Welt" usw. wurden zunächst theologisch, mit dem Verweis auf Gott, auf Jenseitiges, beantwortet. Aus diesen Fragen haben sich die erfolgreichsten Sinnsysteme mit ihren Institutionen gebildet, die Religionen mit Kirchen und Klöstern. Im Abendland wurde dieses Handlungsfeld bis zur Renaissance[21] ausschließlich von der Religion beherrscht. Eine Ausnahme bildete die Kunst[22], die eigentlich schon recht früh von der Theologie als „autonome Profession" in einer Nische des Feldes der Wahrheitsfindung zugelassen wurde. Die Theologen, Priester und Pfarrer verteidigten aber ihre übrige Kompetenzdomäne mit Gewalt[23], mussten sich dann aber den heraufziehenden Naturwissenschaften mehr und mehr beugen und das Handlungsfeld der Wahrheitsfindung mit den säkularen „Wahrheitsfindern", den Wissenschaftlern und Philosophen teilen. Neben der Religion mit ihren Kirchen steht nun die Wissenschaft mit ihren Universitäten.

An den Universitäten sind nun die wissenschaftlichen Disziplinen zu Hause[24]. Im weiteren geschichtlichen Verlauf mit seinen gesellschaftlichen Veränderungsprozessen geben uns die Journalisten ebenfalls ein Beispiel dafür, dass sie gerade in den freiheitlich-demokratisch orientierten Gesellschaftsordnungen im Handlungsproblemfeld der Wahrheitsfindung eine wichtige Größe darstellen, weil sie als unabhängige Informationsquelle den Individuen dazu verhelfen, ihre demokratischen Mitwirkungsrechte wahrzunehmen[25].

Heute können wir im gesellschaftlichen Handlungsproblemfeld der Wahrheitsfindung neben dem Pfarrer, den Professor, den Künstler und den Journalisten sehen. Durch die Ansiedelung der Wissenschaften in diesem Handlungsproblemfeld finden alle anderen Professionen aber auch ihre disziplinäre Heimat hier.

---

[21] 15./16. Jahrhundert.

[22] Strukturell würde man heute hier auch den Profisport zuordnen (wer ist der Schnellste, Stärkste, Geschickteste).

[23] Giordano Bruno wurde im Jahre 1600 wegen seiner naturwissenschaftlichen Thesen, die im Widerspruch zur päpstlichen Welterklärung standen, auf dem Scheiterhaufen hingerichtet und erst im Jahre 2000 durch die katholische Kirche rehabilitiert. Galileo Galilei hielt sich ab 1632 mit seinen Naturwissenschaftlichen Thesen zurück, weil er ebenfalls von der Inquisition bedroht wurde.

[24] Vgl. Kapitel 3, Profession und Disziplin.

[25] Schließlich ist die Pressefreiheit ein Grundrecht, welches bereits in Artikel 5, Abs. 1 des Grundgesetzes verankert ist. In der amerikanischen Verfassung steht die Pressefreiheit bereits seit 1789 (Bill of Rights).

6.2.1 Therapieleistung, Konsensbeschaffung und Wahrheitsfindung

Mit diesen drei gesellschaftlichen Handlungsproblemfeldern können wir nun aus strukturtheoretischer Sicht drei Strukturorte angeben, die den Heimatbereich für besondere Dienstleistungen am Gemeinwohl definieren. Der Entwicklungsprozess führte dazu, dass die Gesellschaften Problemkonstellationen ausbilden, für deren Handhabung sie Gesellschaftsmitglieder mit besonderen Befähigungen benötigte. Das waren in primitiv organisierten Gesellschaften zunächst die „stolzen Professionen“ Arzt, Richter, Priester, welche heute auf eine lange Tradition zurückblicken können. Diese Spezialisten bekamen den Auftrag, zu heilen, Recht zu sprechen oder Gottes Wort zu verkünden. Allein dies genügte, um eines der drei Handlungsproblemfelder zu besetzen. Fortan verteidigten aber diese Spezialisten ihren besonderen Status auch gegen die Begehrlichkeiten anderer Berufe. Schließlich strebten auch andere Berufe nach einem solchermaßen anerkannten Status. Die Künstler begannen, sich vom Handwerk zu lösen und bekamen von den Theologen eine Nische in deren Handlungsfeld zugestanden, weil sie „religiöse Wahrheiten“ durch ihre besondere Befähigung sichtbar machen konnten. Dennoch verteidigten die alteingesessenen Professionen ihr Handlungsfeld lange Zeit erfolgreich. Sie machten den Zugang für den eigenen Nachwuchs schwer, indem sie den Professionsnovizen Prüfungen auferlegten und sie Auswahlritualen unterzogen. Sie machten den Zugang für andere Berufe fast unmöglich, indem sie sich mit Rechten absicherten und sich den Alleinvertretungsanspruch verbriefen ließen. Die Ärzte waren zwar bereit, sich ihr Feld mit den Apothekern zu teilen, taten das aber zum eigenen Nutzen, weil sie durch die Arzneimittelkunde profitierten und die Hoheit über die Arzneimittelvergabe weiter behielten. Auch die Richter wurden vor gesellschaftliche Entwicklungsprobleme gestellt. Sie lösten das, indem sie die Jurisprudenz ausdifferenzierten und Rechtsanwälte, Staatsanwälte und andere juristische Professionen schufen.

Voraussetzung für eine Professionalisierung ist also zum Ersten ein gesellschaftliches Problem, dessen Handhabung man in besonders befähigte Hände geben muss. Zweite Voraussetzung ist, dass die Gesellschaft einem Berufsstand die Voraussetzunge dafür erteilt, sich um dieses Problem kümmern zu können. Diese Voraussetzungen bestehen oft in einer besonders anspruchsvollen Ausbildung für den Berufsnachwuchs, heute ist das in der Regel ein Hochschulstudium. Dritte Voraussetzung ist, dass der, mit den ersten beiden Voraussetzungen ausgestattete und professionalisierungswillige Beruf in eines der drei Handlungsfelder aufgenommen wird. Dazu muss er sich mit den dort etablierten Professionen einigen.

Umso weiter sich diese Gesellschaft nun ausdifferenziert, freier und kreativer wird, umso mehr neue Spezialisten mit besonderen Befähigungen benötig sie. Im ausgehenden Mittelalter erweiterte die Menschheit ihren Horizont, indem sie begann, den Globus zu erkunden. Das zwang dazu, sich Fragen über die Beschaffenheit der Welt zu machen, für die die Bibel keine Antworten parat hatte. Stern- und Seekarten wurden nötig, um auf den Weltmeeren zu navigieren. Dadurch entstand der gesellschaftliche Bedarf an naturwissenschaftlichen Erkenntnissen, die etwa seit der Entdeckung Amerikas ihren Siegeszug angetreten haben und sich spätestens durch Kopernikus (1543) zu artikulieren begannen.

Ähnlich, wie die Naturwissenschaften zu Zeiten der Renaissance gab es immer wieder Berufe, die bestrebt waren sich zu professionalisieren[26]. Diese Berufe reagierten auf den gesellschaftlichen Wandel und positionierten sich professionell, um einen verbesserten Status zu erlangen (Ingenieure, Architekten, Lehrer, Betriebswirte usw.).

Nachdem die Gesellschaft im Zuge fortschreitender Demokratisierungsprozesse zunehmend differenzierter wurde, entwickelten sich nun völlig neue Probleme, die im Zusammenhang mit einer wachsenden Pluralisierung und Differenzierung der Lebenslagen entstanden.

Dem Armutsproblem der Industriegesellschaft kam man zunächst mit materiellen Hilfeleistungen, oftmals auf der Grundlage von Almosen, organisiert entgegen. Damit begann gleichsam die Verberuflichung der Sozialen Arbeit, als Reaktion auf die Verelendung und Verarmung breiter Schichten in der Industriegesellschaft im ausgehenden 19. Jahrhundert.

[26] Eine ganz eigenartige Professionalisierung haben die Heilpraktiker vollzogen, die ja noch nicht einmal die akademischen Voraussetzungen erfüllen müssen. Ihnen ist es aber gelungen durch einen eigenen Gesetzesstatus eine autonome Profession zu werden, die nur bei ihrem Eintritt in den Berufsstand noch von den Ärzten kontrolliert wird.

6.2.2 Soziale Arbeit zwischen Konsensbeschaffung und Therapieleistung[27]

Einerseits war die Industriegesellschaft für die Menschheit ein ungeheurer materieller Fortschritt, denn nun konnten relativ günstig Massengebrauchsgüter erzeugt werden. Außerdem konnte die Landwirtschaft durch den Maschineneinsatz rationalisiert werden und so die Ernährung der Massen sicherstellen. Die industrielle Produktionsweise führte zu Entlastung und Wohlstand einerseits, erzeugte im frühindustriellen Kapitalismus auf der anderen Seite aber auch eine wachsende Verelendung einer ausgebeuteten Arbeiterklasse[28]. Um sich gegen die Ausbeutung zu wehren entstanden soziale Bewegungen mit teilweise revolutionären Zielen. Um diesen revolutionären Kräften den Wind aus den Segeln zu nehmen, wurden in Deutschland, auf Initiative des erzkonservativen ersten deutschen Reichskanzlers, Otto von Bismarck, zwischen 1883 und 1889 die Sozialversicherungen eingeführt.

Zuvor wurde bereits ein System der Armenfürsorge entwickelt, das „Elberfelder Modell“ von 1853. Dieses war jedoch zunächst noch eine private Initiative, die von der Stadt Elberfeld (heute Wuppertal) aufgenommen wurde, letztendlich um die arbeitsfähigen Armen von den arbeitsunfähigen Armen zu unterscheiden, und dadurch Kosten zu sparen. Das Elberfelder Modell zielte noch nicht auf die Professionalisierung Sozialer Arbeit, sondern setzte auf Ehrenamtlichkeit. Erst in der Verbindung mit der Bismarckschen Sozialgesetzgebung begann die Gesellschaft einen neuen Handlungsbedarf erkennen zu lassen. Ab etwa 1905 scheint ein Punkt erreicht worden zu sein, an dem die ehrenamtliche Armenfürsorge an ihre Grenzen geraten ist. Das Elberfelder Modell wurde aufgegeben, denn man benötigte nun zunehmend eine staatlich organisierte Verwaltung der sozialen Probleme. In Straßburg wurde 1905 die erste Sozialbürokratie eingerichtet und die ehrenamtlichen Helfer wurden durch hauptamtliche und ausgebildete Armenpfleger ersetzt. Ziel der bismarckschen Sozialreformen und der daraus entstandenen hauptamtlichen Ar-

---

[27] Therapieleistung meint grundsätzlich einen sehr weiten Therapiebegriff. Es geht nicht nur darum, dass Sozialarbeiter therapieren, sondern es geht darum, dass Sozialarbeiter/Sozialpädagogen durch therapeutisches Denken die innere Verfassung, die Gefühls- und Erlebenswelt ihrer Klienten verstehen und darauf eingehen können. Sie stehen somit auf der Seite des Klienten, weil sie ihn verstehen.

[28] In unserer Terminologie gesprochen waren das die „unerwünschten Nebenwirkungen der Industriegesellschaft“.

menpflege war es, die bestehenden Verhältnisse vor den sozialen Umsturzbewegungen zu schützen. Folglich standen die Armenpfleger zunächst auf der Seite des Staates, der daran interessiert war, den bestehenden Normenkonsens aufrecht zu erhalten.

> Die berufliche Armenfürsorge, die Wurzeln der professionellen Sozialen Arbeit also, liegen folglich im Handlungsproblemfeld der Konsensbeschaffung.

Dies ist auch in der Vereinigten Staaten von Amerika der Fall gewesen. Hier konnte die Armenfürsorge, im ausgehenden 19. Jahrhundert, nicht auf ein staatliches Sozialversicherungssystem zurückgreifen. Stattdessen gab es in den USA traditionell ein ausdifferenziertes Almosenwesen. Es wurde gleichsam als Bürgerpflicht der Wohlhabenden angesehen, im Sinne der christlichen Nächstenliebe, Almosen zu spenden. Die Hilfsgelder wurden von ehrenamtlichen Kräften verteilt. Diese nannten sich *„friendly visitors“*, also freundliche Besucher. Diese „friendly visitors“ wurden dann von so genannten *„payed agents“* kontrolliert, damit sie ihre Almosen nicht falsch verteilen. Im Verhältnis vom „friendly visitor“ zum „payed agent“ drückt sich die Beziehung zwischen ehrenamtlicher Hilfe zur verberuflichten Hilfe aus. Später ist auch der „friendly visitor“ verberuflicht worden und der „payed agent“ entwickelte sich zu seinem Vorgesetzten. Daraus entstand dann der amerikanische Typus des Supervisors[29].

Zunächst scheint es also auch in der amerikanische Sozialarbeit um Kontrolle und die *Aufrechterhaltung des gesellschaftlichen Normenkonsens* zu gehen. Allerdings kommt mit der Person von Jane Addams[30] und der

[29] Der amerikanische Supervisionstypus ist mit der in Deutschland viel später entwickelten Supervision kaum noch zu vergleichen. In den USA ist dieser Supervisorentypus mehr ein Vorgesetzter und Kontrolleur, der seinen Basis-Sozialarbeitern Kontrolle und Hilfe zuteil werden lässt. In der deutschen Sozialarbeit der 1950er Jahre wurde versucht mit dem Casework eine ähnliche Funktion einzuführen, den „Oberfürsorger“. Das Supervisionskonzept, „Leiten und Führen durch Supervision“, analog dem amerikanischen Modell, wird in Deutschland in einer abgeschwächten Form noch in der Supervisionsausbildung des Deutschen Vereins verfolgt. Dies ist in der deutschen Supervisionslandschaft äußerst umstritten; hier wird mehr ein Supervisionskonzept verwirklicht, welches eher den Prinzipien der Psychotherapie ähnelt.

[30] Vgl.: Schüler, Anja (2004): Frauenbewegung und Soziale Reform. Stuttgart

Errichtung des „Hull House“ in Chicago eine Soziale Arbeit auf, die sich auch auf die Seite der Hilfebedürftigen stellt und mit Bildungsmaßnahen sowie sozialpolitischer Einflussnahme soziale Probleme nicht nur verwalten will, sondern auch die Lage der Armen zu verändern bemüht ist. Außerdem geht es jetzt bereits nicht mehr nur um materielle Armut, hier wird vielmehr auch auf Bildung gesetzt.

Obwohl die Ursprünge der Sozialfürsorge, wie die gesamte Bismarcksche Sozialgesetzgebung in Deutschland, den Sinn hatte, die „herrschenden Verhältnisse“ zu stabilisieren, kommt durch Jane Addams aus den USA bereits ein gesellschaftskritischer Blick in die Fürsorge und die berufsmäßig organisierte Soziale Arbeit kommt nicht umhin, in den ungerechten und militanten gesellschaftlichen Verhältnissen die Entstehungsbedingungen von Armut und Verelendung zu sehen.

Diese Ansätze werden auch in Deutschland von Alice Salomon übernommen. Die professionellen Wurzeln der Sozialen Arbeit in Deutschland sind eng mit ihrem Namen verbunden. Dennoch blickt die Sozialarbeit mit dem Wirken von Alice Salomon in eine ambivalente Geschichte. Einerseits hat sie die Ausbildung und Verberuflichung des Berufstandes vorangetrieben. Außerdem hat sie, mit dem Blick auf die Armut auslösenden gesellschaftlichen Rahmenbedingungen, auch die Position der Hilfebedürftigen eingenommen. Andererseits aber muss auch zur Kenntnis genommen werden, dass im Deutschland der Weimarer Republik eher von einer nicht-professionellen Entwicklung ausgegangen werden muss[31], denn von Alice Salomon wurde zwar versucht, die Einzelfallhilfe als professionelles Handlungsverfahren zu etablieren, dies sollte jedoch im Rahmen einer Sozialarbeitsauffassung geschehen, die durch das Konzept der „geistigen Mütterlichkeit“ geprägt war. Diese „geistige Mütterlichkeit“ zielte auf bürgerliche Sozialreformen und weibliche Emanzipation. Sie entsprach somit gerade einer nicht-professionellen Auffassung von Sozialarbeit[32], weil sie ihre Sozialarbeit an die Biologie der Frau mit ihren besondern weiblichen Befähigungen band. Professionelles Handeln muss aber grundsätzlich von allen Menschen erlernbar sein.

Im Nationalsozialismus wurde die Soziale Arbeit völlig gleichgeschaltet und dem Rassenwahn unterstellt, somit stand sie voll im Dienste der Nazis. Handlanger können nie Profession sein; was im Übrigen auch auf

[31] Vgl. Sachße 1984, S. 288
[32] Sachße 1985, S. 105ff.

viele Ärzte und Richter in diese Zeit zutrifft. Diejenigen, die sich nicht gleichschalten lassen wollten, mussten aus Deutschland fliehen: Die meisten von ihnen emigrierten nach Amerika[33].

Eigentlich stand die Fürsorge der 1950er Jahre zur Professionalisierung bereit, denn sie hatte mit dem Casework, der Sozialen Gruppenarbeit und der Gemeinwesenarbeit drei Handlungskonzepte aus Amerika mitgebracht, die man als starke Werkzeuge eines neuen Handlungstyps anerkennen muss. Die gesellschaftliche Situation im Nachkriegsdeutschland war allerdings noch nicht dazu geeignet, dass die Fürsorge sich bereits weiter professionalisieren konnte. Weil im Deutschland der fünfziger Jahre der autoritäre Geist des Nationalsozialismus noch nicht überwunden war, wurde die us-amerikafreundliche Sozialarbeit mit der „Reeducation" betraut. Der amerikanischen Besatzungsmacht war es daran gelegen, den durch die Nazi-Ideologie beeinflussten deutschen Bürger mit den amerikanischen Werten von Freiheit und Menschenrechten vertraut zu machen. „Reeducation" bedeutet Umerziehung vom Nazi zum Demokraten amerikanischer Prägung. Zu diesem Zwecke wurden in Deutschland Amerikahäuser gegründet und deren sozialarbeiterische Heimat befand sich im „Haus Schwalbach"[34]. Durch den gesellschaftlichen Auftrag zur Umerziehung stand auch die Soziale Arbeit in den 1950er und 1960er Jahren im Handlungsfeld der Konsensbeschaffung, denn sie hatte den Auftrag, das amerikanische Gesellschaftsmodell in der Bundesrepublik Deutschland zu fördern. Außerdem war durch die Flüchtlings- und Vertriebenenströme infolge der Kriegsniederlage viel materielle Not zu bewältigen. Trotz des „Wirtschaftswunders" gab es diese Probleme mit einer besonders hohen Wohnungsnot, infolge der Kriegszerstörungen und den anschwellenden Flüchtlingsströmen. Materielle Not in Deutschland und der Auftrag zur Reeducation verhinderten, dass das eigentlich deutlich psychoanalytisch geprägte Casework im Sinne der Therapieleis-

---

[33] Dies ist nur eine sehr knappe und oberflächliche Skizze der Fürsorge im Nationalsozialismus. Sehr ausführlich und aktuell ist: Esther Lehnert (2003): Die Beteiligung von Fürsorgerinnen an der Bildung und Umsetzung der Kategorie „minderwertig" im Nationalsozialismus. Frankfurt a.M.; Haag, Lilo (2000): Berufsbiographische Erinnerungen von Fürsorgerinnen an die Zeit des Nationalsozialismus. Universität Kassel.

[34] Das 1949 gegründete Haus Schwalbach bei Wiesbaden wurde wichtigstes Zentrum der Gruppenpädagogik und prägte die Soziale Arbeit nachhaltig. Die Philosophie der Gruppenpädagogik propagierte eine Lebensform, die per se einen demokratischen Lebensstil sowie demokratische Lernprozesse beinhaltete; Thole, Werner (2005) – Grundriss Soziale Arbeit, S. 123, Wiesbaden.

tung weiter ausbuchstabiert werden konnte. Vom Bürger wurde zudem die Sozialarbeit dieser Zeit auf Seiten des Staates gesehen, erstens weil man sich vermutlich noch an das Verhalten der Fürsorge im Nationalsozialismus erinnerte und zweitens weil die USA-geprägten Fürsorger ohnehin im Staat das Gute sahen.

Bereits Mitte der 1950er Jahre wurde in den westdeutschen Bundesländern die Bewährungshilfe eingeführt. Bewährungshelfer stehen straffällig gewordenen Menschen, deren Haftstrafe[35] vom Gericht zur Bewährung ausgesetzt worden ist, nach Paragraph § 56d StGB (Strafgesetzbuch) „helfend und betreuend zur Seite“. Bewährungshelfer überwachen die durch das Gericht ausgesprochenen Auflagen und Weisungen. Dem verurteilten Straftäter wird gleichsam das besondere Privileg zuteil, nicht inhaftiert zu werden, obwohl er in einem ordentlichen Gerichtsverfahren rechtskräftig zu einer Haftstrafe verurteilt worden ist. So gesehen hat der Bewährungshelfer einen Kontrollauftrag, mit dem er überprüfen soll, ob der Straftäter in der Lage ist, den „gesellschaftlichen Normenkonsens“ einzuhalten. Dies muss der Straftäter unter Beweis stellen, indem er den richterlichen Auflagen Folge leistet, also etwa eine Suchttherapie macht, eine Arbeit aufnimmt oder gemeinnützigen Aufgaben nachkommt. Zwar handelt der Bewährungshelfer justiznah, also zur Aufrechterhaltung des Normenkonsenses. Er hat jedoch viel mehr professionellen Spielraum als Polizei und Staatsanwaltschaft, weil er seinen Klienten[36], mit Mitteln der Sozialen Arbeit helfend zur Seite stehen soll.

In der Bewährungshilfe ist bereits seit über 50 Jahren der Kernkonflikt der Sozialen Arbeit angelegt, und ein erstes deutliches Zeichen des neuen gesellschaftlichen Handlungsbedarfes wird gerade mit dem ihr innewohnenden Antagonismus, Hilfe und Kontrolle sichtbar. Obwohl dieser Kernkonflikt das zentrale Dauerthema in der Bewährungshilfe ist, scheint es diesem zentralen Feld Sozialer Arbeit noch nicht gelungen zu sein, sich über dieses Kernmerkmal zu identifizieren und zu professionalisieren. Dies mag damit zusammenhängen, dass die dort tätigen Sozialarbeiter sich nicht in erster Linie als Sozialarbeiterinnen und Sozialarbeiter verstanden haben sondern als Bewährungshelferinnen und Bewährungshelfer. Das hat vermutlich in der Geschichte der BWH dazu geführt,

[35] Das trifft nur auf Haftstrafen zu, die nicht länger als zwei Jahre betragen. Allerdings kann eine Strafhaft auch verkürzt, und der Rest dann zur Bewährung ausgesetzt werden.

[36] Klienten werden hier als „Probanden“ bezeichnet. Das bedeutet dem Wortsinne nach eine Person, die sich einer Prüfung oder Probe unterzieht.

dass man sich eher am Bereich der Justiz orientiert hat und weniger an der Sozialen Arbeit[37]. Die Soziale Arbeit konnte hingegen nicht erkennen, dass der Antagonismus zwischen Hilfe und Kontrolle in sämtlichen Bereichen ihres Berufshandelns wirkt.

Man kann im Prozess der Verberuflichung der Sozialen Arbeit zwar einerseits erkennen, dass die Soziale Arbeit bis zur Gründung der Fachhochschulen meistens im Sinne der Stabilisierung der gesellschaftlichen Strukturen gewirkt hat. Dennoch wohnte der Fürsorge/Sozialarbeit spätestens seit den Arbeiten von Jane Addams (1889), immer auch die gesellschaftskritische Perspektive inne, die die beruflichen Fürsorger mahnten, sich mit den Armen und Randständigen auch zu solidarisieren. Obwohl die Fürsorge im Sinne der Aufrechterhaltung des gesellschaftlichen Normenkonsenses handelte, musste sie auch immer am Normenkonsens zweifeln. Dieser innere Widerspruch hat zwar immer an den Akteuren der Sozialen Arbeit genagt, es mussten aber noch Jahrzehnte vergehen, bis man diesen Widerspruch als das eigentlich Konstitutive der professionellen Sozialen Arbeit sehen konnte.

Infolge der „Achtundsechziger-Bewegung" wurde die Distanzierung von der einstigen Vorbildnation, den USA, endgültig vollzogen. Die im Vergleich zur Naziherrschaft vorbildliche US-Demokratie zeigte ihre „imperialistische Fratze"[38] im Vietnamkrieg. Die internationale Bewegung zum Ende der 1960er Jahre führte in allen westlichen Demokratien nun zur zunehmenden Überwindung einer größtenteils autoritär geprägten Kultur. In der Sozialen Arbeit führte das zu einem radikalen Schwenk. Nun war es nicht mehr das Individuum, das es zu verändern galt, damit es sich an die gesellschaftlichen Strukturen besser anpassen kann. Nun war es die Gesellschaft, die mit ihren Widersprüchen die Individuen krank, arm und hilfebedürftig machte. Fortan galt es, die Gesellschaft zu verändern, damit die Individuen sich gesund und politisch bewusst entwickeln können. Während die Soziale Arbeit sich bis dahin am psychoanalytischen Menschenbild orientierte, tritt jetzt das humanistische Menschenbild auf den Plan. Ersteres geht von der Triebgesteuertheit des Individu-

[37] Diese Hypothese kann mit der besonderen Arbeitsorganisation der BWH belegt werden. In der Arbeitsorganisation orientiert man sich eher an Richtern und Staatsanwälten. Dadurch gewinnt man das Privileg hoher Arbeitsautonomie mit freier Zeiteinteilung und ohne direktem Vorgesetzen. Die in der Sozialen Arbeit weit verbreitete Teamarbeit findet fast gar nicht statt oder oft nur rein formell.

[38] Terminologie der „Achtundsechziger".

ums aus. Die menschlichen Triebe, Arterhaltung (Sexualität) und Selbsterhaltung (Ernährung) drängen auf rücksichtslose Verwirklichung. Erst durch das begrenzende Einwirken der Umwelt werden die Triebe kultiviert und das Individuum wird gesellschaftsfähig. Das jetzt aufkommende humanistische Menschenbild ist hingegen ein Wachstumskonzept. Diesem zufolge wird der Mensch mit den grundsätzlich positiven Bestrebungen geboren, wachsen und sich entfalten zu wollen. In diesen Bestrebungen wird er aber von seiner jeweiligen Umwelt gestört und behindert, wodurch er individuelle Verhaltensstörungen, wie Neurosen, Alkoholismus, Kriminalität usw. entwickelt.

Die fundamentale Gesellschaftskritik nach 1968 und die Errichtung der Fachhochschulen ab 1971 führte in der Sozialen Arbeit zu einer neuen Sicht. Es galt, sich mit den hilfebedürftigen Individuen zu solidarisieren und in der „krankmachenden Widersprüchlichkeit der spätkapitalistischen Gesellschaftsordnung" das Problem- und Handlungsfeld zu erkennen. Während die Fürsorge bis 1968 den Individuen im gesellschaftlichen Auftrage, durch „sanfte Integrationsleistungen", die Teilhabe am „Wirtschaftswunder" ermöglichen wollte, sah man das nun anders. Jetzt ging es mehr darum, die Widersprüche dieses Gesellschaftssystems „zu entlarven" und die Individuen vor „dem System" zu schützen. Schließlich sollte so die kapitalistische Wirtschaftsordnung überwunden und der Mensch von Entfremdung befreit werden. Die autonome Jugendzentrumsbewegung beispielsweise machte den Versuch, jungen Menschen zur autonomen Selbstverwirklichung zu verhelfen, ohne staatliche Kontrolle und einem Minimum an Regeln, mit dem Ziel, eine bewusste und nicht entfremdete Persönlichkeit entwickeln zu können.

Rückblickend betrachtet kann man erkennen, dass die Soziale Arbeit vor der Gründung der Fachhochschulen mehr im Dienste der gesellschaftlichen Integration der von der Norm abweichenden Individuen stand. Mit der Einrichtung der Fachhochschulen wurde dann das gesellschaftskritische Potenzial der Sozialen Arbeit geschärft und besonders das am Einzelfall orientierte Hilfeleistungskonzept kritisiert. Das Casework wurde gleichsam auf den „Müll der Sozialarbeitsgeschichte" geworfen. Da man aber mit kritischen Gesellschaftstheorien den Menschen in ihren Einzelschicksalen nicht helfen konnten, öffnete die Soziale Arbeit sich nun für die neueren Methoden der „Humanistischen Psychologie", als Antithese zum psychoanalytischen Casework. Damit hat die Soziale Arbeit das Handlungsproblemfeld der „Konsensbeschaffung" verlassen und sich in das der „Therapieleistung“ begeben. Schließlich galt es jetzt nicht mehr, die Triebe der Individuen zu kultivieren (psychoanalytisches Menschenbild), sondern es galt fortan, die individuelle Entfaltung der Menschen zu fördern (humanistisches Menschenbild).

Wie bereits weiter oben schon angedeutet, ist dann der Versuch der Sozialen Arbeit, vom Handlungsproblemfeld Konsensbeschaffung in das Handlungsproblemfeld Therapieleistung zu wechseln, um sich darüber zu professionalisieren, nur in einem kleinen Teilbereich gelungen. Regine Gildemeister[39] ist darin Recht zu geben, wenn sie von einer missglückten Professionsdebatte redet, denn offensichtlich war und ist der gesellschaftliche Handlungsbedarf nicht in erster Linie ein therapeutischer Bedarf.

In der „gesellschaftskritischen Phase“ der Sozialen Arbeit wurde schließlich übersehen, dass die Wirkungen, die die bestehende Gesellschaftsordnung vielfach auf die Individuen hat, die Menschen bereits so nachhaltig schädigen können, dass diese Menschen sich wiederum „sozial-schädlich“ entwickeln.

Die Besucher der oben erwähnten „autonomen Jugendzentren“ waren ja andernorts der „kapitalistischen Konkurrenzgesellschaft“ in vielerlei Hinsicht unterworfen. Sei es in der Schule, dem Elternhaus oder der Berufsausbildung. Die aus diesen Bezügen mitgebrachten Konflikte verhinderten es in der Regel, dass die jungen Menschen sich im gewünschten konstruktiven und politischen Sinne in den Jugendzentren einbringen konnten. Vielmehr entstand durch den Regelminimalismus oft Kriminalität, Gewalt, politischer Radikalismus, und Drogenhandel. Leider ist es auch nur selten gelungen, die Solidarisierung unter den randständigen Menschen zu fördern, im Gegenteil, die Gewaltbereitschaft in den Milieus stieg stetig.

Für die Sozialarbeiter, die sich im Sinne der Therapieleistung ganz auf die Seiten ihrer Klientel stellen wollten, entstand jetzt ein unerträglicher Konflikt. Die Parteinahme für weite Kreise ihres Klientels führte häufig dazu, dass man in Kauf nehmen musste, dass es auch Opfer des Klientels gab, auf dessen Seite man ja eigentlich auch stand.

[39] Neuere Aspekte in der Professionalisierungsdebatte siehe: Gildemeister, Regine, in: Neue Praxis, 3/1992.

Wenn die Sozialarbeiterin der Jugendgerichtshilfe dem mehrfach durch Gewalttaten und Körperverletzungen aufgefallenen Jugendlichen Verständnis für dessen Taten vor dem Hintergrund seiner Persönlichkeitsentwicklung in einem gewalttätigen Elternhaus gab, ließ sie dabei die Opfer dieses jungen Mannes außer Acht.

Wenn der Sozialpädagoge in der Drogenstreetwork sich schützend vor seine drogenabhängige Klientin stellt, die Mutter eines dreijährigen Kindes ist, welches sie nicht mehr angemessen versorgen kann, verhindert er dadurch ein mögliches Eingreifen des Jugendamtes zum Schutze des Kindeswohls.

Wie ist es, wenn der Klient des Sozialarbeiters ein Vergewaltiger ist? Wie ist es wenn der Klient der Sozialpädagogin ein rechtsradikaler Schläger ist? Was ist mit der geschlagenen Frau aus dem Frauenhaus, die zum prügelnden Mann zurückkehren möchte? Wie geht man mit einem vierzehnjährigen Jungen um, der seine elfjährige Schwester über einen längeren Zeitraum sexuell missbraucht hat? Was macht man mit einem magersüchtigen Mädchen, welches sich in eine lebensbedrohliche Krise hungert? Was soll die Sozialarbeiterin in der Schuldnerberatungsstelle mit dem Schuldner machen, der sich nach erfolgreicher Schuldenregulierung erneut hoch verschuldet? Wie geht man mit elfjährigen Jungen um, die trotz Sanktionen ihre Mitschüler wieder und wieder drangsalieren? Was geschieht mit Schulschwänzern? Wie wirkt man auf alte Menschen im Altenheim ein, die das türkisch- oder polnischstämmige Pflegepersonal rassistisch beschimpfen? Was macht man mit dem wohnungslosen Klienten, der einen anderen Wohnungslosen bestohlen hat? Wie reagiert man auf einen pädophilen Menschen, der seine „Neigung“ als legitime Spielart der Sexualität sieht? Wie auf einen drogensüchtigen Dealer, der sich als Opfer der Gesellschaft definiert? usw. usw. Bei all diesen Fragestellungen muss eine therapeutische Position scheitern, weil sie den Therapeuten zur Parteinahme für seinen Klienten zwingt. Das heißt zwar nicht, dass der Therapeut die „Taten“ seines Klienten gutheißen muss, er muss aber die Taten vor dem Hintergrund des biographischen Einzelfalles sehen. Der Vergewaltiger eben hat auch eine einzigartige Biographie, die ihn zu dem gemacht hat, was er nun ist. Gleichgültig, ob der Therapeut nun psychoanalytisch, humanistisch oder lerntheoretisch denkt, er ist einzig und allein seinem Patienten/Klienten verpflichtet und versucht mit diesem Wege zu erarbeiten, die dazu führen sollen, dass dieser Patient nicht mehr vergewaltigen muss.

Auf dem Höhepunkt des „Psychobooms“, so etwa ab Mitte der 1980er-Jahre sieht sich die Soziale Arbeit mehr und mehr solchen Fragestellungen ausgesetzt und die therapeutische Haltung wird sowohl von der eigenen Berufsgruppe als auch von anderen Professionen zunehmend kritisiert.

Letztendlich bringt das in jener Zeit aufkommende systemische und familientherapeutische Denken auch noch keinen wirklichen Durchbruch zu einem zeitgemäßen Professionsverständnis, in welchem Therapieleistung und Konsensbeschaffung gleichbedeutend nebeneinander stehen. Zwar sehen wir in der systemisch denkenden „Sozialpädagogischen Familienhilfe“ (SpFH) jetzt einen ersten Ansatz einer Zusammenführung der widersprüchlichen Einheit sozialpädagogischer Handlungsproblemfelder. Dieser Ansatz kommt aber oft nur schleppend voran.

In der Sozialpädagogischen Familienhilfe geht es eigentlich darum, dass (familien)-therapeutisch geschulte Sozialpädagogen, in die Familien gehen und diese bei der Erziehung der Kinder unterstützen. Dabei kann es durchaus dazu kommen, dass die Sozialpädagogin die Familie bei ihren profanen Haushaltsverrichtungen unterstützt: also beim Waschen, Kochen, Bügeln mit zur Hand geht. Letzteres natürlich mit dem Ziel, einen sozialpädagogischen bzw. sozialtherapeutischen Zugang zum Familiensystem zu bekommen. Bei diesem Konzept wurden wieder Probleme aus zwei Richtungen beobachtet. Die therapeutisch gut ausgebildeten Sozialarbeiterinnen hatten Schwierigkeiten, sich auf die Ebene der „alltagspraktischen Verrichtungen“ zu begeben; also sie waren nicht bereit, im Haushalt mit anzufassen. Die weniger gut therapeutisch ausgebildeten Kollegen verharrten hingegen auf der Ebene der „alltagspraktischen Verrichtungen“, sie halfen beim Abwasch, konnten sich aber nicht in die manchmal verworrenen Gefühlswelten ihrer Klientel einfühlen. Dennoch spiegelt das Konzept der Sozialpädagogischen Familienhilfe die Perspektiven eines neuen Sozialarbeitstypus zwischen Therapieleistung und Konsensbeschaffung so erfolgreich, dass das Privatfernsehen hieraus ein Quotenprodukt kreieren konnte; „die Supernanny“[40].

[40] Die Super Nanny ist ein Coaching-Fernsehformat des Senders RTL im Charakter des Reality TV, in der eine Diplom-Pädagogin Familien in Erziehungsfragen berät.
Das Format Super Nanny stammt aus Großbritannien (dort unter dem Titel Supernanny erstmals im Juni 2004 ausgestrahlt) und wird weltweit unter verschiedenen Namen produziert. Produzent des Formates ist in Deutschland die Produktionsfirma Tresor TV. Seit der Erstausstrahlung am 19. September 2004 läuft die deutsche Version der Sendung (mit Unterbrechungen) wöchentlich, mittwochs um 20:15 Uhr.

Die Sozialpädagogische Familienhilfe trägt in Ihrem Kern ein hochprofessionelles Sozialarbeitsverständnis. Die Sozialpädagogin geht nämlich im gesellschaftlichen Auftrage in die Familie, um eine Kindeswohlgefährdung zu vermeiden. Es ist zwar ein freiwilliges Angebot und die Familie muss die Hilfeleistung beantragen. Dieser Antrag durch die Familie geschieht aber in den allermeisten Fällen auf sanften Druck des Jugendamtes hin; es wird offen oder versteckt damit gedroht, das Kind aus der Familie zu nehmen. Die Sozialpädagogin, die jetzt zum Hausbesuch in die Familie kommt, wird sich nun darum bemühen, das Vertrauen der Familienangehörigen zu erringen. Wenn das geklappt hat und die Mutter beispielsweise sich mit ihren Sorgen und Nöten der Sozialpädagogin anvertraut, ist es dieser gelungen, den gesellschaftlichen Auftrag in einen persönlichen durch die Klientin zu wandeln. Die Sozialpädagogin wechselt in diesem Falle aus dem Handlungsproblemfeld der Konsensbeschaffung in das der Therapieleistung. Hierin zeigt sich dann die Kernkompetenz professioneller Sozialer Arbeit.

In der Gleichzeitigkeit und im Wechsel zwischen Konsensbeschaffung und Therapieleistung besteht die einzigartige Kunst dieser Profession.

In der 1990er Jahren wand sich die Soziale Arbeit mit ihren Managementkonzepten wieder vermehrt den Konsensbeschaffung zu, weil das „Case Management" in erster Linie darauf zielte, den bedürftigen Menschen den Zugang zu den gesellschaftlichen Unterstützungssystemen zu ermöglichen. Später erkennt man, dass das Case Management als zentraler Hebel der Umsetzung der Hartz IV-Gesetze im Hinblick auf die Betreuung und Arbeitsintegration der ALG-II-Empfänger gesehen wird und dadurch in zwei Richtungen auf den gesellschaftlichen Normenkonsens zielt. Zum einen geht es darum, für die betroffenen Menschen die vollen Förderungsmöglichkeiten auszuschöpfen, zum anderen aber auch darum, die Betroffenen zu kontrollieren.

Im Mai 2005 erschien ein Begleitjournal, das Offizielle Super Nanny-Magazin, in einer Auflage von 200.000 Exemplaren, herausgegeben vom Panini Verlag. Es vertiefte die Thematik der Sendung und berichtete von langfristigen Erfolgen der Erziehungsintervention. Wegen geringer Verkaufszahlen wurde das Magazin bereits nach einer Ausgabe eingestellt.

Im Erleben der Sozialarbeiterinnen und Sozialarbeiter stellt sich aber immer dann ein Problem ein, wenn sie sich zu sehr auf der einen oder anderen Seite befinden. Gerade im Bereich des ALG II[41] wird ihnen aus der Arbeitsverwaltung wieder eine mehr kontrollierende und disziplinierende Funktion zugeschoben, mit der die arbeitsfähigen von den arbeitsunfähigen Hilfeempfängern unterschieden werden sollen[42]. Die Position des Kontrolleurs führt dann bei den Sozialarbeitern dazu, dass sie irgendwie die andere Seite ihres Berufes spüren, sie fühlen mit den ALG II Empfängern mit, sie nehmen eine therapeutische Perspektive ein. Die Position des Therapeuten hingegen führt bei vielen Sozialarbeitern im ALG II Bereich dazu, dass sie mitunter ärgerlich und wütend auf die Initiativelosigkeit der arbeitslosen Menschen reagieren; sie nehmen dann die gesellschaftliche Perspektive ein. Intuitiv scheinen viele Protagonisten der Sozialen Arbeit zu spüren, dass sie zwei antagonistischen Dimensionen verpflichtet sind: Individuum und Gesellschaft. Immer dann, wenn sie sich auf eine der beiden Seiten reduziert fühlen, bekommen sie diffuse Identitätsprobleme, die auch zu Burn-out-Gefühlen führen können.

> Erst dann, wenn dieser Antagonismus, Konsensbeschaffung und Therapieleistung, als unauflösbarer Wesenskern professioneller Sozialer Arbeit bewusst wahrgenommen und verinnerlicht wird, löst sich der Identitätskonflikt auf und das Burn-out-Risiko sinkt deutlich.

Das Konzept des Empowerment kommt in den späten 1990er Jahren auf. Es stellt der auf die Defizite des Klienten blickenden Perspektive eine Sozialarbeit gegenüber, welche die Potenziale, Fähigkeiten und Ressourcen der Menschen in den Blick nimmt. Im Vordergrund dieses Ansatzes steht die Stärkung noch vorhandener Fähigkeiten und die Ermutigung der Menschen, diese Möglichkeiten und Kompetenzen auszubauen. Empowerment im sozialpädagogischen Handlungsfeld versucht also, Menschen bei der Wiedergewinnung ihrer Entscheidungs- und Wahlfreiheit, zu unterstützen und sie zur Weiterentwicklung zu motivieren. Damit soll die Autonomie der Hilfebedürftigen gestärkt werden. Soweit es sich um die Arbeit mit alten Menschen, Menschen mit Behinderungen und psy-

[41] Harz IV in der Alltagssprache.
[42] Das erinnert stark an das Elberfelder Modell, ca. 140 Jahre zuvor.

chisch Erkrankten handelt, kann Empowerment bis zu einem höchst möglichen Maß an Autonomie führen und die Betroffenen immer wieder motivieren, über erlebte und selbst gesetzte Grenzen hinauszugehen. Hier greifen die Konzepte des „Betreuten Wohnen" besonders, weil es gelingt, durch ein geringes Maß an Förderung, die autonome Lebensgestaltung der Menschen zu bewahren oder wieder zu erlangen.

Im Empowerment liegt das Augenmerk oft auch auf der Teilhabe von Einzelnen oder bestimmten Zielgruppen an der Gestaltung des individuellen oder öffentlichen Lebens. Es ist im Hinblick auf bestimmte Personenkreise (z.B. Menschen mit geistiger Behinderung, psychisch Kranke) unerlässlich, auch auf der institutionellen sowie auf der sozialpolitischen Ebene zu arbeiten. Es geht hierbei vorrangig um die Schaffung demokratischer Strukturen und den Abbau von Hierarchien in den Institutionen (Wohnheime für Menschen mit geistiger oder psychischer Behinderung usw.), und darüber hinaus um die Schaffung von Möglichkeiten zur Mitgestaltung und Einflussnahme auf politischer Ebene. Professionelle Sozialarbeit stellt sich hierbei als koordinierende und vermittelnde Unterstützung in Zusammenwirkung mit den Betroffenen dar[43].

Im Case Management und Empowerment-Konzept kann man jetzt zwei sanft antagonistische Modelle erkennen, die beide auf eine Autonomiesteigerung der Menschen zielen. Während das Case-Management eine abgemilderte Konsensbeschaffung darstellt, in welcher die Sozialarbeiter sich genötigt sehen, die therapeutische Perspektive einzunehmen, verhält es sich im Empowerment genau umgekehrt. Hier erkennen wir eine milde therapeutische Dimension, in welcher die Professionellen sich mitunter veranlasst sehen, die Perspektive der Konsensbeschaffung einzunehmen.

Die exemplarischen Praxisfelder sind beim Case-Management die Sozialpädagogische Familienhilfe, die im gesellschaftlichen Auftrage handelt um das Kindeswohl zu schützen. Diesem gesellschaftlichen Auftrag kann die Sozialpädagogin am besten nachkommen, wenn die Familie ihr einen persönlichen Auftrag erteilt. So wechselt die Sozialpädagogin idealer Weise von der Konsensbeschaffung in die Therapieleistung.

Beim Empowerment ist das umgekehrt. Der Sozialarbeiter im „Betreuten Wohnen" verhilft dem Klienten zur Wahrung seiner Autonomie und fördert dessen Ressourcen. Dies gelingt besser, wenn der Professionelle

[43] Theunissen, Georg (2008): Empowerment und Inklusion behinderter Menschen. Freiburg i.Br., S. 63ff.

gleichzeitig auf die Rahmenbedingungen seines Klienten einwirkt, indem er z.B. Nachbarschaft und Behörden aktiviert. So wechselt in diesem Falle der Sozialarbeiter von der Therapieleistung in die Konsensbeschaffung.

Wenn es gelingt, dass in der zukünftigen Entwicklung der Profession das gleichzeitige Wirken des Grundwiderspruchs zwischen Hilfe für das Individuum und Hilfe für die Gesellschaft als unüberwindbares Wesensmerkmal der Sozialen Arbeit erkannt und verinnerlicht wird, kann ein entscheidender Schritt im Professionalisierungsprozess der Sozialen Arbeit gegangen werden.

Die Gleichzeitigkeit von Therapieleistung und Konsensbeschaffung im Habitus der Sozialarbeiterin macht sie zu einer Professionellen, welche beginnt, den Status der „bescheidenen Profession“ zu verlassen. Jegliches professionelle soziale Wirken baut sich nun darauf auf.

6.3 Mandat und Lizenz

Professionelle benötigen für ihr Handeln eine Lizenz und ein Mandat. Wir haben ja bereits erfahren, dass es der Sozialen Arbeit gelungen ist, von der Gesellschaft ein Hochschulstudium abzuhandeln. Ein Abschluss in diesem Hochschulstudium stellt in der Sozialen Arbeit, genau wie bei anderen Professionen, so etwas wie die Eintrittskarte in die Welt der Sozialarbeiter dar. Mit dieser Eintrittskarte erhalten die Hochschulabsolventen eine Lizenz, die es ihnen ermöglicht, grundsätzlich sozialarbeiterisch tätig zu werden. Studierende der Sozialen Arbeit besitzen bereits eine „Nachwuchslizenz“. Bei der Nennung des Status „Studentin der Sozialpädagogik“, wird ihnen in den Institutionen in der Regel bereitwillig ein Praktikumsplatz zur Verfügung gestellt.

Professionelle benötigen für ihr Handeln also eine Lizenz und ein Mandat. Beim Arzt gestaltet sich dieses Verhältnis relativ einfach: Die Lizenz erhält er durch seine Ausbildung und seine Approbation. Bei den Sozialarbeitern ist das ähnlich. Mit dem Diplom, der staatlichen Anerkennung und der Anstellung erhalten Sozialarbeiterinnen und Sozialpädagoginnen die Lizenz, in einem bestimmten Bereich sozialarbeiterisch zu handeln.

Mit dem Mandat ist es etwas schwieriger. Der Patient erteilt dem Arzt das Mandat, in einem bestimmten, begrenzten Ausschnitt für ihn zu handeln (also seine Bauchschmerzen zu behandeln). Wer aber erteilt dem Sozialarbeiter sein Mandat. Kommt der suchtkranke oder psychisch kranke Mensch tatsächlich in die Beratungsstelle und erteilt dem Sozialarbeiter das Mandat, in einem begrenzten Bereich für ihn tätig zu werden? Während der Therapiewelle in der Sozialen Arbeit hat man so gedacht. Man hat nur diejenigen behandelt, die aufgrund ihres Leidensdruckes den Professionellen ein Mandat gegeben haben. Die anderen hatten noch nicht genügend Leidensdruck. Die Praxis der letzten 30 Jahre hat uns jedoch gezeigt, dass der motivierte suchtkranke Klient eher der Ausnahmefall ist.

In der heutigen Sozialarbeit werden häufig die Begriffe Dienstleitung und Kunde verwendet. Wenn wir uns fragen, wer ist der Kunde der Sozialarbeit eigentlich, müssen wir auch die Frage danach stellen, wer die Leistungen des Sozialarbeiters bezahlt. So können wir bald feststellen, dass in den meisten Fällen die Leistungen nicht vom Klienten selbst bezahlt werden, so wie es der Patient in der Arztpraxis über seine Krankenversicherung tut, sondern es gibt in der Regel zunächst staatlich geförderte Programme, die meistens gesetzlich abgesichert sind (SGB; vormals BSHG, KJHG usw.). In diesen Fällen würde dann also der Staat als Kunde gelten, der dem Sozialarbeiter ein Mandat erteilt, denn er bezahlt ja die Leistungen. Tatsächlich kann man genau dieses Mandantenverhältnis in der Praxis der Suchtkrankenhilfe gut nachvollziehen. Der gesamte niederschwellige Bereich wird als nachgehende Arbeit bezeichnet. Sozialarbeiter als Streetworker oder in den Beratungsstellen haben den Auftrag, Kontakt zu suchtgefährdeten und suchtkranken Menschen herzustellen. Sie werden dafür von der Gesellschaft bezahlt; nicht vom suchtkranken Menschen selbst. Folglich ist „die Gesellschaft" der Kunde. Dieser Kunde beauftragt nun die Berufsgruppe der Sozialarbeiter damit, eine Beziehung zu denjenigen Menschen herzustellen, die oftmals selbst nicht mehr in der Lage sind, um Hilfe nachzusuchen. Sozialarbeiterinnen und Sozialpädagogen machen also den potenziellen Klienten von sich aus ein Beziehungsangebot, im Auftrage der Gesellschaft bzw. der gesellschaftlichen Institutionen und stellen so einen Kontakt zu den jeweiligen Zielgruppen her. Das können Drogenabhängige sein, aber auch sämtliche anderen Zielgruppen Sozialer Arbeit, von Kindern bis zu Alten, auf dem Abenteuerspielplatz genauso wie bei psychisch kranken Menschen in deren Kontakt- und Begegnungsstätten.

> Die besondere professionelle Kompetenz der Sozialarbeiter besteht nun darin, dieses gesellschaftliche Mandat in ein persönliches Mandat durch den Klienten zu wandeln.

Dies nannte man in der Vergangenheit „Motivationsarbeit“.

Wenn dies glückt, ändert sich in manchen Fällen auch die Finanzierungsgrundlage von den Sozialhilfeträgern zu den Renten- oder Krankenversicherern. In den Beratungsstellen findet man also ein gesellschaftliches Mandat im Bereich der gesamten niederschwelligen und nachgehenden Arbeit sowie in der allgemeinen Beratungsarbeit bis zur Therapievermittlung. Bei den sozialpsychiatrischen Diensten ist dies noch deutlicher, sie suchen die als psychisch auffällig gemeldeten Mitbürger in deren Wohnungen auf und bieten ihnen dort ihre Hilfeleistungen an. Die Sozialpsychiatrischen Dienste kritisierten lange Jahre die „Komm-Struktur“ der Suchtberatung. Die Menschen mit Suchtproblemen mussten nämlich zunächst in eine Beratungsstelle kommen, damit man ihnen Hilfe zuteil werden lassen konnte. Die sozialpsychiatrischen Einrichtungen hatten mit ihrer Kritik an dieser „Komm Struktur“ der Suchtkrankenhilfe recht, denn nur der weitaus geringere Teil der Betroffenen kam damals in eigener Initiative in die Suchtberatungsstellen. Diejenigen Menschen, die nicht in der Lage waren, einen Hilfewunsch zu artikulieren, wurden von den hochschwellig arbeitenden Beratungsstellen nicht erreicht, kritisierten die sozialpsychiatrischen Dienste. Bei vielen Suchtberatungsstellen hat dadurch ein Umdenken stattgefunden und es wurden Konzepte von nachgehender und aufsuchender Sozialer Arbeit entwickelt. Heute haben sich die Suchtberatungsstellen vielfach verändert und sich zum einen den Arbeitsstil angeeignet, wie er in den sozialpsychiatrischen Diensten gepflegt wird; sie gehen gezielt auf suchtkranke Menschen zu und betreuen diese auch in ihren Wohnungen. Zum anderen haben sie die hochschwellige Arbeit weiterentwickelt und bieten hier ambulante Rehabilitation an. Letzteres gelingt aber erst dann, wenn sich die Sozialarbeiterinnen im Suchtbereich das Mandat zur „Therapieleistung“ beim Klienten „erworben“ haben.

Das persönliche Mandat erhält die Sozialarbeiterin dann, wenn es ihr gelungen ist, ihren Klienten in das Programm „ambulante Reha“ überzuleiten und eine konkrete Einzelfallfinanzierung zu erreichen. Natürlich versucht auch der Streetworker auf der „Platte“ bereits ein persönliches Mandat zu erringen, was auch in vielen Fällen gelingt.

> Die besondere professionelle Kompetenz der Sozialarbeiter liegt folglich in ihrer Fähigkeit, Klienten dazu zu bewegen, sich auf eine persönliche Beziehung zu ihnen einzulassen, obwohl zunächst nur ein gesellschaftliches Mandat bestand.

So wirkt auch hier Konsensbeschaffung und Therapieleistung zusammen, indem Sozialarbeiter im Sinne des gesellschaftlichen Normenkonsenses gleichsam um einen Therapieauftrag durch ihre Klientel werben. Ein eindeutiges persönliches Mandat ist erst gegeben, wenn sich der Klient in eine ambulante Psychotherapie bei einem niedergelassenen Psychotherapeuten begibt. In der Suchthilfe und der Psychiatrie schwingt überall noch das gesellschaftliche Mandat mit, folglich findet in diesen beiden Bereichen grundsätzlich ein Arbeiten im Spannungsfeld zwischen Konsensbeschaffung und Therapieleistung statt.

Als Modell für das schwierige Mandatsverhältnis der Sozialen Arbeit kann uns gut die Bewährungshilfe dienen. Die Bewährungshelferin erhält ihr Mandat von einer Richterin, welche in einem Strafverfahren für einen konkreten Straftäter eine Haftstrafe zur Bewährung ausgesetzt hat. Dadurch zwingt sie den Straftäter gleichsam dazu, eine Beziehung zur Bewährungshelferin ein zu gehen. Meistens verhält es sich so, dass die Bewährungshelferin von der Richterin eine Akte des Straftäters erhält, mit der Anweisung, diesen Straftäter zum Probanden[44] zu machen. Die Bewährungshelferin lädt den Straftäter daraufhin zu sich ein, was vom Straftäter in der Regel als Vorladung verstanden wird. Nun obliegt es der professionellen Geschicklichkeit der Bewährungshelferin aus dem Zwangs- und Kontrollverhältnis ein Vertrauens- und Hilfeleistungsverhältnis zu machen. Auch wenn der Proband der Bewährungshelferin dieses nun annimmt und ihr sein persönliches Mandat erteilt, bleibt das Kontrollverhältnis innerhalb der Bewährungshilfe bestehen. Die Bewährungshelferin ist der Richterin weiterhin auskunftspflichtig und es bleibt ihrem Geschick überlassen, wie sie die Intimdaten ihres Klienten (Probanden) schützt. Diese Loyalitätsproblematik tritt nicht in allen Feldern der Sozialen Arbeit so krass auf. In manchen Feldern des Suchtbereiches besitzt die Soziale Arbeit bereits ein Zeugnisverweigerungsrecht; die Schweigepflicht ist ohnehin selbstverständlich.

[44] Die Klienten der Bewährungshilfe werden als Probanden bezeichnet. Sie befinden sich auf Probe, unter Kontrolle der Bewährungshilfe, in Freiheit.

Grundsätzlich müssen wir aber davon ausgehen, dass in den allermeisten Fällen die Sozialarbeiterinnen zunächst im gesellschaftlichen Auftrage handeln; sie erhalten ein gesellschaftliches Mandat aus dem Handlungsproblemfeld der Konsensbeschaffung. Dieses gesellschaftliche Mandat gilt es nun im Interaktionsprozess mit dem Adressaten (Klient, Kunde, Mandant usw.) in ein persönliches Mandat durch diesen umzuwandeln. Es ist folglich in der Sozialen Arbeit völlig normal, dass die Klientin zunächst Vorbehalte gegenüber der Sozialpädagogin hat. Die Sozialpädagogin, der diese Vorbehalte bewusst sind, wird sich nun darum bemühen, diese Vorbehalte abzubauen und ein Vertrauensverhältnis aufzubauen. Soziale Arbeit ist also immer darum bemüht, eine Beziehung zu denjenigen Menschen herzustellen, die diese Beziehung zunächst nicht wünschen. Wenn es gelingt, diese Beziehung herzustellen, fühlt sich die Sozialpädagogin dann auch ihrer Klientin verpflichtet und stellt die persönlichen Angaben unter der Schutz ihrer Schweigepflicht, welche idealer Weise zu einem Zeugnisverweigerungsrecht ausgebaut werden sollte, wie es den stolzen Professionen zu eigen ist.

Während die Soziale Arbeit nur in den selteneren Fällen ein Mandat direkt von ihren Adressaten erhält, ist dies bei Ärzten und Psychotherapeuten anders. Diese stolzen Professionen gehen selbstverständlich davon aus, dass ihnen der zukünftige Patient aus freien Stücken ein Mandat erteilt. Die Patienten nehmen sogar die Unbequemlichkeit einer langen Wartezeit in oftmals überfüllten Wartezimmern in Kauf. Wie ist das zu verstehen? Dies kann man nur vor dem Hintergrund der sogenannten Leidensdrucktheorie nachvollziehen. Der Leidensdruck, also die Schmerzen zum Beispiel, die eine Krankheit verursacht, veranlassen den kranken Menschen, die Unbequemlichkeit des Wartezimmers in Kauf zu nehmen, in der Hoffnung, dann durch die Behandlung des Arztes von seinen Schmerzen (Leidensdruck) befreit zu werden.

Nun leidet die Klientel der Sozialen Arbeit ebenfalls unter ihren Problemen. Man findet aber nur selten volle Wartezimmer bei Sozialarbeiterinnen, in Drogenberatungsstellen oder anderen sozialen Einrichtungen. Bei den psychosozialen Problemen führt der Leidensdruck offensichtlich nicht dazu, dass sie sich in die Hände der Sozialpädagoginnen geben, damit diese sie von ihrem Leiden befreien. Die Klientel der Sozialen Arbeit bevorzugt ganz offensichtlich andere Wege zur Leidensdruckregulierung, und der Leidensdruck führt nur in seltenen Fällen dazu, dass diese Menschen um Hilfe bei Sozialpädagoginnen nachsuchen. Sie regulieren den Leidensdruck anders.

Der Drogen- oder Alkoholkonsum ist bei den meisten Menschen mit Suchtproblemen eine Art Selbstheilungsversuch. Sie benötigen zunächst keine professionelle Hilfe, denn Sie haben ja ihre Droge[45], mit der sie meinen, ihr Leiden mindern zu können. Suchtmittelkonsum stellt aus dieser Sicht dann immer einen missglückten Selbstheilungsversuch dar. Dieser „Selbstheilungsversuch" endet dann meistens im Teufelskreis einer eskalierenden Abhängigkeitsentwicklung. Diesen Teufelskreis versucht die Soziale Arbeit, im gesellschaftlichen Auftrage, zu unterbrechen, indem sie aktiv auf diejenigen Menschen zugeht, deren Leidensdruck diese nicht dazu veranlasst, professionelle Hilfe von sich aus einzufordern.

Dieses Modell kann man auf die meisten Felder Sozialer Arbeit übertragen. Nur in sehr wenigen Bereichen Sozialer Arbeit führt ein Leidensdruck beim Klienten dazu, dass dieser den Sozialarbeiter um Hilfe bittet. Deshalb werden Sozialpädagogen und Sozialarbeiterinnen im gesellschaftlichen Auftrag aktiv und versuchen ein Mandat von den Menschen zu erringen, von denen sie meinen, dass diese ihre Hilfe benötigen könnten.

6.3.1 Kritik am Begriff des „Doppelten Mandates"

Der Begriff „Doppeltes Mandat" wird in der Sozialen Arbeit schon immer heftig strapaziert. Dieses Doppelmandat bedeutet, dass die Sozialarbeiter und Sozialpädagogen durch die eine Seite ihres Mandats ihrer Klientel verbunden sind; die andere Seite ihres Mandats aber bindet sie letztendlich an die Staatsgewalt. So gesehen dient die Soziale Arbeit zwei Auftraggebern gleichzeitig: Individuum und Gesellschaft. Individuum und Gesellschaft stehen aber oft in einem Spannungsverhältnis, wie es uns diejenigen Individuen so schön veranschaulichen können, die durch die Gesellschaft sanktioniert werden und beispielsweise im Gefängnis sitzen. Eine Gefängnisstrafe ist für das Individuum der härteste Eingriff der Gesellschaft. So kommt der Begriff des „Doppelten Mandates" in der Sozialarbeit im Gefängnis besonders prägnant Bedeutung, wie nachfolgendes Zitat zu den Aufgaben der Sozialen Arbeit in der Justizvollzugsanstalt Düsseldorf veranschaulicht:

[45] Die meisten Drogen sind hochpotente Schmerzmittel, z.B. Morphium.

„Der soziale Dienst der Justizvollzugsanstalt Düsseldorf hat sein Aufgabenprofil auf der Basis seines beruflichen Selbstverständnisses entwickelt. Er erhält seinen Auftrag durch die Institution und durch das Klientel (doppeltes Mandat institutioneller Sozialarbeit/Sozialpädagogik). Das breite Aufgabenspektrum ist in Teilbereichen spezialisiert (soziales Training, Suchtberatung, Haftvermeidung). In Kooperation mit anderen sozialen Einrichtungen werden zudem Projekte (Entlassungs-/Familienprojekt) angeboten.“[46]

In diesem Zitat wird die ungenaue Skizzierung des Doppelmandates deutlich. Es erweckt den Eindruck, als würden sich beide Dimensionen, Institution und Klient, gleichzeitig des Sozialpädagogen bedienen und der Sozialpädagoge würde zweier gleichberechtigter Interessen folgen müssen, wodurch er in Konflikte geraten könne. Die angesprochenen Methoden, *„soziales Training, Suchtberatung und Haftvermeidung“* sprechen zudem auch die beiden Dimensionen Individuum und Gesellschaft an. Schließlich geht es im Sozialen Training ja darum, dass das Individuum befähigt wird, seine individuellen Bedürfnisse im Einklang mit seiner sozialen Umwelt zu realisieren.

Beim genaueren Hinschauen jedoch können wir erkennen, dass der Sozialdienst im Gefängnis von der Justiz zur Verfügung gestellt und bezahlt wird. Kunde ist also zunächst die Gesellschaft, hier in Form der Institution Justizvollzugsanstalt (JVA). Folglich muss man davon ausgehen, dass die Sozialarbeiterinnen im Gefängnis zunächst ihr Mandat vom Gefängnis, also letztlich dem Staat, erhalten. Nun scheint man von Auftraggeberseite (Gefängnis) bereits zu wissen, dass die Soziale Arbeit über ein eigenes *„berufliches Selbstverständnis“* verfügt, mit dem es ihr gelingen kann, auch einen *„Auftrag . . . durch die Klientel“* zu erhalten. So gesehen ist also der Begriff „Doppeltes Mandat“ irreführend, weil beide Mandate nicht gleichzeitig bestehen. Vielmehr erhält die Sozialarbeit von der Institution den Auftrag, ein persönliches Mandat von der Klientel zu erringen. Dadurch aber, dass die Vereinfachung „Doppeltes Mandat“ vorgenommen wird, kann nicht erkannt werden, welch anspruchsvolle Leistung von den Professionellen verlangt wird, die aus einem Zwangsverhältnis eine persönlich vertrauensvolle Beziehung gestalten sollen. Außerdem kann die Handhabung des tieferen Loyalitätskonfliktes nicht reflektiert werden, der dadurch gekennzeichnet ist, dass sich der strafgefangene Mensch möglicherweise mit sehr intimen, persönlichen und

[46] www.jva-duesseldorf.nrw.de/aufgaben/betubeh/sozial/aufgaben/intro.htm

manchmal sogar strafrechtlich belastenden Daten der Sozialpädagogin anvertraut.

6.3.2 Soziale Arbeit im Zwangskontext[47]

In jüngster Zeit (2009) setzt man sich in der Sozialen Arbeit vermehrt mit den Fragestellungen auseinander, die sich hinsichtlich der Folgen der skizzierten Mandatsproblematik ergeben. Im Jahre 2008 wurde eine Diplomarbeit mit dem Thema „Beratung im Zwangskontext" eingereicht[48]. Dabei erscheint der Zwangskontext oder eine Pflichtklientenschaft zunächst als eine Sonderform der Sozialen Arbeit, die auf Menschen mit Bewährungsauflagen zielt oder Gefängnisinsassen meint[49]. Gerade aber im Justizvollzug kann man gut beobachten, dass es den Sozialarbeiterinnen hier, trotz des Zwangskontextes, meistens gelingt, eine Vertrauensposition bei vielen inhaftierten Menschen zu erreichen. Aus der Pflichtklientenschaft wird dann eine vertrauensvolle Sozialarbeiter-Klient-Beziehung. Offensichtlich besitzen die Professionellen Fähigkeiten, dieses Zwangsverhältnis zu wandeln.

Sozialarbeiter hegen meistens den Wunsch, Menschen bei Änderungen ihrer schwierigen Lebensumstände helfen zu wollen. Dies sollte idealerweise auf der Basis von freiwilliger Annahme der Hilfe erfolgen. Noch besser wäre es, wenn die Betroffenen ausdrücklich das Veränderungsziel formulieren könnten. Bei vielen Sozialpädagoginnen und Sozialarbeitern ist die Vorstellung verbreitet, dass sich Klienten und ihre Lebenssituation nur ändern, wenn sie dies auch wirklich anstreben und dazu motiviert sind. Auch der professionelle Helfer wünscht sich dann eine gewisse Wertschätzung und Dankbarkeit für seine Bemühungen. Im Gegensatz dazu steht allerdings eine größere Zahl an Feldern der Sozialen Arbeit, in denen mit Klienten gearbeitet wird, die diese Hilfe gar nicht wollen und sich gegen jegliche Mitarbeit wehren. Dies ist besonders gut im Suchtbereich zu beobachten, denn die Droge wird ja von den Betroffenen als Hilfsmittel verstanden[50].

---

47 Kähler, Harro (2005): Soziale Arbeit in Zwangskontexten. München.

48 Dröge, Alexandra (2008): Beratung im Zwangskontext. Dipl.-Arbeit Bochum.

49 Gumpinger, Marianne (2001): Soziale Arbeit mit unfreiwilligen Klientinnen. Linz

50 Suchtkranke Menschen benutzen Drogen/Alkohol nicht zum Lustgewinn sondern zur Heilung von unerträglichen Spannungszuständen. Der Sozialarbeiter hält sie also eher davon ab das „Heilmittel" zu nehmen, folglich begibt man sich nicht freiwillig in dessen Hände.

Bei der Analyse der allermeisten Felder und Fälle konnte ich feststellen, dass nicht der Hilfe suchende und motivierte Mensch die Regel darstellt und der Zwangskontext die Ausnahme, sondern umgekehrt: Die Regel ist der Mensch, der nicht freiwillig zum Sozialarbeiter kommt und diesen um Hilfe bittet. Es ist der nicht motivierte Mensch, der bestenfalls auf äußeren Druck um Hilfe bittet.

> Hilfe suchende und motivierte Klienten sind die Ausnahme, die unterschiedlichsten Zwangsverhältnisse sind die Regel.

Es stellen sich also grundsätzlich folgende Fragen:

- *Wie kann jemandem geholfen werden, der keinerlei Interesse an Hilfe hat?*
- *Was kann man mit Klientel im Wohlfahrts- oder Justizsystem tun, die zu einer Änderung nicht motiviert ist?*
- *Wie kann man jemanden beraten, der nicht einmal bemerkt hat, dass er ein Problem hat?*
- *Wie arbeitet man mit Menschen, deren Wertvorstellungen komplett unterschiedlich von denen der Helferin sind?*
- *Wie kann man jemandem gleichzeitig bei der Lösung der Probleme helfen und Macht über diese Person ausüben?*

Irgendwie scheint aber die Berufsgruppe der Sozialarbeit/Sozialpädagogik über Kompetenzen zu verfügen, diese schwierigen Fragen zu lösen. Leider ist diese Problematik den allermeisten Akteuren Sozialer Arbeit so nicht bewusst. Dies führt immer wieder dazu, dass sie in ihren wohlmeinenden Hilfebemühungen scheitern.

Grundsätzlich muss also gesagt werden, dass die Klientel der Sozialen Arbeit nur in Ausnahmefällen freiwillig die Hilfeleistung sucht. Die Regel ist, dass die Leistungen der Sozialen Arbeit zunächst nicht freiwillig angenommen werden. Es liegt im Geschick der professionellen Sozialarbeiterin aus dem Zwangsverhältnis ein Freiwilligkeitsverhältnis zu machen.

6.4 Die Autonomie der Lebenspraxis

Grundsätzlich geht die bestehende Gesellschaftsordnung davon aus, dass die Menschen selbstbestimmt handeln und ihre Angelegenheiten autonom entscheiden. Diese Autonomie der Lebenspraxis hat sich in den vergangen Jahrzehnten in unserer Gesellschaft mehr und mehr entwickelt. Frauen und Männer sind in dieser Hinsicht völlig gleichgestellt und jungen Menschen steht diese Autonomie bereits ab dem 18. Lebensjahr zu.

Professionen sind gehalten, diese Autonomie der Menschen in der freiheitlich demokratischen Gesellschaftsordnung zu beachten und sie durch ihr Handeln nicht einzuschränken.

Erst dann, wenn ein Mensch eine Lebensaufgabe nicht mehr autonom bewältigen kann, sucht er um professionelle Hilfe nach, für genau den Bereich, dessen Bewältigung ihm nicht mehr gelingt. Grundsätzlich geht der Arzt also davon aus, dass die Menschen „kleine Wehwehchen“ autonom bewältigen können und erst dann um seine professionelle Hilfe nachsuchen, wenn die autonomen Bewältigungsfähigkeiten nicht mehr ausreichen. Die leichten Erkältungsbeschwerden werden vom betroffenen Menschen also zunächst mit Hausmittelchen und verschreibungsfreien Medikamenten versucht, selbst zu beheben. Erst dann, wenn sich herausstellt, dass der Kamillentee und die heiße Zitrone nicht mehr helfen, das Fieber zu senken, wird der Arzt aufgesucht. Der Mensch mit den Erkältungssymptomen kommt also an die Grenze seiner autonomen Lebensbewältigungsfähigkeiten, er sucht um professionelle Hilfe durch den Arzt nach. In diesem kleinen Bereich ihres Lebens gibt die erkältete Person nun einen Teil ihrer Autonomie an den professionellen Experten ab. Da, wo der Patient sich nicht mehr selbst helfen kann, hilft der Arzt. Indem der Arzt ein Antibiotikum zur Erkältungsbehandlung verordnet, greift er in die Autonomie seines Patienten ein. Er greift aber nur in diesem kleinen Teilbereich ein; die übrige Lebensgestaltung obliegt weiterhin dem Patienten. Das professionelle Handeln findet folglich nur in dem Bereich statt, für den der Arzt einen Auftrag hat und das sind in unserem Beispiel die Erkältungsbeschwerden. Es wäre unprofessionell, wenn der Arzt unaufgefordert nach anderen Problemen fragen würde wie Fußpilz, Sexualleben oder Magenbeschwerden. Wenn diese Symptome allerdings mit den Erkältungsbeschwerden zusammenhängen, müsste er das mit dem Patienten aushandeln und einen Auftrag für eine weitere „Autonomiebeschneidung“ einholen.

Für die Soziale Arbeit ist es etwas schwieriger, dieser Logik zu folgen, da sie ja zunächst meistens keinen eindeutigen Auftrag durch ihre Adressaten hat. Auch wenn die Schuldnerberaterin ausschließlich den Auftrag erhält, den Klienten in einer bestimmten Schuldenregulierungsangelegenheit zu unterstützen, wird sie in den allermeisten Fällen feststellen müssen, dass die Schuldensituation größere Bereiche der Lebensgestaltung des Schuldners betrifft. Die Sozialarbeiterin greift dann nicht nur in die Autonomie des Klienten ein, indem sie lediglich konkrete Schuldenregulierungspläne mit ihm entwirft, sondern sie reflektiert möglicherweise auch das gesamte Konsumverhalten des Schuldners und sogar darüber hinaus, das Leben dessen ganzer Familie. Um dieses Eingreifen in die gesamte Lebenswelt der Adressaten abzumildern, hat sich bei den Akteuren der Sozialen Arbeit eine Haltung habitualisiert, die dadurch gekennzeichnet ist, dass man den hilfesuchenden Menschen nach Möglichkeit nur versteht, unterstützt und informiert, nicht aber für ihn handelt. Um die Autonomie des Schuldners nicht unnötig zu beschneiden, füllt die Sozialarbeiterin also nicht dessen Formulare aus, schreibt keine Briefe für ihn und erledigt auch keine Amtsgänge für den Schuldner. Nein, sie versteht, unterstützt, fördert und informiert ihn im Idealfalle lediglich, das konkrete Handeln überlässt sie nach Möglichkeit weitestgehend dem Klienten selbst.

Da die Soziale Arbeit die gesamte Lebensgestaltung ihrer Adressaten im Blick hat, unterliegt sie ständig der Gefahr, in die autonome Lebenspraxis ihrer Klientel einzugreifen. Um das zu verhindern, ist die Soziale Arbeit auf den oben skizzierten Habitus angewiesen, der von dem Grundprinzip abgeleitet ist, möglichst nicht für die Menschen zu handeln, sondern deren Autonomie zu stärken, indem man sie befähigt sich selbst zu helfen. Hilfe zur Selbsthilfe zielt so gesehen auf den Erhalt der autonomen Lebenspraxis.

Als sehr gutes Beispiel für diese professionelle Haltung kann das Betreuungsrecht[51] gesehen werden. Das Gesetz zu rechtlichen Betreuung wurde in Deutschland zu 1. Januar 1992 geschaffen. Es löst das bis dahin bestehende Vormundschaftsrecht ab, welches die „Entmündigung“ vorsah und

[51] Unter Betreuung wird die rechtliche Vertretung verstanden und nicht eine Sozial- oder Gesundheitsbetreuung. Die rechtliche Betreuung ist an die Stelle der früheren Vormundschaft über Volljährige und der Gebrechlichkeitspflegschaft getreten und geht über sie deutlich hinaus. Sie ist im Wesentlichen in den §§ 1896ff. des Bürgerlichen Gesetzbuchs (BGB) geregelt.

damit die vollständige Autonomiebeschneidung für manche Menschen. Das gesetzgeberische Ziel der Reform war Betreuung statt Entmündigung, um den Betroffenen Hilfestellung zu einem freien und ***selbstbestimmten*** Leben zu leisten. Das Grundrecht auf Selbstbestimmung ergibt sich aus Artikel 2 Absatz 1 des Grundgesetzes. Die Betreuung dient nicht zur ***Erziehung*** oder dazu, gesellschaftliche ***Wertmaßstäbe*** durchzusetzen.

Damit hat der Gesetzgeber die „Autonomie der Lebenspraxis" als hohes Rechtsgut definiert. Den Menschen, die ihre Geschäfte nicht mehr selbst regeln können, sich nicht mehr um ihre Gesundheit kümmern können oder auch ihren Wohnraum nicht mehr allein bewirtschaften können, wird ein Betreuer zur Seite gestellt, dessen Aufgabe es ist, im Sinne seines Klienten, dessen autonome Willensentscheidung zu ermitteln und umzusetzen. Den professionellen Sozialpädagoginnen kommt in diesem Felde die schwierige Aufgabe zu, Personen, die in ihrer autonomen Lebensgestaltung eingeschränkt sind, dazu zu verhelfen, ihre Autonomie zu wahren. Dabei handelt es sich meistens um Menschen mit einer Altersdemenz, einer psychiatrischen Erkrankung oder einer Suchterkrankung. Diese Personen sind grundsätzlich frei in ihrer Lebensgestaltung. Die Sozialpädagogin als gesetzliche Betreuerin ist gehalten, ihre Klienten dabei zu unterstützen, deren freien Willen, im Einklang mit der sie umgebenden Welt zu realisieren.

Das Postulat der Autonomie der Lebenspraxis zieht sich durch alle Felder der Sozialen Arbeit und ist von den professionellen Akteuren besonders sorgfältig zu reflektieren, weil ja die Soziale Arbeit die gesamte Lebenswelt der Menschen zum Gegenstand hat und dadurch besonders gefährdet ist, autonomiebeschneidend zu handeln.

Sozialarbeiterinnen und Sozialarbeiter reflektieren diesen berufsimmanenten Konflikt in sämtlichen Bereichen ihrer Praxis. Selbst im Kindergarten überlassen sie Konfliktregelungen der Kleinen untereinander möglichst lange deren autonomen Fähigkeiten. Erst dann, wenn die autonome Konfliktregelungsfähigkeiten der Kinder an ihre Grenzen geraten, greifen sie autonomiebeschränkend ein, indem sie verhindern, dass die Kinder sich prügeln.

Bezogen auf das schwierige Mandatsverhältnis in der Sozialen Arbeit kann man nun auch erkennen, dass die Sozialarbeiterinnen und Sozialpädagogen bei ihrer potenziellen Klientel beständig darum werben, dass diese doch einen Teil ihrer Autonomie ihnen anvertrauen mögen. Dies gelingt umso besser, je qualifizierter die Akteure der Sozialen Arbeit ihren Adressaten nahe bringen können, dass sie alles in ihrer Macht stehende zu tun gedenken, um deren Autonomie zu wahren.

6.5 Die Professionsautonomie

Der Autonomie der Lebenspraxis steht die Autonomie der Profession gegenüber. Den stolzen Professionen ist es gelungen, einen völlig autonomen Handlungsbereich zu etablieren, in den ihnen keine außenstehende Macht hereinreden kann. Was richtiges ärztliches Handeln ist, können nur Ärzte beurteilen, ebenso können nur Juristen eine Aussage über das richtige juristische Handeln machen. Zur Absicherung dieser Autonomie haben diese Professionen sich mächtige Institutionen gegeben, die einen internen Kontrollmechanismus ausbilden, der bis zu einer eigenen Standesgerichtsbarkeit geht. Diese Institutionen heißen beispielsweise Ärztekammer oder Anwaltskammer. Die Kammern kontrollieren ihre Mitglieder und verhindern dadurch gleichzeitig, dass die Professionsmitglieder von äußeren Instanzen kontrolliert werden. Um Mitglied in einer solchen Kammer zu werden, muss man die entsprechende „Eintrittskarte“ erworben haben. Diese erwirbt man in der Regel mit einer akademischen Ausbildung und den darauf folgenden Praxisnachweisen, die beim Arztberuf mit der Approbation belegt werden und bei den Juristen mit zwei Staatsexamen. Den ***Kammern*** ist es sogar gelungen, eine Pflichtmitgliedschaft für alle durchzusetzen, die sich Arzt oder Rechtsanwalt nennen wollen. Sie vergeben Berufszulassungen und können diese bei Fehlverhalten auch wieder entziehen und Strafen erteilen. Die Kammern nehmen Einfluss auf die Ausbildung und die dazugehörigen Prüfungsrichtlinien. Außerdem legen sie Zugangsvoraussetzungen für bestimmte spezialisierte Positionen fest (z.B. Facharzt, Fachanwalt u.Ä.). Außerdem können die Kammern eine Gebührenordnung erstellen.

Diese institutionalisierte Professionsautonomie ist in der Sozialen Arbeit bisher nur schwach ausgeprägt. Der Berufsverband[52] ist trotz vergangener Vereinheitlichung bis heute relativ machtlos geblieben. Eine eigene Gerichtsbarkeit liegt in völliger Ferne. Dennoch scheint es so, als gäbe es einen starken gesellschaftlichen Bedarf nach einer sozialpädagogischen

[52] BSH = Deutscher Berufsverband für Soziale Arbeit und Heilpädagogik (www.dbsh.de)

Berufsautonomie, weil die stolzen Professionen zunehmend auf Informationen aus der Lebenswelt der Menschen angewiesen sind, über die sie zu Gericht sitzen oder die sie behandeln sollen. Der Richter kann aus seiner juristische Fachperspektive immer weniger aus der Lebenswelt der Angeklagten verstehen, besonders dann, wenn es sich dabei um Jugendliche handelt, deren Verurteilung immer auch nach pädagogischen Grundsätzen erfolgen muss. Hier werden Sozialarbeiterinnen benötigt, die ihre eigene fachliche Sicht in das Gerichtsverfahren einbringen. Professionsautonomie würde in diesem Falle bedeuten, dass die Sozialarbeiterin ausschließlich aus ihrer eigenen sozialarbeiterischen Perspektive urteilt und keine Rücksicht auf eine juristische Perspektive nimmt. Formulierungen wie: *„aus sozialarbeiterischer Sicht stellt sich der Fall folgendermaßen dar ...“*, sind noch selten zu finden. Aber genau diese Formulierungen werden von den stolzen Professionen benötigt, um aus eigener Professionsautonomie entscheiden zu können, ob der sozialarbeiterischen Sicht gefolgt wird oder nicht. So könnte dann der sozialarbeiterischen Professionsautonomie die juristische gegenüberstehen. Wenn die Richterin nun die sozialarbeiterische Sicht verwirft und aus anderen rechtlichen Erwägungen ihr Urteil spricht, so ist das nicht mehr die Sache der Sozialen Arbeit; die Sozialarbeiterin bleibt dennoch bei ihrer fachlichen Sicht, die sie ausschließlich aus ihrem eigenen professionellen Horizont gewonnen hat.

Da es in der Sozialen Arbeit noch keine Institutionen gibt, die diese Professionsautonomie stützen, ist sie auf andere fachliche Selbstvergewisserungsverfahren angewiesen. Dafür hat die Soziale Arbeit dann das Instrument der Supervision entwickelt. Die Supervision zielt darauf ab, dass die professionellen Akteure sich untereinander über ihr berufliches Handeln austauschen und so die fachlichen Entscheidungen absichern. Die Berufskammern der stolzen Professionen haben oftmals mächtige Berufsordnungen entwickelt, an denen sich ihre professionellen Praktiker ausrichten können. Die Soziale Arbeit hat sich mit Teambesprechungen und Supervision demgegenüber ein viel weniger formalisiertes Selbstvergewisserungsinstrument geschaffen, welches in vielen Fällen die Professionsautonomie auf eine viel konkretere und weniger formale Weise stützen könnte, wenn das von allen Berufsangehörigen so akzeptiert werden würde. Während die Kammermitgliedschaft bei Ärzten und Anwälten Pflicht ist, ist die Teilnahme an Supervision und Teambesprechungen in das Belieben der Akteure Sozialer Arbeit gestellt. Dadurch entwickelt sich die Professionsautonomie in der Sozialen Arbeit nur schleppend und das berufliche Selbstbewusstsein von Sozialarbeitern und Sozialpädagoginnen bleibt gering; eben eine „bescheidene Profession".

6.6 Der Problemlösungstypus

Professionelles Handeln geschieht auf der Grundlage wissenschaftlicher Theorien. Theorien stellen immer Abstraktionen und Verallgemeinerungen der vielfältigen Lebenswirklichkeiten dar. Eine Theorie ist ein vereinfachtes Bild eines Ausschnitts der Realität, der mit diesem Bild beschrieben und erklärt werden soll. Theorien verallgemeinern folglich und unterliegen dadurch einem Zug zur Standardisierung.

Professionelles Handeln geschieht aber auch in der Wirklichkeit, der alltäglichen Lebenspraxis höchst unterschiedlicher Individuen und Gesellschaftsstrukturen.

Professionelles Handeln ist somit zweier gegenläufiger Dimensionen verpflichtet. In diesem Handeln trifft dass Allgemeine der Theorie auf das Besondere der Praxis. Dies bezeichnen wir in der Sozialen Arbeit als *„Theorie-Praxis-Konflikt"*.

Der Theorie-Praxis-Konflikt ist dadurch gekennzeichnet, dass die verallgemeinerte Theorie die konkrete Praxis nie genau beschreiben kann, sondern lediglich abstrakt. Das verführt die „gestandenen Praktiker" manchmal dazu, die Theorien zu verwerfen, weil es ihnen schwer fällt, sich darin wieder zu finden. Die Theorie jedoch erlaubt es dem professionellen Praktiker, das konkrete Leiden seines Klienten zu verallgemeinern und somit Distanz zu erlangen. Hätten die Sozialarbeiter und Sozialpädagogen keine Theorie, müssten sie ja auf ihre subjektiven Lebenserfahrungen zurückgreifen, um die Probleme der Praxis verstehen zu können. Das würde aber zu zwei weiteren Problemen führen. Zum ersten kann niemand die völlig unterschiedlichen Lebenswelten der Adressaten aus eigener Anschauung erlebt haben und zum anderen müsste man stets die Schicksalsschläge, welche die Klientel zu bewältigen haben, persönlich nachvollziehen. Dieses Konzept würde in der praktischen Umsetzung einerseits dazu führen, dass die Fachleute mit Vorurteilen auf ihre Klientel zugehen und andererseits dazu, dass deren Schicksalsschläge sie nur noch betroffen machen. Theoriearme Sozialpädagogen und Sozialarbeiter verhelfen sich dann oft damit, indem sie versuchen, die Probleme möglichst sachlich, ohne Ansehen der Person zu erledigen. Damit verlassen sie aber die Professionalität und werden bürokratisch. Dies wird damit begründet, dass man ja nicht alle Probleme an sich herankommen lassen kann.

Im professionellen Handeln demgegenüber ist die Sozialarbeiterin in der Lage, die schweren Schicksalsprobleme ihrer Klientel zur erfassen und mit zu fühlen, weil sie sich mittels theoretischer Kategorien wieder vom konkreten Einzelschicksal distanzieren kann. Die sich daraus entfaltende Kompetenz nennen wir *„Nähe-Distanz-Regulierung"*.

Die Nähe-Distanz-Regulierung bildet den Kern des besonderen professionellen Problemlösungstypus. Nähe wird durch *Empathie* erzeugt, Distanz wird mittels *Theorie* hergestellt. Durch diese Art und Weise Probleme anzugehen, wird immer die Einzigartigkeit und die Autonomie eines jeden Menschen berücksichtigt; die Professionelle versetzt sich mit ihrem einfühlenden Verstehen (= Empathie) in die Lage ihres Adressaten und entfernt sich wieder von diesem dadurch, dass sie dessen einzigartige Lebensgeschichte mit Hilfe ihrer Theorie abstrahiert. Man kann soweit gehen, zu behaupten, dass eine tiefe und differenzierte Theoriekompetenz des Professionellen diesem erst die wirkliche Fähigkeit verleiht, dem Klienten nahe zu kommen. Professionelle Nähe ist also nur durch Distanz möglich. Wirklich verstehen kann die Sozialpädagogin ihren Klienten nur vor dem Hintergrund einer ausgefeilten Theorie.

Ärzte kommen ihren Patienten sehr nahe, sogar bis zu den Geschlechtsteilen, in Körperöffnungen oder in Lebensbedrohlichkeiten. Sie regulieren diese Nähe, indem sie die erlebten Phänomene theoretisieren, also sie mit diagnostischen Bezeichnungen belegen. Die Diagnose ist bereits die Verallgemeinerung eines Einzelschicksals. Jeder Patient erlebt seine Hämorriden einzigartig und sie bilden sich bei jedem anders aus. Dennoch abstrahiert der Arzt diese Erkrankung unter der allgemeinen Diagnose und distanziert sich dadurch vom Einzelnen. Ebenso ist es völlig selbstverständlich, dass ein heterosexueller Arzt sich mit weiblichen Geschlechtsorganen beschäftigen können muss, ohne dabei selbst erregt zu werden, selbst dann nicht, wenn er die Patientin attraktiv findet. Der Anblick des weiblichen Schambereichs wird mittels medizinischer Begriffe dann abstrahiert. Vor dem inneren Auge des Arztes entsteht dadurch gleichsam eine schematische Zeichnung aus einem Medizinlehrbuch und nicht die einzigartige Schönheit des erblickten Frauenkörpers.

Genauso einzigartig sind die Probleme der Sozialarbeitsklientel; sie sind aber noch erheblich vielschichtiger. Jeder drogenabhängige Mensch hat sein Einzelschicksal zu bewältigen, vor dem Hintergrund seiner einzigartigen Biographie und seiner individuellen gegenwärtigen Lebensrealität. So gesehen liegt jeder Fall anders und ist in keiner Weise standardisierbar. Dennoch gibt es brauchbare Theorien zur Drogenabhängigkeit, die es den Professionellen leichter machen diese Menschen zu verstehen und sich auch von diesen Menschen zu distanzieren. Wenn der Drogenberater (aus dem Lehrbuch) weiß, dass der Sucht ein permanenter Beschaffungsdruck innewohnt, so muss er grundsätzlich damit rechnen, dass sein drogenabhängiger Klient ihn auch bestehlen könnte. Vor seinem inneren Auge entsteht idealerweise eine schematische Skizze, die den Kreislauf und die Zwangsläufigkeit von Sucht, Beschaffungsdruck und Kriminalität darstellt. Die Kenntnis der Gefahr, von Drogenabhängigen bestohlen zu werden, entstammt dieser Skizze. Diese verallgemeinerte Theorie der Abhängigkeit rückt dann den Diebstahl in die Nähe eines Krankheitssymptoms. Ähnlich wie der Arzt sich vor Ansteckungen durch Krankheitserreger mancher Patienten schützt, müsste sich die Sozialpädagogin auch vor dem Diebstahl durch ihre suchtkranke Klientin schützen. Da es sich um eine theoretisch gewonnene Erkenntnis handelt, muss das aber nicht bei jedem Drogenabhängigen so sein. Die Suchttheorie verhilft zum einen der Sozialpädagogin sich zu schützen, sie hilft aber auch der Klientin, nicht moralisch verurteilt zu werden.

Im professionellen Problemlösungstypus stehen sich das Besondere des Einzelfalles und das Allgemeine der Theorie unauflösbar gegenüber. In der konkreten Interaktion mit dem einzelnen Menschen handelt die Sozialpädagogin intuitiv und situationsbezogen. Diese situationsbezogene Intuition ist jedoch in wissenschaftlichem Wissen verankert. Je tiefer das wissenschaftliche Wissen in der Person der Professionellen verinnerlicht (= habitualisiert) ist, umso besser funktioniert die Intuition. Dennoch kann es zu Fehlern kommen. Diese sind aber grundsätzlich nicht auszuschließen, weil in der Lebenspraxis die Intuition immer der rationalen Begründung vorausgeht. Das intuitive Handeln in der professionellen Praxis muss aber im Nachhinein begründet und überprüft werden können. In den Fallbesprechungen und der Supervision wird dann diese intuitive Professionalität auf Fehler hin überprüft.

Professionelle Soziale Arbeit ist folglich nicht standardisierbar, sie ist aber theoretisch abstrahierbar. Professionelle handeln intuitiv und sind dadurch fehleranfällig. Der sozialarbeiterisch Problemlösungstypus besteht aus der widersprüchlichen Gleichzeitigkeit von Empathie und Theorie.

6.6.1 Der Zwang zur aktiven Gestaltung der Berufsrolle

Grundsätzlich sind alle Professionellen, gleich welcher Couleur, dazu aufgerufen, ihre Berufsrolle aus eigener Fachkompetenz zu gestalten. Das führt manchmal zu Problemen mit anderen Berufsgruppen, wovon viele Krankenschwestern ein Lied singen können. Jeder neue Stationsarzt „macht sein Ding". Er gestaltet sein ärztliches Handeln allein aus seinem speziellen beruflichen Auftrag als Arzt, so wie er ihn verstanden hat. Das Pflegepersonal ist dann oft verzweifelt, weil der neue Arzt, der oftmals nicht über die Abläufe auf der Station Bescheid weiß[53], einfach so handelt, wie er aus seiner ärztlicher Sich meint, handeln zu müssen. Aus dieser Sicht wäre es völlig unprofessionell, sich den Rat bei den Krankenschwestern und Krankenpflegern einzuholen. Dies führt natürlich zu mannigfaltigen Konflikten auf den Stationen, besonders in psychiatrischen Krankenhäusern, wo ja das Pflegepersonal für den Alltagsablauf auf den Stationen Verantwortung trägt und prinzipiell alle Berufsgruppen zur vertrauensvollen Teamarbeit aufgerufen sind. Gerade in Bereichen, in denen Teamarbeit gefordert ist, gerät die stolze Profession an ihre Grenzen, weil sie in ihrer aktiven Gestaltung der Berufsrolle noch nicht zur Interdisziplinarität fähig ist.

Die neue Sozialarbeiterin auf der gleichen Station, auf der dieser neue Arzt gerade für Unruhe gesorgt hat, versteht sich ebenfalls als Professionelle und unterliegt dem „Zwang zur aktiven Gestaltung ihrer Berufsrolle". Ebenso wie der Arzt die Krankenschwestern nicht danach befragt, wie das angemessene ärztliche Handeln auf dieser Station zu geschehen habe, erwartet die Sozialarbeiterin auch nicht, dass ihr Ärzte, Krankenschwestern oder Psychologen sagen, wie sie ihr berufliches Handeln umsetzen soll. Auch wenn sie noch nie in einem Krankenhaus tätig war, ist sie dazu aufgerufen, einen eigenen professionellen Zugang zur Berufsausübung unter den vorgefundenen Bedingungen zu finden. Sie vergewissert sich ausschließlich bei den Kolleginnen und Kollegen des eigenen Berufsstandes. Im Gegensatz zum Arzt jedoch, ist die Sozialarbeite-

---

[53] „Der hat keine Ahnung und macht hier Sachen, die wir längst aufgegeben haben". Zitat einer langjährigen Krankenschwester die mit ständig wechselnden Ärzten auf ihrer Station konfrontiert ist. Das ständige Wechseln der Ärzte kommt durch das „Rotationsprinzip" innerhalb der Facharztausbildung zustande und führt dazu, dass die Ärzte oftmals nur ein Jahr auf einer Station arbeiten.

rin „als Trendsetterin der Interdisziplinarität“[54] befähigt, ihr sozialarbeiterisches Handeln in der Teamarbeit mit den anderen Professionen und Berufen aus zu handeln.

Die Professionsautonomie führt also dazu, dass die Professionellen dazu aufgerufen sind, ihre Berufsrolle selbst zu inszenieren[55]. In Berufsfeldern, in denen es noch keine Sozialarbeit gibt, kommt die Professionelle nicht umhin, zu bestimmen, was hier Sozialarbeit ist.

Als im Jahre 1960 die erste Sozialarbeiterin in einer Psychiatrischen Klinik eingestellt wurde, war es dem ärztlichen Direktor dieses Hauses daran gelegen, eine „idealistisch gesonnene Akademikerin“ zu gewinnen. Unter diesem Etikett musste sich die damalige Berufsanfängerin nun selbst inszenieren. Sie fragte nicht den ärztlichen Direktor, wie er sich denn ihre Arbeit vorstelle, sondern sie fragte ihre Berufskollegen im Berufsverband, wie Fürsorge/Sozialarbeit denn unter den dort vorgefundenen Bedingungen verwirklicht werden könne. Dadurch gewann sie eine berufsimmanente Vorstellung von Sozialer Arbeit in der Psychiatrie, die unabhängig war von Vorgaben anderer Professionen oder gar Behörden.

Selbst dort, wo die Sozialarbeit/Sozialpädagogik die dominierende Berufsgruppe ist, sind die Berufskollegen dazu aufgerufen „Ihre Sozialpädagogik“ vor dem Hintergrund der eigenen Professionalität zu verwirklichen.

Als im Jahre 2008 ein sehr erfolgreicher Verein für ambulante und stationäre Jugendhilfe[56] eine neue Sozialpädagogin einstellt, entscheidet man sich für eine junge Frau, die sich gerade in einer gestalttherapeutischen Weiterbildung befindet. Diese sieht sich jetzt dazu veranlasst, sich mit ihrer speziellen Fachkompetenz in diesem Team einzubringen und handelt dies aus. Sie hat eine Vorstellung davon, wie gestalttherapeutische Sozialpädagogik in der Jugendhilfe funktionieren kann.

Kurz und gut: Professionelle wissen durch ihre Berufsautonomie wie sie zu handeln haben und stimmen das mit den jeweiligen Organisationen und Teams, in denen sie tätig werden ab. Über das richtige fachliche Handeln können ausschließlich Angehörigen der eigenen Berufsgruppe Auskünfte geben, niemals die Organisation oder andere Professionen. Diesen

[54] Schütze 1992, S. 163 ff.

[55] Gildemeister 1992.

[56] Ambulant = Sozpäd. Familienhilfe, Erziehungsbeistandschaft, Intensive Einzelbetreuung, betreutes Wohnen u. Stationär = Heimerziehung.

Spielraum hat selbst die Bewährungshilfe, die ja organisatorisch sehr justiznah arbeitet. Bewährungshelfer werden jedoch nur formal-fachlich von einem Richter kontrolliert, niemals inhaltlich. Leider hat die Bewährungshilfe diesen inhaltlichen Spielraum meiner Einschätzung nach, nicht genügend zum professionellen Autonomiegewinn genutzt. Letzteres führt heute vielfach zu Versuchen, die Berufsrolle des Bewährungshelfers behördlich zu definieren.

6.7 Der höhersymbolische Sinnbezirk

Professionen besitzen eigene Symbole, mit denen sie sich nach außen und innen zu erkennen geben. Es handelt sich um eine eigene Welt, die wir als Fachwelt bezeichnen und in der sich die Professionellen mit speziellen Zeichen begegnen. Die Zeichen sind einem Berufskodex[57] entnommen, an dem sich die Angehörigen der jeweiligen Profession orientieren.

Die äußeren Zeichen der Profession bestehen aus der Berufskleidung und der Architektur. Die stolzen Professionen zeigen das einerseits durch Robe, Talar und Arztkittel und andererseits durch Gerichtsgebäude, Kirchen und Krankenhäuser. Mit diesen äußeren Zeichen zeigen diese Professionen ihre Grenzen auf, sowie ihren besonderen Machtanspruch, was man sehr gut an den Kirchenbauten und den Gerichtsgebäuden erkennen kann. Da, wo die stolzen Professionen in die Nähe ihrer Paradigmengrenzen geraten, mildern sie diese äußeren Zeichen mehr und mehr ab. Neuere Kirchenbauten sind weniger Ehrfurcht einflößend, Krankenhäuser versucht man heute in ihrer Architektur menschlicher zu gestalten. Letzteres ist besonders gut an Psychiatrieneubauten abzulesen. Während die alte Anstaltspsychiatrie („Irrenhäuser") nach außen hin oftmals klosterähnlich, martialisch und garnisonhaft wirkte, umweht die Psychiatrieneubauten gleichsam eine familiäre Atmosphäre in kleinen Einheiten mit Geborgenheitscharakter[58]. Außerdem zieht der Arzt in der Psychiatrie und der Kinderheilkunde oft seinen Kittel aus; in der Drogentherapie kommt es mitunter sogar vor, dass Arzt und Patient sich duzen. In ihren

[57] Der internationale Berufskodex der Sozialen Arbeit befindet sich im Anhang zu diesem Buch.

[58] Siehe Psychiatrie in Herten/Westf.: http://www.psychiatrie-herten.de/ – auf „virtuellen Rundgang" klicken.

traditionellen Kernbereich jedoch bestehen die Professionellen meistens auf eine förmliche Anrede mit Titel, wie „Herr Doktor“, beispielsweise.

Bedeutsamer aber noch ist die innere Symbolwelt. Diese besteht aus sämtlichen Berufsregeln und den theoretisch-wissenschaftlichen Grundlagen. Die inneren Symbole werden dann mittels Fachsprache nach außen gebracht. Diese Fachsprache ist für die Laienwelt nur sehr schwer nachvollziehbar, die Fachwelt jedoch entwickelt daraus eine Kommunikationskultur und zwingt ihren Professionsnachwuchs gleichsam dazu, sich diese Sprache anzueignen, „um mitreden zu können“. Alle stolzen Professionen haben sich bisher hauptsächlich lateinischer Begriffe bedient. Damit erreichten sie zweierlei: die „Eintrittskarte“ in die professionelle Welt konnte nur von den Menschen erworben werden, die diese (tote) Sprache beherrschten, und der Laienwelt, also denjenigen die diese (tote) Sprache nicht beherrschten, blieb die professionelle Sonderwelt verschlossen.

Da jedoch die gesellschaftliche Entwicklung, auf der freiheitlich demokratischen Grundlage, den emanzipierten, mündigen Bürger hervorbrachte, gerieten die stolzen Professionen mit ihrer Fachsprache zusehends an ihre Grenzen. Um den mündigen Bürgern die Sonderwelten der Professionen zugänglich zu machen, wurden diese in den letzten vierzig Jahren beständig dazu aufgefordert, ihr „Fachchinesisch“ aufzugeben, und mit ihren Patienten oder Mandanten allgemein verständliche Gespräche zu führen. Oftmals gelingt dies jedoch nicht, wodurch sich die professionelle Soziale Arbeit hier aufgefordert sieht, „Übersetzungsdienste“ zu leisten.

Die professionelle Soziale Arbeit hingegen besitzt nur einen schwach ausgeprägten „höhersymbolischen“ Sinnbezirk. Es gibt aber dennoch deutliche Hinweise auf ein Professionalisierungspotenzial dieser Berufsgruppe. Zwar gibt es keine stattlich Gebäude, so wie sie die stolzen Professionen vorzeigen können. Es scheint aber weitgehend unstrittig, dass Sozialarbeiterinnen und Sozialpädagogen ein eigenes Büro benötigen, in dem sie ihrer Klientel entsprechend ihrer besonderen Berufsethik begegnen können. Da die spezielle berufliche Ausrichtung der Sozialen Arbeit dahin tendiert, die Schranken zum Klienten möglichst niedrig zu erhalten, begegnet der professionelle Sozialpädagoge seinen Adressaten nicht vom Schreibtisch aus. Er richtet sein Büro so ein, dass es dem Klienten möglich wird, ihm auf „Augenhöhe“ zu begegnen. Deshalb finden wir in vielen Büros der Sozialen Arbeit neben dem Schreibtisch eine Sitzecke, mit der die Besucher zu persönlicher Kommunikation eingeladen werden. Auch mit ihrer Kleidung symbolisieren die Sozialarbeiterinnen mehr Nähe als Distanz zu ihrer Klientel. Berufskleidung ist unbekannt. Die Zivilkleidung wird so gewählt, dass sie dem äußeren Erscheinungsbild ihrer Klientel nicht all zu fremd erscheint. Sozialpädagoginnen im Kostüm sind ebenso ungewöhnlich wie Sozialarbeiter mit Schlips und Kragen. Letzteren Typus findet man gelegentlich noch in der Bewährungshilfe, was der Tatsache geschuldet zu sein scheint, dass die älteren Kollegen sich hier eher dem Justizapparat zugehörig fühlen.

Durch ihre stark abgemilderten äußeren Symbole versucht die Soziale Arbeit, die Schranken zu ihrer Klientel niedrig zu halten. Dennoch handelt sich die Soziale Arbeit hiermit aber auch Probleme ein. In den Behörden und Ämtern ist ein Trend zu erkennen, sich mit seiner Berufsbezeichnung nicht kenntlich zu machen. Wir finden auf Jugendämtern, wie auch in vielen anderen Bereichen der Sozialen Arbeit, selten die Berufsbezeichnung der Kollegen an den Türschildern. Oftmals finden wir nur Türschilder mit der Aufschrift: *„Herr Knoll – Jugendamt“* vor. Dies kann dann aber als Deprofessionalisierung verstanden werden, weil die bürokratische Amtsbezeichnung über die professionelle Bezeichnung dominiert. Ähnlich wie ein Arzt sich nach außen stets als „Dr. med.“ tituliert, stellt sich der professionelle Sozialarbeiter mit dem Türschild, *„Herr Knoll – Dipl. Sozialarbeiter“*[59] dar. In der Wahl seiner Bekleidung würde der Sozialpädagoge sich der Kumpanei verdächtig machen, wenn er genau die gleiche Kleidung wählen würde, welche auch die Zielgruppe bevorzugt (z.B. Rockerkluft, Hip-Hop-Outfit, Berberjacke oder sonstige Szene-Bekleidung). Daher wählen Sozialpädagogen nur ähnliche Kleidungssymbole nicht gleiche.

Die innere Symbolwelt ist in der Sozialen Arbeit ebenfalls nur schwach ausgeprägt. Während die stolzen Professionen über eine Fachsprache auf der Basis mächtiger Theoriegebäude verfügen, sind die Symbole der Theoriewelt in der Sozialen Arbeit noch blass. Zwar gibt es viele Fachfloskeln und Abkürzungssysteme, die nur von Sozialarbeitern verstanden werden, dennoch basiert diese Sprache auf einer noch recht schwachen eigenen Theoriewelt der sozialarbeiterischen Denkart. Viele Abkürzungen entstammen der juristischen Welt, wie z.B. KJHG, SGB, PsychKG usw. Andere Begriffe sind mehr philosophisch oder psychoanalytisch ab-

[59] Oder später Sozialarbeiter (BA).

geleitet, wie z.B. Empathie, Borderline oder Übertragung. Erst im Zusammenfallen von juristischen und psychoanalytischen Wörtern entsteht der spezielle sozialarbeiterische Sprachstil, der auf einen eigenen höhersymbolischen Sinnbezirk verweist. *Im „Doppelten Mandat" fallen dann „PsychKG und Borderline" zusammen.* Diese Terminologie ist dann tatsächlich ausschließlich von den professionellen Akteuren der Sozialen Arbeit zu verstehen.

Wegen dieses schwach ausgeprägten „höhersymbolischen Sinnbezirk" hat sich die Soziale Arbeit das Reflexionsinstrument der Supervision gegeben. Hier entwickeln die beteiligten Profis dann eine gemeinsame Sprache, zu den konkret vorgestellten Einzelfällen aus der alltäglichen Berufspraxis. Im Laufe gelingender Supervisionsprozesse entsteht dann idealer Weise so etwas wie eine gemeinsame „Fachphilosophie", die sich auf das jeweilige Praxisfeld bezieht.

Ein eigener und abgegrenzter „höhersymbolischer Sinnbezirk" ist für die Professionen von hoher identitätsbildender Bedeutung. Da dieser Sinnbezirk in der Sozialen Arbeit aber noch schwach und heterogen ist, bleibt den Professionellen hier nur der Rückgriff auf die Supervision, um hierdurch ihre innere Symbolwelt zu stabilisieren. Die äußere Symbolwelt hingegen wird nur zurückhaltend markiert, um den Zugang zu den Adressaten zu erleichtern[60].

6.8 Die immanenten Angemessenheitskriterien

Professionelle gestalten ihr berufliches Handeln aus berufsimmanenten Konzepten und Vorgehensweisen. Sie sind dazu aufgefordert, ihre Berufsrolle autonom zu gestalten und bedienen sich dazu aus ihrem „höhersymbolischen Sinnbezirk". Immanente Angemessenheitskriterien werden nur von dort abgeleitet. Regeln und Vorgehensweisen anderer Berufe haben zwar kooperative und kommunikative Funktionen, sind aber nicht handlungsleitend.

Die Schulsozialarbeiterin kooperiert zwar mit den Lehrerinnen an ihrer Schule, entscheidet aber immer selbst über das angemessene sozialpädagogische Vorgehen.

[60] Siehe hierzu auch das Kapitel „Mandat und Lizenz".

Weil die Soziale Arbeit aber bereits in ihrem Hochschulstudium von anderen Disziplinen bestimmt wird und die Kerndisziplin „Soziale Arbeit" bestenfalls ein Fach unter Vielen darstellt, finden die Novizen der Sozialen Arbeit nur sehr schwer zu den „immanenten Angemessenheitskriterien" der Profession. Deshalb erleben Berufsanfänger zunächst häufig einen „Praxisschock", den sie erst mit Hilfe von Supervision oder Fortbildung zu bewältigen lernen.

In der Supervision tauschen sich die Fachleute fallbezogen aus und handeln dabei in der Regel die Angemessenheitskriterien ihrer Profession miteinander aus. Da der „höhersymbolische Sinnbezirk" der Sozialen Arbeit noch so schwach ausgeprägt ist, benötigen ihre Akteure die Supervision als Selbstvergewisserungsinstrument, durch welches sie Gewissheit über die Angemessenheitskriterien Sozialer Arbeit erlangen.

6.9 Die Paradoxien professionellen Handelns

Die aktuelle Professionstheorie ist hauptsächlich durch die Auseinandersetzung mit den „Paradoxien professionellen Handelns", wie sie von Fritz Schütze[61] beschrieben wurden, zu neuem Glanz gelangt. Unter „Paradoxien professionellen Handelns" versteht er „immanente Problemkonstellationen", die sich aus der Interaktion zwischen dem Professionellem und den Klienten automatisch ergeben. Diese Widersprüche sind nicht aufhebbar, sie müssen aber im praktischen Handeln wieder und wieder bewältigt werden. Es geht hier um die Widersprüche, die im Zusammenhang der helfenden Berufe im Allgemeinen und der Sozialen Arbeit im Besonderen auftreten. Es geht besonders um die Gegensätze zwischen Rationalität und Emotionalität, zwischen systematischem Fachwissen und Dienstethos, zwischen Distanz und Nähe und zwischen Verdienst und Dienst.

Bei der ersten Professionalisierungsdiskussion innerhalb der Sozialarbeit ging es zunächst um die Problematik der Entmündigung und Bevormundung der Klienten durch professionelle Helfer. Dies wurde oft lediglich als das Problem mangelnder Selbstkontrolle der Sozialarbeiterinnen angesehen. Deshalb entstand eine Diskussion, welche die Deprofessionalisierung als einzigen Ausweg sah und zu einer berufsethische Forderung

[61] Vgl. Schütze/Fritz 1992.

führte, die in der absoluten Selbstlosigkeit der Sozialpädagogik gipfelte. Das führte in der extremsten Ausprägung dazu, dass Sozialpädagogen mit ihren Klienten in enger Lebensgemeinschaft leben sollten[62]. In den milderen Varianten sahen sich die Sozialarbeiter und Sozialpädagoginnen immer wieder dazu aufgerufen, Probleme und Konflikte im beruflichen Handeln zuvorderst in ihrer eigenen Person zu sehen.

Wenn man die strukturellen Paradoxien beruflicher Sozialarbeit nicht untersucht, gelangt man leicht zu der Einschätzung, dass die Berufskonflikte in der Sozialen Arbeit hauptsächlich von den individuellen Problemen und Kompetenzdefiziten der handelnden Sozialarbeiterinnen ausgehen. Erst dann, wenn man die strukturellen Probleme in der Berufsausübung in den Blick nimmt, erkennt man, dass viele Probleme im sozialarbeiterischen Handeln nicht aus der Unfähigkeit der Akteure entstehen, sondern aus den strukturellen Paradoxien, die sich zwangsläufig aus dem professionellen Handeln ergeben.

Nachfolgend werden einige Paradoxien beispielhaft dargestellt. Es ergeben sich allerdings beständig neue Paradoxien. Wilfried Ferchhoff[63] beschreibt vier Paradoxien:

Der Widerspruch zwischen persönlichem Engagement und bezahltem Beruf

Voraussetzung für eine berufliche Sozialarbeit ist einerseits die Distanz und der Abstand zu den alltäglichen, allgemein menschlichen Qualifikationen und der spontanen Mitmenschlichkeit, um wissenschaftlich begründete und problemlösungswirksame professionelle Qualifikationen zu entwickeln. Andererseits aber muss die Sozialarbeit, um überhaupt wirksam werden zu können, eine nicht-distanzierte, authentische, nichtprofessionelle Vertrauensbasis zu ihrer Klientel herstellen können. Diese vertrauensvolle Kooperationsbasis zwischen Sozialarbeiterin und Klient ist nicht nur durch die Professionalisierung gefährdet, vielmehr erhält die Hilfeleistung dadurch eine qualitative Veränderung. Die Professionali-

---

[62] Einige dieser Einrichtungen bestehen heute noch, meist auf der Grundlage religiöser oder weltanschaulicher Überzeugungen. Für die Klientel wirken diese Einrichtungen oftmals segensreich (Landkommunen, Wohn- und Lebensgemeinschaften, Familiengruppen). Auf breiter Front konnte diese Sozialarbeit sich aber nie durchsetzen.

[63] Vgl. Ferchhoff 1989, S. 115.

sierung verwandelt nämlich Hilfstätigkeiten, die ursprünglich vom sozialen Netzwerk, also von Familie, Freunden, Nachbarschaft u.Ä. geleistet wurden, in eine bezahlte Dienstleistung. Wenn man demnach bei einem Berufs-, Renten-, Familien- oder Erziehungsberater Hilfe einholt, muss man von einer Dienstleistung durch diesen sprechen, denn er macht aus einem *Dienst* seinen *Verdienst*. Letzteres steht aber im Widerspruch zur ethischen Forderung der Sozialarbeiterschaft, die mit aufrichtiger Achtung den Menschen annehmen will, indem sie eine emotional warme und wertschätzende Beziehung herzustellen trachtet.

Für die emotionale Wärme, welche die Sozialpädagogin den Kindern im Kindergarten entgegenbringt, wird sie bezahlt. Wenn sie also ein Kind in den Arm nimmt, tröstet und streichelt, weil es traurig ist oder sich wehgetan hat, macht sie dieses für Geld (!). Für ihre Emotionalität, für die Liebe, Zuwendung und Wertschätzung, die Sozialarbeiter kranken Menschen, Behinderten, Gefährdeten, Kleinkindern und gar Sterbenden entgegen bringen, werden diese bezahlt. Diese besondere (bezahlte) Gefühlsleistung ist eine professionelle Kernkompetenz, die nur wenige Berufe besitzen und die einen eigenen Wert hat, der eigentlich nicht hoch genug entlohnt werden kann. Professionelle Soziale Arbeit wird also materiell für ihre „Liebestätigkeit“ entlohnt. Sie unterscheidet sich strukturell von der Prostitution[64] dadurch, dass sie für ***echte Gefühle*** Geld bekommt. Die Sozialpädagogin im Kindergarten fühlt in dem Moment, in dem sie ein Kind tröstend in den Arm nimmt, ein wirkliches Gefühl der Hinwendung zum Kinde. Meistens will sie es dann aber nicht wahr haben, dass sie für diese Gefühle auch bezahlt wird. Im Gegensatz zu den Gefühlen zum eigenen Kind, sind die Gefühle zu den Kindern als Klienten ausschließlich an die professionelle Rolle gebunden; demgegenüber sind die Sorgen und Empfindungen den eigenen Kindern immer und rollenunabhängig präsent.

Dieser Konflikt wird häufig von beiden Seiten, also Klient und Sozialarbeiter übersehen, da sich Sozialarbeit in den allermeisten Fällen in öffent-

[64] Bisher vermieden Prostituierte es bewusst und willentlich Gefühle zu ihren Freiern zu entwickeln, Küssen war Tabu. Gefühle werden nur vorgetäuscht, häufig muss ein Gefühl der Verachtung für den Kunden unterdrückt werden. Letztens habe ich allerdings von den Kolleginnen aus der Prostitutionsberatung erfahren, dass sich ein neuer Stil in der Prostitution entwickelt. Dieser ist durch Zärtlichkeit, Wertschätzung und Achtung gekennzeichnet; diese Prostituierten küssen nun auch.

lich subventionierten Einrichtungen ereignet, in denen der Klient die „Dienstleistung“ nicht unmittelbar bezahlt.[65]

Der Widerspruch zwischen beruflich-professioneller Problemdefinition und der Alltagsbedeutung der Probleme

Die beruflich-professionelle Sicht der Sozialarbeiterinnen tendiert dazu, alle Problemdimensionen unter der Perspektive sozialarbeiterisch-professioneller Einschätzung zu definieren. Je professioneller nun die berufliche Sozialarbeit negative gesellschaftliche Folgeerscheinungen aufgreift, mildert oder kompensatorisch löst, umso stärker verhindert sie möglicherweise eine öffentliche und politische Artikulation dieser Probleme. Letzteres ist aber auch Anliegen der Sozialarbeit.

Indem die Soziale Arbeit professionell darauf reagiert, dass manche Frauen von Ihren Männern geschlagen und misshandelt werden und ein Hilfsangebot für diese Frauen entwickelt, etwa in Form eines Frauenhauses, beeinträchtigt oder verhindert sie gar die gesellschaftliche Auseinandersetzung mit dieser Problematik. So werden viele gesellschaftliche Probleme professionalisiert, anstatt sie zu politisieren. Politisierung liegt aber auch im Interesse der Sozialen Arbeit. Dies wird in besonders krassem Maße in der Arbeitslosenpolitik deutlich. Der globalisierte kapitalistische Arbeitsmarkt drängt weniger qualifizierte Menschen aus dem Erwerbsleben heraus, weil deren Tätigkeiten heute vielfach automatisiert ausgeführt werden können, bzw. in „Billiglohnländer“ verlagert werden. So fallen die Berufe, die ehedem von gering qualifizierten Menschen ausgeübt werden konnten, und die diesen Menschen noch unabhängige Erwerbsquellen boten, mehr und mehr weg. Die Folge davon ist, dass die Soziale Arbeit die solchermaßen erwerbslos gewordenen Menschen zu ihrer Klientel macht und dafür Maßnahmen kreiert. Dabei ist es aber Ziel professioneller Sozialer Arbeit, die Autonomie der Individuen zu fördern, das bedeutet, ihnen unabhängige Erwerbsquellen zu erhalten. Letzteres wäre aber dann nicht Aufgabe Sozialer Arbeit sondern Aufgabe der Politik. So wird also das gesellschaftlich erzeugte Problem der Arbeitslosigkeit gering qualifizierter Menschen verschleiert, weil die arbeitslosen

[65] Mit dem am 1.1.1992 in Kraft getretenen neuen Betreuungsrecht (BtG) ist erstmals eine neue Situation eingetreten. Diese Tätigkeit übt der Betreuer auf Gerichtsbeschluss aus, oftmals gegen den Willen des zu Betreuenden. Das kann schließlich dazu führen, dass das Vermögen des Klienten, das der Betreuer ja schützen soll, durch die Betreuungstätigkeit aufgebraucht wird.

Menschen durch die Soziale Arbeit „klientifiziert“ werden. So macht professionelle Sozialarbeit dann aus einem gesamtgesellschaftlichen Konflikt einen professionell zu behandelnden Einzelfall.

Der Widerspruch zwischen beruflich-professioneller Hilfe einerseits sowie Ehrenamt und Selbsthilfe andererseits

Das Ziel der methodisch orientierten Hilfe ist die Weckung der Selbsthilfepotenziale von Einzelnen und Gruppen. Hilfe wird als Hilfe zur Selbsthilfe verstanden. Durch die Professionalisierung allerdings entsteht nun ein Widerspruch dadurch, dass der professionelle Helfer sich unentbehrlich macht, wo sein Ziel doch zunächst darin bestand, die Selbsthilfefähigkeiten der Menschen dergestalt zu aktivieren, dass diese auf dessen Alltag zurückwirken.

Die Soziale Arbeit errichtet also ein Hilfeleistungssystem, auf das sich bedürftige Menschen verlassen und auf das sie immer wieder zurückkommen können. Dadurch dass die Menschen dieses Hilfeleistungssystem kennen, neigen sie zunehmend dazu, sich nicht autonom zu entwickeln, sondern auf Hilfeleistungen der Sozialen Arbeit zu vertrauen.

Schuldnerberatungsstellen müssen in dieser Hinsicht sehr bedachtvoll arbeiten, machen sie doch die Erfahrung, dass viele überschuldete Menschen dazu neigen, sich die Probleme von den Schuldnerberatern lösen zu lassen und einen möglichst geringen Eigenbeitrag zu leisten. Die Menschen, die solchermaßen entschuldet worden sind, neigen dann oft dazu, erneut Schulden zu machen, weil sie die Erfahrung gemachten haben, dass die Beratungsstelle ihnen dabei hilft, die Probleme zu lösen.

Da diese Probleme im Hilfeleistungssystem immanent sind, polemisiert die konservative Kritik hier einseitig gegen die Angebote der Sozialen Arbeit, indem sie von einer „sozialen Hängmatte“ spricht, die es dem Hilfeempfänger nicht attraktiv erscheinen lässt, sich autonom zu entwickeln.

Letztendlich ist es ja Ziel der Sozialen Arbeit die Selbsthilfekräfte von Einzelnen und Gruppen zu aktivieren, damit diese ihre Autonomie bewahren. Dadurch aber, dass die Soziale Arbeit nicht nur einzelnen Menschen Leistungen anbietet, sondern auch Gruppen und Gemeinwesen, werden auch diese Sozialsysteme immer abhängiger von den professionellen Dienstleistungen.

Zwar zielt die Gemeinwesenarbeit auf die Selbstorganisationskräfte der verschiedenen Gruppierungen in einem Stadtteil, jedoch muss man erkennen, dass oftmals ohne die unterstützende Hilfe der Professionellen die Selbsthilfekräfte schnell erlahmen. So wird auch das ehedem völlig unabhängig funktionierende Vereinsleben mehr und mehr professionell unterstützt, was zur wachsenden Abhängigkeit vieler Vereine von professioneller Hilfe führt.

Obwohl die Soziale Arbeit das Ziel hat, „Hilfe zur Selbsthilfe“ zu leisten und die Unabhängigkeit von Individuen und Gruppierungen zu fördern, macht sie durch ihre Tätigkeit die Individuen und Gruppierungen mehr und mehr von professioneller Hilfe abhängig. Die Soziale Arbeit schafft sich somit durch ihr Wirken ihre eigene Klientel.

Die widersprüchliche Situation in der Berufsausübung zwischen Organisation und Klient

Das Verhältnis der Sozialarbeiterschaft zu den Organisationen, in denen sie tätig ist, ist ambivalent. Zum einen ermöglicht ihre amtliche Stellung den Sozialarbeiterinnen oftmals überhaupt erst den Zugang zu ihrer Klientel, andererseits wird diese amtliche Stellung aber auch als Barriere empfunden, die den Zugang zu den Adressaten behindert.

Administratives und organisatorisches Handeln folgt oftmals einer eigenen (bürokratischen) Logik, die durch Gesetzmäßigkeiten, Standardisierungen, Typisierungen, Formalisierungen, Zeitlimitierungen und Reglementierungen gekennzeichnet ist. Dies erschwert den persönlichen Interaktionsbezug und die zwischenmenschlichen Handlungsbezüge von Helfer und Klient werden dadurch beeinflusst[66]. Diese bürokratischen Handlungsmaximen bringen der Sozialarbeiterin einen spezifischen Umgang nahe. Dieser Umgang zwingt entweder zu schematisierender und Distanz setzender Haltung oder sie motiviert, die eher unpersönliche Verwaltungsstruktur durch größere persönliche Hingabe und „heroische Einzelleistungen“ zu kompensieren oder durch eine außergewöhnliche, altruistisch motivierte persönliche Einsatzbereitschaft aufzuheben.

Die Anstellung im Jugendamt ermöglicht dem Sozialpädagogen erst den Zugang zu einer Familie, die möglicherweise Hilfe in Erziehungsdingen benötigt. Gleichzeitig behindert das Jugendamt aber auch diesen Zugang.

---

[66] Ferchhoff 1989, S. 120.

Wenn der Sozialpädagoge folglich einen Hausbesuch bei einer Familie mit Erziehungsproblemen macht, so tut er dies, weil er als Mitarbeiter des Jugendamtes den gesetzlichen Auftrag dazu hat. Dieser gesetzliche Auftrag ermöglicht ihm dann den Zugang zur Familie. In dem Moment allerdings, in welchem sich der Sozialarbeiter der Familie vorstellt, *„guten Tag meine Name ist Knoll, ich komme vom Jugendamt“,* behindert die Amtsbezeichnung wieder den Zugang.

Dieses Problem versuchen die meisten Sozialpädagogen dadurch zu lösen, dass sie sich möglichst amtsfern zeigen. Die gesamten „niederschwelligen“ Konzepte sind aus dieser Paradoxie entstanden. Dennoch muss sich selbst die Kollegin in den Streetwork-Projekten mit Drogenabhängigen, die Fanbetreuer bei gewalttätigen Fußballanhängern oder die Betreuerinnen von „Wohnungslosen“ mit den Ressentiments der Klientel gegen ihre amtliche Stellung leben.

Es gibt viele weitere Paradoxien des professionellen Handelns und es ist von ausschlaggebender Bedeutung für die Profis, diese reflektieren zu können. Erst durch die Aufdeckung der paradoxen Berufsanforderungen können die beruflichen Akteure zu der Erkenntnis gelangen, dass viele Konflikte und Fehler nicht in ihrer Person zu suchen sind, sondern dass sie Ergebnis paradoxer Professionsanforderungen sind.

Ähnliche Paradoxien wirken auch in den anderen Professionen und bilden eine latente Ursache für Fehlerquellen. In der Sozialarbeit aber können diese Paradoxien sich besonders destruktiv auswirken, weil hier der einheitliche professionelle Habitus und eine kollektive Identität im Vergleich zu anderen Berufsgruppen nur schwach ausgeprägt erscheinen. Deshalb kann es in der Sozialen Arbeit besonders leicht zu Plausibilitätsverlusten kommen, in deren Folge die Protagonisten oftmals ihre ursprünglich erworbene Orientierung verlieren. Die Folgen sind bekannt und mit dem Schlagwort „Burn-out-Syndrom“ beschrieben.

Die neuere Professionsdebatte innerhalb der Sozialarbeit greift insbesondere diese Paradoxieproblematik auf und setzt sie in Bezug zur interaktiven Verfasstheit der personennahen und der alltagsorientierten Sozialarbeit. Damit ist gemeint, dass Paradoxien immer wieder auftreten müssen, da das Handeln der Sozialarbeiterinnen nie auf Personen beschränkt bleibt, sondern diese immer eingewoben sind in konkrete Alltags- und Lebenswelten. Hier spielt sich die Interaktion zwischen Helfer und Klient ab, in der der Helfer mit seiner eigenen Person ebenfalls verwoben ist. Das Helfer-Klient-Verhältnis ist eben nicht dadurch gekennzeichnet, dass der Eine Hilfestellung gibt und der Andere diese annimmt. Es findet vielmehr ein interaktiver Prozess statt, an dem Beide beteiligt sind und dessen Ergebnis eine emergente Figur aus diesem Interaktionsprozess bildet.

Ein besonders gutes Beispiel für weitere Paradoxien lässt sich aus dem Suchtbereich schildern. Vielfach wirken die Sozialarbeiter in Feldern der Sucht „co-abhängig". Das heißt, sie ermöglichen den drogenabhängigen Menschen durch ihre Tätigkeit eigentlich erst ihre Sucht; sie machen es ihnen zumindest leichter, suchtkrank zu leben. Nun ist der Begriff der Co-Abhängigkeit in den Sucht-Fachkreisen äußerst negativ belegt, weil er meistens auf Angehörige von Alkoholkranken und Drogenabhängigen angewendet wird, die mit ihrem Verhalten die Sucht stützen und sich selbst in ein gutes Licht setzen, d.h. sie haben etwas von der Sucht ihres Partners, wenn auch meistens lediglich im psychologischen Sinne.

Gerade im niederschwelligen Bereich der Suchtkrankenhilfe verhalten sich die Profis oftmals ähnlich den co-abhängigen Angehörigen. Sie teilen sterile Spritzen aus, sie bieten geschützte Räume zum Konsumieren von Drogen, sie ermöglichen den Aufenthalt in Drogencafes und teilen dort günstige Mahlzeiten aus, sie helfen bei der Ausgabe von Drogenersatzstoffen (Methadon) und verschleiern oftmals noch den verbotenen Zusatzkonsum (Beigebrauch) von Alkohol und illegalen Drogen. Das sind alles deutliche Merkmale von Co-Abhängigkeit. Wenn sich die Professionellen in diesem Bereich nun der Paradoxieproblematik der Sozialen Arbeit nicht bewusst sind, werden sie auf diese Kritik hin nur schwer fachlich antworten können. Professionstheoretisch haben wir es hier nämlich mit der Paradoxie der *„professionellen Unprofessionalität"* zu tun, welche reflektiert eingesetzt, oftmals der letzte Zugangsweg zu diesem hochgefährdeten suchtkranken Klientel ermöglicht. Der Sozialarbeiter muss hier das Mittel der eigenen Co-Abhängigkeit gezielt wählen und erscheint Außenstehenden zunächst als unprofessionell. Er setzt aber die Co-Abhängigkeit bewusst ein, weil sie möglicherweise den letzten Rettungsanker für die stark verelendeten Menschen darstellt.

Erst die Kenntnis der Paradoxien professionellen Handelns lässt dann diese Problematik vor dem Hintergrund unauflösbaren Strukturwidersprüche erscheinen. Dadurch wird der Profi von ungerechtfertigten Zuschreibungen der (unkontrollierten) Co-Abhängigkeit befreit. Wenn allerdings diese Reflexion nicht erfolgen kann, unterliegt der Sozialarbeiter tatsächlicher einer großen Gefahr, Co-abhängig zu werden.

Zusammenfassend kann gesagt werde, dass die Paradoxien im professionellen Handeln das Kernproblem in der Sozialen Arbeit darstellen, welches zu einer Reflexion geführt werden muss, um die Berufsprobleme strukturell und nicht individuell zu begreifen. Durch diese Sichtweise können die professionell Handelnden eine Entlastung von einseitig individuellen Selbstzweifeln erlangen.

6.10 Die Stellvertretende Deutung

Aus der von Oevermann entwickelten Forschungsmethode der objektiven Hermeneutik geht die Praxis der „Stellvertretenden Deutung" hervor. Diese eignet sich in vorzüglicher Weise für die Qualifizierung des professionellen Handelns, weil sie im Zusammenhang von Forschungen im Bereich der Familiensoziologie und Sozialisationstheorie entwickelt wurde und deshalb eine strukturelle Nähe zu den zentralen Tätigkeitsfeldern sozialarbeiterischen Handelns hat. Außerdem sieht die von Ulrich Oevermann ausgearbeitete Professionalisierungstheorie[67] vor, dass die zentrale Funktion von Professionen grundsätzlich die *stellvertretende Deutung für die Lebenspraxis* ist. Die Fähigkeit zur stellvertretenden Deutung können sich die Professionellen im Sinne einer Kunstlehre aneignen. In ihren Methodenausbildungen tun die Sozialarbeiter und Sozialpädagoginnen genau das, jedoch oftmals ohne das Konzept der hermeneutischen Deutung der Lebenspraxis explizit erarbeitet zu haben.

Das Prinzip der stellvertretenden Deutung wird heute als ein zentrales Merkmal der Berufstätigkeit von Sozialpädagoginnen und Sozialarbeiterinnen angesehen. Deshalb bezeichnen sich sehr viele Einrichtungen, in denen Sozialarbeiter tätig sind als „Beratungsstellen". Ähnlich wie die Angehörigen der stolzen Professionen müssen die sozialen Fachkräfte in den meisten Feldern der Sozialen Arbeit in der Interaktion mit Klienten deren Fallproblematik deuten und diese Deutung mit ihren Klienten be-

[67] Oevermann, Ulrich (1996): Theoretische Skizze einer revidierten Theorie professionalisierten Handelns, in: Combe, C./Helsper, W.: Pädagogische Professionalität, Frankfurt a.M., S. 70–182 sowie Oevermann, U. (1981): Professionalisierung der Pädagogik – Professionalisierbarkeit pädagogischen Handelns (Transkript eines Vortrages im Institut für Sozialpädagogik und Erwachsenenbildung der freien Universität Berlin).

sprechen. Dieser Vorgang wird dann meistens als „*Beratung*"[68] bezeichnet. Im Unterschied aber zu stolzen Professionen stehen ihnen jedoch keine eigenständigen Theoriebestände und Klassifikationssysteme zur Verfügung. Ihr eigener „höhersymbolischer Sinnbezirk"ist nur spärlich ausgestattet; sie sind auf den Rückgriff auf die Theorie- und Wissensproduktion der Bezugsdisziplinen wie Soziologie, Psychologie, Recht etc. angewiesen. Dieses theoretische Wissen müssen sie nun auf ihren Fall beziehen, dabei aber zugleich der individuellen Einzigartigkeit des Falles Rechnung tragen. Der Fall kann nicht allein in abstrakte Wissenskategorien klassifiziert werden, sondern er muss in seiner einzigartigen Problematik verstanden werden. Der Professionelle schließt im Rahmen seiner helfenden und beratenden Tätigkeit ein Arbeitsbündnis mit dem Klienten und macht ihm nicht schematische oder standardisierte Angebote, sondern fallbezogene Beratungsangebote, die letztlich das Ziel haben, die Autonomie des Klienten zu fördern oder wieder herzustellen. Dabei riskiert der professionell Handelnde jedoch unweigerlich, durch seine Hilfe die Autonomie des Klienten partiell aufzuheben. Er kann den Paradoxien nicht entrinnen. Diese widersprüchliche Einheit von Theorieverstehen und Fallverstehen ist ein Strukturmerkmal des professionellen Handelns.

Die Sozialpädagogin im Sozialdienst eines Krankenhauses berät die dortigen Patienten bei Problemen, die diese im Zusammenhang mit ihrem Genesungsprozess haben. Ein Unfallopfer erhält in der Unfallklinik eine Akutversorgung seiner Verletzungen. Mit seinen seelischen, sozialen oder rehabilitativen Problem und Fragestellungen bliebe er alleine gelassen, gäbe es nicht die Sozialarbeiterin, die diese Dimensionen mit ihm erörtert und sich in seine Situation hineinversetzt. Die Sozialarbeiterin erschließt den Einzelfall, indem sie sich mittels ihrer geschulten *Empathiefähigkeit* in die einzigartige Lage des Patienten versetzt. Sie erschließt dann gleichsam dessen Lebensrealität und sieht die Welt *(stellvertretend)* aus den Augen des Unfallpatienten. Gleichzeitig nimmt sie Rückgriff auf

[68] Unter Beratung versteht man meistens nicht den sachlichen Ratschlag, den ein Ratgeber einem Ratsuchenden gibt, wie zB. in der Verbraucherberatung. Hier wird Beratung als Lebensberatung verstanden, indem ein ganz spezieller und einzigartiger Fall aus dem Leben eines Menschen thematisiert wird, z.B. ein Schwangerschaftskonflikt. In der Schwangerschaftskonfliktberatung wird die einzigartige Situation der schwangeren Frau vor dem Hintergrund der allgemeingültigen Regeln und Gesetze besprochen. Die Beraterin weiß nicht, was für die Ratsuchende richtig ist; die Ratsuchende kommt durch das Beratungsgespräch zu dem für sie richtigen Ergebnis.

ihr in Wissenschaft gegründetes Sonderwissen aus Medizin, Recht und Verwaltung und bespricht so mit dem Patienten die angemessene Rehabilitationsbehandlung, eine Nachsorge oder seine versicherungsrechtlichen Ansprüche usw. Durch diese Vorgehensweise kann es der professionellen Sozialarbeit gelingen, genau für diesen Einzelfall die adäquate Weiterbehandlung einzuleiten. Im Gegensatz zum schematisierten Verwaltungshandeln, sieht das professionelle Handeln die stellvertretende Deutung vor, die immer vom konkreten Einzelfall ausgeht und die einzigartige Lebensrealität der Menschen zur Ausgangsgröße nimmt. So kann die Sozialarbeiterin im beschriebenen Falle beispielsweise einer besonderen familiären Situation des Patienten Rechnung tragen, weil sie dessen Lebenswelt antizipiert hat. Sie verknüpft dann diese familiäre Situation mit ihren Kenntnissen über die weitere Rehabilitationsbehandlung und kann dadurch sowohl die Behandlung vereinfachen als auch die Heilungschancen verbessern, weil sich die Familie möglicherweise in der ausgesuchten Behandlungsstätte mit einbeziehen lässt.

Das zentrale Element des professionalisierten Handelns, mit der die Ambivalenz für beide Seiten ausgehalten wird, ist also diese *stellvertretende Deutung*. Die Sozialarbeiterin macht in ihrer Arbeit mit dem Klienten Deutungsangebote, zu denen der Klient selbst aufgrund eigener Problemverstrickung im Normalfall nicht in der Lage ist. Er liegt mit Unfallverletzungen im Krankenhaus und keiner sagt ihm verständlich, was jetzt geschehen soll. Der Patient kann sich die Deutungsangebote der Sozialarbeiterin zu Eigen machen. Er kann darauf aber auch seine eigenen Selbstdeutungen aufbauen, oder neue eigene Selbstdeutungen entwickeln und auf diesem Wege seine Autonomie weiterentwickeln oder wiederherstellen.

Entscheidend ist es bei der stellvertretenden Deutung, dass die Professionelle sich in die Lage des Klienten versetzt und die Welt aus dessen Augen zu sehen versucht. Wenn sie aus dieser Haltung heraus ihre „Deutungsangebote" unterbreitet, sind diese auch der Sprachwelt des Klienten ähnlich.

> Der Klient fühlt sich nicht nur verstanden, er versteht auch die Deutungen der Sozialarbeiterin, fast so, als wäre er selbst darauf gekommen.

Die stellvertretende Deutung ist in den „Methoden der Sozialen Arbeit“ verankert. Diese Methoden beinhalten Gesprächsführungstechniken und Haltungen. Dabei ist es unerheblich, ob es sich dabei um psychoanalytische, systemische, klientenzentrierte usw. Methoden handelt. Erheblich ist es jedoch, dass die stellvertretende Deutung aus einer eindeutigen professionellen Kernhaltung heraus geschieht. In unserem Falle ist es immer der Antagonismus zwischen Therapieleistung und Konsensbeschaffung. Um Therapieleistung handelt es sich dann, wenn die Sozialarbeiterin die Innenwelt des Unfallopfers versteht; um Konsensbeschaffung handelt es sich dann, wenn die Sozialarbeiterin gleichzeitig die rechtlichen und institutionellen Dimensionen erschließt. Sie kann den Schock, den Schmerz und die Sorge um die Familie nachfühlen, und sie weiß um die Wege der Finanzierbarkeit einer guten Rehabilitationsbehandlung und kennt die beste Nachsorgeklinik für diesen Klienten.

6.11 Das Spezifische Fallverstehen

Professionelles Handeln ist im Kern eine „Kunstlehre[69]“, deren Praxis nur unbestimmten, vorgegebenen Regeln folgt. Professionelle Praxis ist im Wesentlichen durch ihren Fallbezug bestimmt, und zwar hinsichtlich individueller als auch institutioneller Fälle. Dieser Fallbezug verlangt eine ganz besondere Ausprägung der unterschiedlichen Professionen und immer ein auf die jeweilige Profession abgestimmtes rekonstruktives Vorgehen. Daraus folgt, dass in der Sozialen Arbeit die rekonstruktive Methodologie der (Einzel)-Fallstudien, sowohl in der Wissenschaft als auch in der Praxis, als zentraler Vermittlungsort für das professionelle Handeln zu sehen ist.

Sozialarbeiter und Sozialpädagogen verstehen ihre Klientel auf eine ganz spezifische Weise. Auch wenn sie psychotherapeutisch gegründete Methoden anwenden, so verstehen sie die Menschen nicht nur psychotherapeutisch, sondern sozialpädagogisch. Diese besondere Fallkasuistik[70] ist bereits in den Arbeiten von Jane Addams im letzten Drittel des 19. Jahrhunderts begründet worden, und man kann sie heute am besten

[69] Kunstlehre leitet sich hier von der Kunst der Rhetorik ab (Überzeugung durch Wahrscheinlichkeitsgründe – Aristoteles).

[70] Unter Kasuistik wird hier die Betrachtung des Einzelfalles aus der Perspektive der Sozialen Arbeit verstanden. Die daraus gewonnenen Erkenntnisse finden dann auch bei weiteren Fällen Berücksichtigung.

mit dem Begriff „psychosozial“ benennen. Ausgangspunkt ist also jene Grenze, an der das Psychische des Individuums an das Soziale der Allgemeinheit stößt.

Mit ihrem „spezifischen Fallverstehen“ grenzen sich die Akteure der Sozialen Arbeit von den Professionen ab, denen sie nahe stehen. Im Falle des oben geschilderten Unfallpatienten aus einer chirurgischen Akutklinik beinhaltet das Fallverstehen auch Aspekte der Unfallchirurgie. Die Soziale Arbeit benötigt jedoch nur ein alltagsnahes Verstehen der unfallchirurgischen Dimensionen, eben so, dass sie sowohl mit dem Patienten als auch mit dem Arzt darüber kommunizieren kann. Sie benötigt aber darüber hinaus noch ein Verstehen, welches dem Chirurgen nicht zugänglich ist; sie muss auch die seelische Verfassung des Patienten antizipieren können. Selbst das reicht noch nicht aus, neben den unfallchirurgischen Basics und psychotherapeutischen Verstehen sieht die Sozialarbeiterin gleichzeitig noch die aktuelle soziale Lage ihres verunglückten Klienten und dessen sozialversicherungsrechtlichen Position.

Spezifisches Fallverstehen in der Sozialen Arbeit reflektiert also **erstens** den institutionellen Ort des Falles *(z.B. Unfallklinik oder auch Altenheim, Jugendamt, Schuldnerberatung usw.).* **Zweitens** wird die innere Verfassung des „Falles“ verstanden *(psychische und körperliche Verfassung).* **Drittens** wird im spezifischen Fallverstehen die soziale Eingebundenheit des „Falles“ gesehen *(Familie, Arbeitsplatz, soziale Netze).* **Viertens** beachtet die Sozialarbeiterin die Rechtsposition ihres „Falles“ *(Kranken- und Sozialversicherung, Jugendhilfe, Rente, Sozialhilfe, Strafrecht usw.).* **Fünftens** kommt schließlich immer noch die politische Dimension im „Fall“ hinzu *(Verkehrspolitik im angedeuteten Fall, Arbeitsmarktpolitik, Migrationspolitik, bis hin zur Weltpolitik).*

Diese vielen Dimensionen im Fallverstehen sind einzig in der Profession der Sozialen Arbeit zu finden. Mit ihrem spezifischen Fallverstehen kann sich nun diese Profession von anderen Professionen gut unterscheiden.

Sie kann jetzt dennoch auf ähnliche Rhetoriken[71] zurückgreifen, wie sie auch in Psychotherapie und Pädagogik angewendet werden. Die Rhetoriken, mit denen gearbeitet wird, sind heute aus psychoanalytischen Ansätzen entlehnt (Social Casework); aus humanistischen Konzepten (Klientenzentrierte Gesprächsführung, Gestalttherapie); aus systemischen Modellen (Kommunikationstheorie, Familientherapie) und aus behavioristischen Schulen (kognitive Verhaltenstherapie). Die Rhetoriken der Sozialen Arbeit bezeichnet man auch als „Methoden der Sozialen Arbeit“. Diese finden hier nur hinsichtlich ihrer spezifischen Fallorientierung Beachtung[72].

Der Fall wird alltagssprachlich als ein individuelles Schicksal eines einzelnen Menschen verstanden. Es geht in diesem Verständnis um die Sorgen, Konflikte und Probleme eines einzelnen Menschen, in dessen aktueller Welt vor dem Hintergrund seiner einzigartigen Lebensgeschichte. Dieser Fallbegriff greift allerdings in der professionellen Sozialen Arbeit zu kurz. Das erweiterte Fallverständnis versteht unter dem Begriff „Fall“ auch Gruppen und Gemeinwesen. Fälle in der Sozialen Arbeit sind demzufolge Problemlagen von Einzelfällen, Gruppen und Gemeinwesen. Es handelt sich sozusagen um die drei „klassischen Methoden“ der Sozialen Arbeit, die wir als Fälle verstehen können. So ist beispielsweise eine Familie, eine Jugendgruppe oder ein Team ebenso als „Fall“ zu verstehen, wie ein Gemeinwesen, ein Stadtteil oder ein Sozialraum. Allen drei sozialarbeiterischen Handlungsebenen wird, so gesehen, prinzipiell der Status Fall zugeordnet. Die besondere sozialarbeiterische Sicht bedenkt innerhalb dieser Fallbezüge immer die antagonistische Gleichzeitigkeit von Therapieleistung/Konsensbeschaffung.

Aus diesem spezifischen Fallverstehen lässt sich nun auch die besondere Dokumentationsform der Sozialen Arbeit ableiten. Falldokumente in der Sozialen Arbeit beinhalten also immer den Ort des Geschehens, die seelische und körperliche Verfassung des Falles, seine soziale Eingebunden-

---

[71] Rhetorik wird hier als spezielle „Redekunst“ verstanden. Diese Redekunst wird auf die besondere Beredsamkeit zwischen dem Professionellen und seinem Adressaten bezogen. Auf die Soziale Arbeit zugespitzt, lernen die Professionellen diese Redekunst in den „Methoden der Sozialen Arbeit“.

[72] Zu den Methoden der Sozialen Arbeit siehe: Galuske, Michael (2001): Methoden der Sozialen Arbeit. 3. überarb. Aufl., Weinheim, München; Spiegel, Hiltrud von (2004): Methodisches Handeln in der Sozialen Arbeit. München und Basel; Geißler/Hege (2005): Konzepte sozialpädagogischen Handelns. 11. Aufl. München; Müller, B. (2009): Sozialpädagogisches Können: Ein Lehrbuch zur multiperspektivischen Fallarbeit. 6. Aufl. Freiburg i.Br.

heit mit seinen rechtlichen Implikationen vor dem Hintergrund der jeweiligen gesellschaftspolitischen Situation. So kommen dann im Fall und den Dokumentationen dazu, die Multiperspektivität und die Interdisziplinarität der professionellen Sozialen Arbeit zum Ausdruck.

Nun fällt noch auf, dass das sozialarbeiterische Handeln durch eine handlungsstrukturelle Besonderheit geprägt ist, deren Kennzeichen von den Berufstätigen dort meist übersehen werden. Das Zusammenfallen von therapeutischer und juristischer Handlungslogik führt zu einer widersprüchlichen Handlungslogik im spezifischen Fallverstehen

Durch das „Doppelte Mandat" sieht sich die Soziale Arbeite gezwungen, gleichzeitig den therapeutischen Ansprüchen des Individuums als auch den Rechtsansprüchen der Gesellschaft zu folgen. Die Bezeichnung „Doppeltes Mandat" wurde weiter oben schon als etwas irreführend skizziert, legt sie doch den Gedanken nahe, dass der Sozialarbeiter sich im Besitz eines Mandates wähnt, welches ihm gleichermaßen von innerseelischen Instanzen als auch von den äußeren Instanzen verliehen wird[73]. Dies bedeutet, dass die Sozialarbeiterinnen sich sowohl den Klienten als auch den Institutionen, die diese umgeben, verpflichtet fühlen. So kann es durchaus vorkommen, dass die Sozialarbeiterinnen im Interesse des Klienten gegen die Interessen der jeweiligen Institution handeln und umgekehrt. Eine Preisgabe dieses „Doppelten Mandates" wurde bereits von der ersten Sozialarbeiterinnengeneration als „unfachlich" definiert.[74] Aus den Handlungsweisen der ersten Sozialarbeiterinnengeneration kann geschlossen werden, dass gerade die Handhabung dieses „Doppelten Mandates" konstitutiv für das spezielle professionelle Handeln dieser Berufsgruppe ist.

Dieses „Doppelte Mandat" habe ich weiter oben als „widersprüchliche Wirksamkeit und Gleichzeitigkeit verschiedener Handlungslogiken" beschrieben. Das gleichzeitige Wirken von therapeutischer, juristischer und administrativ-bürokratischer Logik wird als konstitutiv für die Soziale

[73] Viele Bewährungshelfer glauben, dies sei bei ihnen der Fall. Tatsächlich aber wird von Seiten der Adressaten (Probanten) das Verhältnis meist als ein Zwangsverhältnis angesehen. Folglich muss man zunächst davon ausgehen, dass ihnen nur ein „Mandat" von der Justiz verliehen worden ist.

[74] Die Sozialarbeiterinnen der 1960er-Jahre grenzen sich gegen antipsychiatrische Strömungen der 1970er Jahre ab, wie sie damals von Sozialwesenstudenten vorgetragen wurden, weil sie diese als unfachliche, einseitige und distanzlose Parteinahme für die Patienten/innen in deren pathogener Dynamik angesehen haben.

Arbeit angesehen[75] und unterscheidet die Sozialarbeiterinnen auch von anderen Berufsgruppen. Sie gelangen durch das Zusammenfallen sich widersprechender Handlungslogiken gleichsam in eine Funktion, in der es ihre Aufgabe wird, die individuellen Wünsche ihrer Klientel mit den Anforderungen der Realität zu versöhnen.

In der Sprache der Psychoanalyse ausgedrückt, könnte man sagen, dass die Sozialarbeit hilfsweise eine fehlende „Ich-Funktion" für die Individuen ersetzt. So wird es zur Aufgabe der Sozialarbeiterinnen, die „Triebwünsche" dieser Menschen und die gleichzeitigen Anforderungen der Außenwelt zu deuten, damit es dem Individuum gelingt, seine Triebwünsche mit den Anforderungen der Umwelt zu versöhnen. Das „Doppelte Mandat" käme somit in die Rolle des „Ich", welches „Es"- und „Über-Ich-Forderungen" deutet, und damit dem Realitätsprinzip folgen will.

In den Diskussionen der 1970er Jahre wurde das „Doppelte Mandat" als polare Gegenüberstellung von Sozialarbeit als Kontroll- und Herrschaftsinstrument des Staates einerseits und als personenbezogene Dienstleistung andererseits angesehen.[76] Die Folgerungen, die aus diesem Dilemma damals gezogen wurden waren, dass Veränderungsprozesse, die den Menschen dienen und nicht nur dem (privatkapitalistischen) System, nur von nicht-institutionalisierter Sozialarbeit ausgehen können.[77] Die heutigen professionstheoretischen Überlegungen zielen in die Richtung, das Bewusstsein der professionell sozial Handelnden dafür zu schärfen, in einem immanenten Rollenkonflikt zu arbeiten, in dem es um die Vermittlung zwischen Individuum und Gesellschaft geht. Diese Problematik wird besonders dort gesehen, wo Sozialarbeit in einem sichtbaren „Spannungsverhältnis zwischen fachlichem und administrativem Handeln" angesiedelt ist.[78]

Diese Wirkungen der unterschiedlichen Handlungslogiken sind jedoch nicht nur auf die Sozialarbeit im verwaltungsnahen Bereich beschränkt, wie von Kulbach/Wohlfahrt beschrieben, sondern sie wirken konstitutiv in der gesamten Breite des Berufsfeldes und machen daher dieses spezifisches Fallverstehen nötig.

---

75 Vgl. Dewe/Ferchhoff/Scherr/Stüwe 1985, S. 129ff.
76 Z.B. Hollstein/Meinhold 1973, S. 39ff.
77 a.a.O., S. 45.
78 Kulbach/Wohlfahrt 1994, S. 16

Fallverstehen in der Sozialen Arbeit bedeutet somit nicht nur das Verstehen eines Einzelfalles, sondern der Fall ist die soziale Einheit, auf die sich die Sozialarbeit handelnd richtet.[79] In diesem Sinne müssen die Sozialarbeiterinnen ein Verfahren entwickeln, die Sicht der Dinge aus den möglicherweise antagonistischen Perspektiven derjenigen zu verstehen, in deren Interesse sie handeln. Also im Sinne eines „Doppelten Mandates“ wird gleichermaßen die Perspektive der inneren und äußeren Regelsysteme[80] eingenommen. Die professionell Handelnden würden also oszillieren zwischen einer therapeutischen, einer juristischen und einer bürokratischen Perspektive. Dadurch kann sich schließlich eine lebensweltliche Deutungskompetenz entwickeln.

Dadurch, dass der „Fall“ erst zum Fall wird, indem sich der Sozialarbeiter professionell handelnd an ihn richtet, wird vermieden, dass er durch „Vorabtheorien“ verobjektiviert wird. Erst der Transformationsprozess, der zwischen dem Professionellen und seinem Adressaten entsteht, lässt einen Fall entstehen. Somit ist der Professionelle immer Teil seines Falles. Dies hindert ihn daran, vorschnell auf abrufbares Wissen zurückzugreifen, welches möglicherweise nicht der einzigartigen Lebensrealität der Adressaten gerecht werden würde. Der Fall kann nur aus der einzigartigen Lebensrealität eines konkreten Menschen erschlossen werden, und das geht nur dann, wenn die Sozialarbeiter gelernt haben, die Sicht der Dinge aus den Augen ihrer Adressaten zu verstehen.

6.12 Die historische Entwicklung der Sozialen Arbeit als Profession nach dem zweiten Weltkrieg

Der Begriff der Professionalisierung beschreibt den „Prozess der Ausgliederung von Aufgaben aus dem Familienverband und seinem unmittelbaren Lebensumkreis oder aus der Verantwortung ehrenamtlich Tätiger (...) in eigene Organisationsstrukturen.[81] Diese Entwicklung geht in der Sozialen Arbeit bis zu den Konzepten und Fallstudien von Jane Addams in den 1880er Jahren zurück. In der Sozialen Arbeit in Deutschland

[79] Vgl. Gildemeister 1995, S. 33

[80] Innere Regelsysteme = Überich samt „Gewissen“ – Äußere Regelsysteme = Gesetze bis Sitten und Gebräuche. Lapassade (1972) spricht von interapersonalen und interpersonalen Institutionen.

[81] Ferchhoff 1989, S. 120.

blicken wir auf das Jahr 1899, in dem Alice Salomon den ersten Jahreskurs für „Berufsarbeit in der Wohlfahrtspflege" organisierte. Auf breiter Basis können wir den Professionalisierungsprozess aber erst seit den 1950er Jahren beobachten. Besonders in den letzten Jahrzehnten wurde die Professionalisierung dann bedeutend vorangetrieben.[82] Dieses Geschehen stellt auch einen Prozess der Qualifizierung dar.[83]

Da wir heute die Profession nicht mehr als etwas Abgeschlossenes, mit einem fertigen Status versehenes, betrachten, sondern eine Prozessdynamik ausmachen, können wir der Professionalisierungsprozess innerhalb der Sozialen Arbeit auch geschichtlich zurück verfolgen. So ist also in den 1950-er Jahren eine Soziale Arbeit nach Deutschland zurückgekehrt, deren professionelle Saat von Jane Addams, Mary Richmond und Alice Salomon gelegt wurde und die in den 1920er Jahren Wurzeln schlug. Diese damaligen professionellen Bestrebungen wurden leider durch den Nationalsozialismus abgeschnitten und vertrieben. Die nach Amerika vertriebenen Fürsorgerinnen wurden im Exil von amerikanischem und psychoanalytischem Gedankengut beeinflusst und kehrten unter diesen Eindrücken nach dem zweiten Weltkrieg in ihre deutsche Heimat zurück. Hier wollten sie die amerikanischen und britischen Ideale von einer demokratischen Idealgesellschaft westlicher Prägung fördern und wurden deshalb zum Mitstreiterinnen in der „Reeducationsbewegung".

Unter dem Begriff Reeducation verstanden die Alliierten die Umerziehung der autoritär-nationalsozialistisch geprägten deutschen Bevölkerung zu aktiven Demokraten, im anglo-amerikanischen Sinne. Die Soziale Arbeit wollte mit einer besonderen Bildungsarbeit die Umerziehung der jüngeren Generation sowie der Nachfolgegenerationen sicherstellen. Dazu wurde unter anderem die Gruppenpädagogik weiterentwickelt und die Fürsorge begann sich mit der kritischen Pädagogik, die in Deutschland auf eine lange Tradition blickte[84], zu verschmelzen.

In den folgenden Abschnitten werden die unterschiedlichen Modelle der Professionalisierungsbemühungen seit den 1950er Jahren dargestellt. Diese haben sich quasi historisch chronologisch entwickelt.[85] Die Entwicklung der Professionstypen ist aber nicht eindeutig an Jahreszahlen festzumachen. Außerdem sind heute noch viele der chronologisch weiter

[82] Vgl. Bock 1997, S. 734.
[83] Vgl. Flösser/ Schmidt 1992, S. 89.
[84] U.a. Pestalozzi, Fröbel, Nohl, Mollenhauer.
[85] Vgl. Ferchhoff 1993, S. 709.

entfernt eingeordneten Professionstypen in der Sozialen Arbeit tätig und jeder im Sozialbereich Tätige weist Anteile aus verschiedenen Modellen auf. Die Darstellung geschieht modellhaft, in der Realität sind die Übergänge zwischen den einzelnen Professionstypen jedoch fließend.

6.12.1 Professionelle Altruistinnen

Personenbezogene Dienste haben ihre Wurzeln in einem Verständnis des Leidens und Helfens. Hilfe gilt demnach als „Urkategorie menschlichen Handelns“ und „Urkategorie des Gemeinschaftshandelns“.[86] Somit hat das Helfen etwas Sinnhaftes, es verleiht dem Helfenden einen Lebenssinn. Das bedeutet, dass das Arbeiten im direkten Umgang mit hilfebedürftigen Menschen nicht entfremdet ist. Industrie- oder Verwaltungsarbeit hingegen tendiert zu entfremdeter Tätigkeit. Außerdem ist das Helfen in der Gesellschaft ethisch sehr hoch angesehen und wird als *moralisches Gebot* in Notsituationen gesehen. Diesem Gebot müssen grundsätzlich alle Gesellschaftsmitglieder ohne eigenen Nutzen nachkommen. Da in entwickelten Gesellschaften die Menschen aber zunehmend von natürlichen Helfern aus der Familie, dem Freundeskreis oder der Nachbarschaft abgeschnitten sind, treten zunehmend Helfende auf den Plan, die nicht dem unmittelbaren und natürlichen Lebensumfeld des hilfebedürftigen Menschen entstammen. Der professionelle Altruist tritt daher geschichtlich betrachtet an die Stelle der selbstverständlichen und natürlichen Hilfeleistungssysteme. Für ihn wird das Helfen zu einer beruflichen Pflicht.

Während früher Hilfe als Beseitigung der äußeren materiellen Nöte durch Almosengabe verstanden wurde, lag der spezifische Wert der professionell altruistischen Hilfeform in der Nachkriegsgesellschaft auch darin, dem hilfebedürftigen Menschen eine individuelle Aufmerksamkeit auf sein ganzes Wesen zu schenken. Das Hauptaugenmerk galt damals folglich mehr und mehr dem inneren Leiden des Hilfesuchenden.

In diesem Hilfeleistungsgeschehen war es wichtig, dass die helfende Person moralisch integer war und als moralisch-ethisches Vorbild fungierte. Diese persönliche Integrität der professionellen Helferin hatte Vorrang gegenüber einer „systematisch-wissenschaftlichen Wissenskompetenz“, mit der die moralisch-ethische Grundpersönlichkeit lediglich zusätzlich ausgestattet werden sollte.

[86] Scherpner zitiert in Ferchhoff 1989, S. 121.

Der professionelle Altruist sah somit eine große Bedeutung in der Entwicklung des eigenen Gewissens, in vorbildhaftem Verhalten, persönlich-vertraulichem Umgang mit dem Klienten, einer großen Handlungsautonomie, einer Sinnstiftungsfunktion, die nicht marktbezogen ist und einer professionellen Ethik. Für ihn dominierten „Weisheit, Ganzheitsschau, Empathie, Erfahrung, Motivation, Authentizität“[87] vor systematischer Methodik, Wissenschaft, Rationalität, Prävention, Planung und Distanz. Auch ist für diesen Professionstypus ein innerseelisches Charisma notwendig. Latent spielen Ideen von einem ‚guten Herzen‘, einer ‚innigen Beziehung‘ zwischen Helfer und Klienten und der Begriff der ‚Berufung‘ eine Rolle. Diese Eigenschaften sind demnach schon in die Ausbildung mitzubringen und dort nur noch zu fördern, zu ‚veredeln‘ wie *Alice Salomon* das nannte.

In diesem Konzept des professionellen Altruisten fehlt vor allem ein systematisches wissenschaftlich-analytisches Hinterfragen der sozialen Notlagen. Dadurch wirkt diese Herangehensweise stark entpolitisierend. Außerdem werden verbindliche und generalisierbare Techniken abgelehnt, da ja die persönliche Haltung und inneren Vorraussetzungen entscheidend sind für ein gutes Arbeiten.[88]

Aufgrund der Verzahnung von Persönlichkeitsstruktur und fachlichem Handeln verfügte der „altruistische Professionstypus noch über kein eigenständiges wissenschaftliches Erklärungsmodell“[89]. Der Berufsnachwuchs wurde hauptsächlich durch eine innige Beziehung zur charismatischen und erfahrenen Vorgesetzten oder Kollegin eingeschult. Manche älteren Supervisions- oder Praxisanleitungskonzepte atmen noch diesen Geist. Die erfahrene Praxisanleiterin wird zum professionellen Vorbild für die Berufseinsteigerin. Damit wird leider das Praxishandeln nicht abstrahiert und allgemeingültig weitergereicht, sondern es wird in konkretisierter Form persönlich weitervermittelt. Somit kann aber die Kompetenz und das erfolgreiche Handeln der professionellen Altruistin nicht an die Nachfolgegeneration vererbt werden. Die „Weisheit“ und der Erfahrungsschatz fließen nur spärlich in einen gemeinsamen „höhersymbolischen Sinnbezirk“ der Profession ein.[90]

---

[87] Ferchhoff 1993, S. 709.
[88] vgl. Dewe/Ferchhoff/Scherr/Stüwe 2001, S. 59f.
[89] Knoll 2000, S. 210.
[90] vgl. Knoll 2000, S. 211.

Viele dieser „professionellen Altruistinnen“ entwickelten durchaus brauchbare Arbeitsansätze, sie waren akademisch interessiert und bildeten sich eifrig fort. Sie setzten sich für die Belange ihrer Klientel ein und es war ihnen ein inneres Anliegen, die Menschen vor Ungerechtigkeit und Willkür zu schützen. Leider versäumten sie es, ihre Fallstudien einer tiefergehenden theoretischen Abstraktion zugänglich zu machen und die Einzelschicksale auch mit Hilfe kritischer Gesellschaftstheorien zu analysieren. Deshalb waren ihre Tage gezählt, als ein gesellschaftlicher Wandel in den 1960er Jahren, einen zunehmend gesellschaftskritischen Blick begünstigte. Schließlich taugte dann die amerikanische Demokratie und Kultur nicht mehr als Vorbild. Die Nachfolgekultur ging dann unter dem Schlagwort “ die Achtundsechziger“ in die Geschichte ein und prägte damit die Soziale Arbeit nachhaltig.

6.12.2 Sozialtechnokraten: Sozialarbeiter als professionelle Sozialingenieure

„Für den sozialtechnisch ingenieurhaft orientierten Professionstypus ist (...) in erster Linie kennzeichnend das ‚Umschalten‘ von Altruismus und Traditionalismus auf Rationalismus, Vernunft, Verwissenschaftlichung und Fortschritt.“[91] Dieser Professionstypus legt gerade auf eine generalisierbare Wissenschaftlichkeit Sozialer Arbeit Wert. Die altruistische Professionalität wird als „unzureichend und defizitär“[92] betrachtet. Eine verstärkte Wissenschaftlichkeit, die auf „logisch konsistenten Theorien“ und fachlich begründeten Methoden beruht, soll nun zur Professionalität der Sozialen Arbeit beitragen.

Die Klientenrolle wurde im Verlauf der Geschichte zunehmend verrechtlicht. Somit agiert der Sozialarbeiter als spezialisierter Helfer mit einem öffentlichen Auftrag und unter administrativer Kontrolle, fern von altruistischen Traditionen. Die Leistungsempfänger müssen ihrerseits einen Beitrag zum Gelingen der Hilfeleistung erbringen, wie zum Beispiel einen ‚Willen zur Besserung‘.[93] Für die personenbezogenen Dienste ist eine Technisierung und Schematisierung des beruflichen Wissens notwendig, um die Hilfe zuverlässig reproduzieren zu können. *Ferchhoff*

[91] Ferchhoff 1993, S. 711.

[92] Dewe/Ferchhoff/Scherr/Stüwe 2001, S. 62.

[93] Vgl. Ferchhoff 1993, S. 711.

spricht in diesem Zusammenhang von einem ‚Rezeptwissen'. Mit der sich aus diesen Rezepten ergebenden Sozialtechnologie sollen die sozialarbeiterischen Prozesse rational gestaltet werden. Zur Technik der Professionalisierung im Typus des Sozialingenieurs zählt ein „anerkanntes professionelles ‚Problemlösungswissen'"[94]. Außerdem wird Prävention als notwendig angesehen, um Ursachen von Notlagen von Außen zu regulieren.

Dieses Professionsverständnis bekam seinen Anstoß durch das Inkrafttreten des Bundessozialhilfegesetzes (BSHG) im Jahre 1962. Durch das BSHG entstand fortan ein Rechtsanspruch auf Hilfeleistung. Hilfe wurde nun nicht mehr aus moralisch-ethischer Verpflichtung geleistet, sondern Hilfe wurde ab jetzt geleistet, weil der hilfebedürftige Mensch ein gesetzlich verbrieftes Recht auf Hilfe besaß. Der fundamentale Paradigmenwechsel, von der ethisch-moralischen Legitimation der Hilfe, zum gesetzlichen Anspruch auf Hilfeleistungen, führte schließlich zu einem weiteren Ausbau einer funktionsfähigen Sozialbürokratie. Diese Sozialbürokratie versuchte sich mit dem sozialtechnokratischen Typus auf objektiv anwendbare Hilfeleistungsmethoden und Techniken zu beziehen. Dadurch arbeitete sie aber zunehmend ineffektiv und ineffizient, da ein Großteil der Klientel Sozialer Arbeit nicht mehr erreicht wurde. Den professionellen Experten ging mehr und mehr der direkte Bezug zu den Klienten verloren, die häufig aus marginalisierten Milieus stammten. Viele dieser Menschen können nicht die Voraussetzungen erfüllen die vom sozialtechnokratischen Verständnis erwartet werden, weil die allermeisten von ihnen nicht oder nicht mehr in der Lage sind, ihren Hilfebedarf zu formulieren, geschweige denn, aktiv mit zu arbeiten.

Seit Anfang der 1980er Jahre steht dieses ingenieurhafte und wissenschaftsrationalistische Modell der Professionalisierung deshalb in der Kritik.[95] Ein „Wissenschaftsverständnis, das Spezialisierung und Fachlichkeit mit der bloßen Akkumulation von Wissensbeständen und ihrer exklusiven Nutzung gleichsetzt"[96] kann der Sozialen Arbeit im Umgang mit randständigen Menschen nicht genügen. Dennoch hält die Sozialbürokratie und die Gesetzgebung weiterhin an diesem Modell fest, weil sie nur formal berechenbare Abläufe des professionellen Handelns mit bürokratischen und rechtlichen Instrumenten nachvollziehen kann. Deshalb

[94] Ferchhoff 1989, S. 126.
[95] Vgl. Ferchhoff 1993, S. 712.
[96] Flösser 1994, S. 35.

bleibt die Soziale Arbeit auch weiterhin gezwungen, technisch rationalistischen Logiken zu folgen, wohl wissend, dass sie damit in weiten Bereichen ineffektiv wird.

Das technokratische Konzept führte bei vielen Sozialarbeitern zu einer Bereichsspezialisierung. Zahlreiche Mitglieder der Berufsgruppe ließen sich in einzelnen Spezialbereichen fort- und weiterbilden. Dort wurden jeweils spezielle Handlungskonzepte für bestimmte Tätigkeitsfelder der Sozialen Arbeit entwickelt. Dies führte dazu, dass sich die unterschiedlich weitergebildeten Sozialarbeiter mehr und mehr voneinander entfernten, da sie sich jeweils mit spezialisierten Theorien und Methoden ihres exklusiven Arbeitsgebietes beschäftigten. Sie wurden dann Bewährungshelfer, Drogenberater, Freizeitpädagogen, Psychiatrie-Fachsozialarbeiter, Schuldnerberater, Therapeuten und, und, und.

Aus diesem Grund entstand hier eine deutliche Lücke in der professionellen Entwicklung der Sozialen Arbeit, weil sich diese Sozialarbeiter nicht mehr als Generalisten verstanden, sondern sich immer mehr spezialisierten. Dies führte in vielen Fällen dazu, dass sie sich von ihrer eigentlichen akademischen Identität entfernten und sich stattdessen mit dem Praxisfeld identifizierten, in welchem sie gerade tätig waren. So kam es auch, dass sich die Akteure der Sozialen Arbeit nicht mit denen identifizierten, denen sie akademisch und fachlich am Nächsten standen, sondern sie fühlten sich vermehrt denjenigen nahe, die im gleichen Feld arbeiten, wie sie selbst.[97] Das zeigte auch eine empirische Untersuchung unter Sozialarbeitern und Sozialpädagogen, die in Bochum im Bereich der Suchtkrankenhilfe tätig sind. Dabei gab eine große Anzahl der Befragten an, dass ihnen Diplom-Pädagogen in Suchtberatungsstellen sowie Psychologen und Ärzte in der stationären Rehabilitation näher stünden, als etwa Sozialarbeiter oder -pädagogen, die außerhalb der Suchtkrankenhilfe tätig sind.[98]

Alles in allem kann man schließlich auch im Jahre 2009 noch erkennen, dass der Typus des Sozialtechnokraten, sowohl in der Ausbildung als auch in den Behörden, nach wie vor favorisiert wird, sicherlich auch deshalb, weil sein Handeln mit sozialbürokratischen Messmethoden am ehesten überprüft und gemessen werden kann.

---

[97] Vgl. Knoll 2000, S. 211ff.

[98] Vgl. Walter 2001, S. 87ff.

6.12.3 Lebensweltermeneutinnen: Sozialarbeiter als stellvertretende Lebensweltermeneuten

Im Professionsmodell des stellvertretenden Lebensweltermeneuten gilt eine Rückbesinnung auf eine ganzheitliche sozialarbeiterische Herangehensweise. Trotzdem ist hier kein Rückschritt zum professionellen Altruisten zu erkennen.[99]

Inzwischen hat sich auch die Einsicht durchgesetzt, dass für die Professionalisierung der Sozialen Arbeit weniger ein ‚Rezeptwissen' benötigt wird, als vielmehr „fachliche Einstellungen und flexible Deutungsmöglichkeiten"[100]. In der Sprache der Berufspraxis wird das als „professionelle Haltung" bezeichnet. Dabei handelt es sich um eine selbstreflexive Einstellung, welche die eigenen persönlichen und fachlichen Wertungen überdenken und transzendieren kann. Stattdessen werden die unterschiedlichsten Lebensentwürfe einer stark pluralisierten Welt reflektiert. Eine solche lebenslagen- und lebensweltbezogene Professionalisierung akzeptiert beim Klienten dann auch alternative ‚tragfähige Lebensformen', die zwar im Rahmen der bestehenden Gesellschaftsordnung toleriert werden können, jedoch oftmals fern von bürgerlichen Lebensentwürfen angesiedelt sind.

Im Gegensatz zum professionellen Altruisten weiß der Lebensweltermeneut per se nicht, was für seine Klientel gut und richtig ist. Was gut und richtig ist, stellt sich erst als Ergebnis eines Interaktionsprozessen zwischen Sozialarbeiterin und Klientin heraus. Ob die Schwangere ihr Kind austrägt oder nicht, ist nicht vorab klar, dies wird hier Ergebnis eines Interaktionsprozesses, in dem die Professionelle die individuelle Lebenslage der schwangeren Klientin zu deuten versucht, um dadurch der Klientin zu einer autonomen Entscheidung zu verhelfen.

Diese „alternative Professionalisierung" hat zum Kern eine Vermittlungsfunktion zwischen dem Expertenwissen der Sozialarbeiterin und dem Alltagswissen der Klientin. „Das reflexive Selbstverständnis von Professionalisierung"[101] zeichnet sich dadurch aus, dass neben der Problemverursachung und der professionellen Problemverarbeitung auch Selbsthilfe Beachtung findet. Der Klientin wird dadurch eine eigene

[99] Vgl. Ferchhoff 1993, S. 713.
[100] Ferchhoff 1989, S. 128.
[101] Ferchhoff 1989, S. 129.

Handlungskompetenz zugeschrieben. Diese professionelle Neuorientierung der Sozialen Arbeit bedeutet also, dass ihr vor allem die Aufgabe zukommt, der Klientin bei der Suche nach einem für sie sinnvollen Lebensstil zu unterstützen. In ihrem beruflichen Handeln muss die Professionelle dabei sowohl die Individualität der Person, als auch deren spezifische Lebenslage beachten. Nach dem Identifizieren der „Schieflagen“ muss sie letztendlich zusammen mit der Klientin daran arbeiten, einen Zustand herzustellen, der für die Klientin akzeptabel ist. Dafür bedarf es Komponenten für eine Hermeneutik von Sozialbiographien; d.h. die Sozialarbeiterinnen müssen in der Lage sein, die unterschiedlichsten Lebensläufe zu entschlüsseln und diese Entschlüsselung in der Sprache derer auszurücken, in deren Auftrage sie gerade tätig sind. Das kann eine konkrete Klientin sein, die sich gerade mit ihrem individuellen Schicksal befasst. Das kann aber auch eine andere professionelle oder private Bezugsperson dieser Klienten sein, die Erklärungen für dieses oder jenes Verhalten dieser Klienten benötigt.

So sollte die Sozialarbeiterin bei der Jugendgerichtshilfe mit einem jugendlichen Straftäter dessen Beweggründe aus seiner Biographie ableiten können und ihm dies so deuten, dass der Jugendliche sich selbst verstehen lernt. Gleichzeitig muss sie ihre Erkenntnisse aber auch in die Sprache der Justizbehörden transferieren können und so deuten, so dass die Mitarbeiter der Behörde die Lebenswelt des jugendlichen Straftäters verstehen können, um daraus wiederum ihre eigenen Schlüsse zu ziehen.

Entscheidend ist dabei, dass der Sozialarbeiter die Lebenswelten der Klienten nicht besetzt. Auch die Hilfebeziehungen müssen stets so eingegangen werden, dass der Klient autonom bleibt. Zuviel Nähe kann ihn insofern in seiner Autonomie beschneiden, als er von der Hilfebeziehung abhängig wird. Professionelle Distanz ist somit angebracht. Dies ist auch schon allein aus Gründen des Eigenschutzes für den Sozialarbeiter zu beachten, da die Gefahr groß ist, am Burn-out-Syndrom – dem seelischen „Ausbrennen“– zu erkranken, wenn man sich vom Klienten zu sehr vereinnahmen lässt. Diese Nähe-Distanz-Regulierung ist bei der altruistischen Professionalität noch nicht zu erkennen, da „deren wissenschaftliche Reflexionsfähigkeit noch nicht in ausreichendem Maße ausgebildet zu sein“[102] scheint.

102 Knoll 2000, S. 225.

Nähe-Distanz-Regulierung bedeutet aber auch, dass die Professionellen durch ihre Theoriefähigkeit in der Distanz abgesichert sind. Dadurch, dass sie dazu befähigt sind, die konkreten Schicksale ihrer Klientel theoretisch zu abstrahieren, können sie sich in der tatsächlichen Interaktion mit diesen Menschen ein viel größeres Maß an Nähe erlauben. Durch die Empathie gelingt es ihnen, die Lebenswelt ihrer Adressaten gleichsam aus deren Augen zu erblicken. Die Wissenschaft nun verhilft ihnen dazu, das Erblickte in theoretische Kategorien einzuordnen. Dadurch wird sowohl eine Deutung der Phänomene des Klienten möglich, als auch eine Distanzierung von den oftmals erschütternden Einzelschicksalen der Menschen.

Die „Lebenswelt ist ein Möglichkeitsraum, in dem das Individuum immer Handlungsalternativen hat."[103] Lebenswelt kann empathisch, nicht aber empirisch-wissenschaftlich nachvollzogen werden. Entscheidend ist, dass der Sozialarbeiter diese durch einfühlendes Verstehen, also Empathie, aufnimmt. Anhand seines wissenschaftlich fundierten Sonderwissens muss der Sozialarbeiter die Lebenswelt des Klienten ‚stellvertretend deuten' und schließlich mit ihm Alternativen aushandeln. Die „lebenspraktischen Probleme von Klienten" sollen „unter Rückgriff auf den Kanon wissenschaftlichen Wissens"[104] erschlossen werden. Jedoch darf der Professionelle dabei nicht die individuellen Probleme des Klienten unter wissenschaftlichen Aspekten subsumieren, sondern muss sie stets als einzigartig wahrnehmen. Anhand der spezifischen professionellen Perspektive sollen die Umstände des Falles ausgelegt werden. Dieser Prozess wird als ‚Kunstlehre des Fallverstehens' beschrieben.[105]

Die Lebenspraxis ist natürlich komplexer als die wissenschaftlich fundierte stellvertretende Deutung, da Wissenschaft immer nur ein abstraktes Abbild der Lebenspraxis ist. Das heißt also, dass die Wissenschaft nicht stellvertretend für die (Lebens-)Praxis Entscheidungszwang ausüben kann, sondern dass die Soziale Arbeit durch wissenschaftlich fundierte Deutungen dem Klienten nur zu einer Entlastung in seinem Entscheidungsprozess verhelfen kann. So kann der Professionelle dem Klienten helfen, indem er dessen Eigenkräfte (...) mobilisiert, ohne altruistisch für ihn tätig zu werden. Auch das durch das expertokratische Vorgehen des Sozialingenieurs entfremdende professionelle Handeln

---

[103] Schubert 1994, S. 169f.

[104] Gildemeister 1992b, S. 214.

[105] Vgl. Gildemeister 1992b, S. 214.

wird durch das Modell des stellvertretenden Lebenswelthermeneuten wieder hergestellt.[106]

Für den stellvertretenden Lebenswelthermeneuten besteht eine Problematik darin, dass die stellvertretende Deutung sich auf die gesamte Lebenspraxis des Klienten bezieht. Während die Umsetzung dessen in manchen Arbeitsbereichen der Sozialen Arbeit noch möglich scheint, ist es vielfach doch nicht mehr praktizierbar. Der lebensweltorientierte Anspruch lässt sich auch dann nicht mehr aufrecht erhalten, wenn die Mitglieder der Sozialen Arbeit verstärkt an einer fundierten Wissenschaftlichkeit des stellvertretenden Deutens arbeiten würden. Deshalb müssen die Bereiche des Alltags begrenzt werden. Daher führen wir nun ein weiteres Professionsmodell, nämlich das des „Hermeneuten institutioneller Sinnhorizonte".[107]

6.12.4 Soziale Arbeit als Institutionshermeneutik

Die Soziale Arbeit thematisiert einerseits die individuellen Bedürfnisse des Klienten. Andererseits hat sie Kompetenzen im verwaltungsnahen und administrativen Handeln. Ihre unangefochtene Kompetenzdomäne liegt aber in der Verbindung der beiden Bereiche, nämlich „in der Verknüpfung von ‚Innenwelt' und ‚Außenwelt.'"[108]

Soziale Arbeit betätigt sich in der Beschäftigung mit Klienten immer innerhalb sozialer Gebilde, wie zum Beispiel Arbeitsgruppen, Wohnheime, offene Treffs. Außerdem hat sie es mit individuellen Bedürfnissen des Klienten zu tun. Oftmals muss sie in der Alltagswelt des Klienten beides miteinander verknüpfen. Diese Handlungsbereiche lassen sich alle mit dem Begriff ‚Institution' erfassen. Sowohl äußere, als auch innere Strukturen, also objektive und subjektive Wirklichkeit, fallen unter diesen Begriff. Die Professionellen beschäftigen sich folglich – an das Modell des stellvertretenden Lebenswelthermeneuten anknüpfend – mit der Ausdeutung dieser komplexen Regelsysteme, die mit dem Begriff „Institution" beschrieben werden. Sie fungieren also als Hermeneuten der institutionalisierten Sinnhorizonte ihres Klientels. Dabei ist, in der Interaktion mit dem Klienten, die Kenntnis der formalen Strukturen Vorraussetzung und

[106] Vgl. Ferchhoff 1989, S. 140f.
[107] Vgl. Knoll 2000, S. 225f.
[108] Knoll 2000, S. 229.

muss in der Deutung der jeweiligen Situation, ihm angemessen zur Verfügung gestellt werden. Selbstverständlich muss das auf eine Weise geschehen, die den Klienten nicht in seiner Autonomie beschneidet. Neben der Ausdeutung von festgeschriebenen Institutionen, wie etwa Gesetzen und Verordnungen, werden auch weniger formalisierte Normen, Sitten, Gebräuche und Umgangsformen in die Hermeneutik einbezogen. Zudem werden die Ursachen der Konfliktlagen aufgedeckt und hinterfragt. Ebenso, wie es Aufgabe der Sozialen Arbeit wird, den Einzelnen dazu zu bewegen, sich selbst zu verändern, bleibt es auch Aufgabe der Sozialen Arbeit, auf die Regeln und Strukturen der Gesellschaft verändernd einzuwirken.[109]

Der Gedanke der *Institutionshermeneutik* bedarf einer vertieften konzeptionellen Weiterentwicklung, weil der *Lebensweltthermeneutik* schnell wieder der bereits früher so vehement kritisierten „Allzuständigkeitsanspruch"[110] innewohnt. Die Institution ist der Ausschnitt aus der Lebenswelt der Menschen, welcher im Zuge wachsender Individualisierung immer größere Bedeutung zukommt. Es ist der Lebensausschnitt, mit dem die Soziale Arbeit permanent konfrontiert ist; sei es, dass sie ausgehend von komplexen Institutionen und Organisationen arbeitet, sei es, dass sie es mit Menschen zu tun hat, die in diesen institutionellen Strukturen scheitern.

Die Konzeption des Institutionshermeneuten wird an dieser Stelle nicht weiter entwickelt. Die Notwendigkeit aber, Soziale Arbeit als Institutionshermeneutik zu buchstabieren, ist offensichtlich, da wir nicht übersehen können, *dass die Soziale Arbeit aus komplexen Institutionen heraus handelt, für und mit Menschen, die signifikant häufig im Umgang mit Institutionen gescheitert sind.*

[109] Vgl. Knoll 2000, S. 226ff.
[110] Vgl. Gildemeister 1992.

7

Schluss

Ohne die Soziale Arbeit würde unsere heutige Gesellschaft nicht mehr funktionieren. Mit der Sozialen Arbeit hat diese Gesellschaft einen Professionstypus geschaffen, der das Zusammenleben in einer individualisierten und pluralisierten Gesellschaft erst möglich macht.

Dieses Gesellschaftsmodell erzeugt „unerwünschte Nebenwirkungen". Es sind aber nicht mehr die Nebenwirkungen der vorindustriellen und industriellen Gesellschaften, die Verelendung in erster Linie durch materielle Mängel verursacht haben. Die unerwünschten Nebenwirkungen der individualisierten postmodernen Gesellschaft erzeugen eine „Teilhabearmut", welche weit über das materielle Armsein hinausgeht. Diese „Teilhabearmut" geht oft mit wirtschaftlicher Armut einher, sie beinhaltet jedoch darüber hinaus noch viele psychosoziale Dimensionen. Wirtschaftliche Nöte und psychosoziale Probleme bedingen einander und häufen sich auf. Die betroffenen Menschen haben dann nicht nur Geldsorgen, sie begeben sich in zwischenmenschliche Konflikte und entwickeln seelische Probleme. Als ursächlich für diese ungünstigen Lebenssituationen vieler Menschen wird die Struktur und die Dynamik der bestehenden Gesellschaftsordnung angenommen. Diese Gesellschaftsordnung fordert von ihren Mitgliedern die Fähigkeit, mithalten zu können, leistungsfähig zu sein und unabhängige Entscheidungen treffen zu können. Diese Fähigkeiten müssen alle Gesellschaftsmitglieder erwerben; diejenigen Menschen, die diese Fähigkeiten nicht erworben haben, verlieren den Anschluss, sie verlieren die Teilhabe. Die Voraussetzungen dafür, diese gesellschaftliche Teilhabe erwerben zu können, sind aber äußerst ungleich verteilt. Die Lebensumstände, in die ein Kind hineingeboren wird, sucht dieses sich nicht aus. Und so gibt es Lebensumstände, die es den Individuen leicht machen, die Kompetenzen zur Teilhabe zu erwerben und solche Umstände, die es ihnen erschweren.

Soziale Arbeit nun tritt an, diese Ungleichheit zu kompensieren, indem sie die durch Ungleichheit benachteiligten Gesellschaftsmitglieder zu befähigen versucht, teilzuhaben. Dazu bedient sich diese Profession pädagogischer, therapeutischer und rechtlich-administrativer Mittel und Wege.

Soziale Arbeit tritt auch an, die Folgen dieser Ungleichheit zu kompensieren, indem sie die durch die Ungleichheit geschädigten Mitglieder kontrolliert und therapiert. Dazu bedient sie sich ebenfalls pädagogischer, therapeutischer und rechtlich-administrativer Mittel und Wege.

Soziale Arbeit tritt schließlich auch an, die Ursachen der Ungleichheit aufzudecken und zu verändern, damit nicht immer mehr Gesellschaftsmitglieder die Teilhabe verlieren und dadurch den gesellschaftlichen Zusammenhalt gefährden. Dazu bedient sie sich neben den pädagogischen, therapeutischen und rechtlich-administrativer Mittel und Wege auch politischer und öffentlichkeitswirksamer Vorgehensweisen.

Alle Mittel, Wege und Vorgehensweisen Sozialer Arbeit zielen darauf ab, die Wirklichkeit für Individuen, Gruppen und Gemeinwesen zu deuten, damit diese daraus die für sie relevanten Schlüsse ziehen können, um sich mittels dieser Informationen die Teilhabe an der Gesellschaft zu sichern. Diese Deutungen können sich im wirtschaftlichen Bereich abspielen, wenn ein Grundsicherungsantrag gestellt werden muss, Fördermittel beantragt werden, ein Kostenträger gesucht wird, Sozialhilfe- oder Rentenauskünfte benötigt werden usw. Die Deutungen zielen auf das Zwischenmenschliche, wenn man seinen Partner nicht mehr versteht, wenn sich Menschen alleine fühlen oder sich von anderen schlecht behandelt erleben usw. Sie zielen auf das Institutionelle, wenn die Menschen sich in der organisierten Welt nicht mehr zurechtfinden, wenn ihnen die Spielregeln der verschiedenen Organisationssysteme nicht einleuchten, usw. Sie zielen auf das Seelische, wenn die Individuen durch Kummer und Schmerz geplagt, den Anschluss an die Gesellschaft verlieren oder verloren haben.

Die Zielgruppen der Sozialen Arbeit haben Probleme und Sorgen mit ihrer Armut, ihrem gesellschaftlichen Status, ihrer Sucht, ihrer Erkrankung. Die Zielgruppen der Sozialen Arbeit könnten Probleme bekommen, mit ihrer Jugend, mit ihrem Alter oder mit ihrer Rolle.

Die Deutungskonzepte Sozialer Arbeit sind erzieherisch, präventiv, therapeutisch und kontrollierend. Diese Deutungskonzepte sind so kompliziert geworden, dass sie schon seit vielen Jahren nur noch auf akademisch-wissenschaftlicher Grundlage umgesetzt werden können.

Die komplexer werdende Gesellschaft erfordert seit nahezu 40 Jahren folglich einen neunen Professionstypus, der diese Deutungsangebote zur Verfügung stellen kann. Diesem Typus wurde mit der Errichtung der akademischen Ausbildung für Sozialarbeiter und Sozialpädagogen im Jahre 1971 die professionelle Basis gegeben. Jetzt kommt es darauf an, diese Basis zu entwickeln und auszubauen.

Mit der Einführung der generellen Fachhochschulausbildung hat die auf das ältere Fürsorgewesen aufbauende Sozialarbeit/Sozialpädagogik die Grundlage für ihre Professionalisierung erhalten. Hochschulausbildungen für einen Beruf werden immer dann nötig, wenn die Problemstellungen, die ein Beruf zu bewältigen hat, so schwierig werden, dass nur noch eine wissenschaftliche Herangehensweise angemessene Ergebnisse verspricht. Diese Situation begann sich ab Mitte der 1960-er Jahre abzuzeichnen. Armut wurde immer weniger zu einem rein wirtschaftlichen Problem, Armut wurde mehr und mehr zu einem psychosozialen Problem. Um diese Erkenntnis nun fachlich umzusetzen, bedurfte es mit der Einführung der Fachhochschulen der Wissenschaften, aus denen sich die Soziale Arbeit speist. Das sind insbesondere die Soziologie, die Psychologie und die Jurisprudenz. Die Hochschule macht es darüber hinaus möglich, nun durch Forschung und Lehre das eigene Wissenschaftsprofil der Sozialen Arbeit zu entwickeln.

Da die wissenschaftliche Basis zur Professionalität in Form des Fachhochschulstudiums seit 1971 gelegt war, war die Berufspraxis fortan dazu aufgerufen, sich zu professionalisieren. Zur Professionalisierung orientiert man sich an den etablierten Professionen, die Ihrerseits in der neuen Hochschulausbildung des Sozialwesens tätig waren: Ärzte, Juristen, Theologen. Diese Professionen wurden später von Fritz Schütze als *„Stolze Professionen“* bezeichnet, und Ulrich Oevermann hat sie in die Struktursystematik, *„Therapieleistung, Konsensbeschaffung und Wahrheitsfindung“* eingeordnet.

Wollte sich nun die Sozialarbeit/Sozialpädagogik auf ihrer wissenschaftlichen Grundlage in ihrer Berufspraxis professionalisieren, war sie gezwungen, sich an dieser Struktursystematik zu orientieren und einzuordnen.

Weil die damalige Sozialarbeit die Verursachung der sozialen Probleme den „gesellschaftlichen Widersprüchen“ anlastete, war es naheliegend, sich auf die Seite der Schwachen und Ausgestoßenen zu stellen, die als Opfer der gesellschaftlichen Widersprüche angesehen werden konnten. Diese Positionierung musste zur Folge haben, dass man sich in den 1970er Jahren im „Handlungsproblemfeld Therapieleistung“ zu professionalisieren versuchte. Soziale Arbeit im „Psychoboom“ der 1970er Jahre drängte danach, Therapieleistungen zu erbringen. Rückblickend kann man sagen, es ging um Therapieleistungen für Arme.

Der Professionalisierungsversuch im Bereich der Therapieleistung scheiterte weitestgehend, bis auf den kleinen Erfolg der Kinder- und Jugendlichenpsychotherapeuten. Ulrich Oevermann hat den Typus des Sozialarbeiters dann auch lediglich als „Semiprofessionell“ beschrieben, weil er nachweisen konnte, dass der gesellschaftliche Auftrag die Soziale Arbeit dazu zwingt, sich zweier gegenläufiger Handlungsprobleme zu stellen. Zwar ist das Handeln dieser Berufsgruppe durch Therapieleistungen bestimmt. Aber nur einerseits. Andererseits sind die Akteure der Sozialen Arbeit immer auch dem gesellschaftlichen Zusammenhalt verpflichtet, also der Aufrechterhaltung des gesellschaftlichen Normenkonsenses. Somit handelt es sich bei der Sozialen Arbeit, aus dieser Sicht, eigentlich um zwei halbe Professionen. Halb Therapie, halb Recht und Verwaltung. Sie bleibt folglich auf den Status „Semiprofession“ festgeschrieben.

Schütze hingegen, aus der Tradition des symbolischen Interaktionismus argumentierend, sieht die Soziale Arbeit in einem Professionalisierungsprozess befindlich, in dem sie mit der Gesellschaft und den anderen Professionen ihren Status aushandelt. Bisher ist demzufolge der Status der „bescheidenen Profession“ erreicht, welcher allerdings Entwicklungsmöglichkeiten offen lässt.

Mit der hier vorgelegten Studie komme ich allerdings zu dem Ergebnis, dass die Soziale Arbeit einen historisch völlig neuen Professionstypus entwickelt, welcher sowohl die von Oevermann beschriebenen Probleme der gegenläufigen Handlungsprobleme aufweist als auch den von Schütze skizzierten Entwicklungsprozess. Ich folgere nun, dass diese Soziale Arbeit einen völlig neuen Professionstypus ausbildet, der dadurch gekennzeichnet ist, dass die gesellschaftliche Situation der letzten 50 Jahren ein Handeln erfordert, welches die Paradigmengrenzen zwischen Individuum und Gesellschaft überschreitet. Das besondere an dieser Profession besteht darin, dass sie Konsensbeschaffung und Therapieleistung gleichzeitig umzusetzen aufgerufen ist.

Soziale Arbeit dient Individuum und Gesellschaft gleichermaßen. Die Adressaten der Sozialen Arbeit können Opfer und Täter gleichzeitig sein. Die Ziele der Sozialen Arbeit bestehen in der Veränderung von Individuen und in der Veränderung der Gesellschaft gleichermaßen. Soziale Arbeit versucht, individuelle Interessen gegen die Gesellschaft und gesellschaftliche Interessen gegen die Individuen durchzusetzen.

Es gilt also, mit der Sozialen Arbeit eine Profession zu entwickeln, die ihre Adressaten im Kampf um die Veränderung ihres Alltages, in der pluralisierten und individualisierten Welt, unterstützt. Dazu wirkt sie auf die Persönlichkeitsstrukturen ihrer Adressaten und die gesellschaftlichen Verhältnisse gleichermaßen verändernd ein, damit ein humaner, freundlicher und freier Alltag möglich wird, wie Hans Thiersch es nennen würde.[1]

[1] Vgl. Thiersch/Rauschenbach 1987, S. 1013.

8

Literaturverzeichnis

Achterberg, B. (1983): Rolle des Supervisors. Akademie für Jugendfragen (= Schriftreihe Supervision. Mensch, Arbeit, Organisation, Heft 3). Münster.

Ackermann, F. (1999): Soziale Arbeit zwischen Studium und Beruf. Frankfurt/M.

Ackermann, F./Seeck, D. (1993): Projekt „Professionalität in der SA/SP – Handlungskompetenz in sozialen Arbeitsfeldern". In: blickpunkt Nr. 3.

Ackermann, F./Seeck, D. (1999): Der steinige Weg zur Fachlichkeit. Handlungskompetenz in der Sozialen Arbeit. Georg Olms Verlag. Hildesheim.

Albert, M. (2006): Soziale Arbeit im Wandel. Professionelle Identität zwischen Ökonomisierung und ethischer Verantwortung Vsa.

Alisch, L./Baumert, M./Beck, K. (Hrsg.) (1990): Professionswissen und Professionalisierung. Braunschweiger Studien zur Erziehungs- und Sozialarbeitswissenschaft, Bd. 28. Braunschweig.

Apel, H.J./Horn, K.-P./Lundgreen, P./Sandfuchs, U. (Hrsg.) (1999): Professionalisierung pädagogischer Berufe im historischen Prozess. Klinkhardt.

Baecker, D. (2000): „Stellvertretende" Inklusion durch ein „sekundäres" Funktionssystem: Wie „sozial" ist die soziale Hilfe? In: Merten, R. (Hrsg.) (2000c): Systemtheorie Sozialer Arbeit. Opladen.

Bardmann, Th. M. (1996): Eigenschaftslosigkeit als Eigenschaft. Sozialarbeit: Die Kybernetik der Sozialarbeit. Ein Theorieangebot. Aachen.

Belardi, Nando (1996): Supervision: Eine Einführung für soziale Berufe. Freiburg.

Belardi, Nando (2009): Supervision: Grundlagen, techniken, Perspektiven. Ch. Beck-Verlag, München.

Belardi, Nando (2007): Beratung: Eine sozialpädagogische Einführung. Weinheim und Basel

Berger, G./Luckmann, T.(1970): Die gesellschaftliche Konstruktion der Wirklichkeit. Frankfurt am Main.

Bernard, A. (Hrsg.) (1997): Handbuch Kritische Pädagogik. Weinheim.

Bock, Th. (1997): Professionalisierung. In: Fachlexikon der Sozialen Arbeit. Frankfurt/M.

Böhnisch, L.; Lösch, H. (1998): Das Handlungsverständnis des Sozialarbeiters und seine institutionelle Determination, in: Thole, W.; Galuske, M.; Gängler, H. (Hrsg.): Klassikerinnen der Sozialen Arbeit. Sozialpädagogische Texte aus zwei Jahrhunderten –ein Lesebuch. Neuwied/ Kriftel.

Böllert, K./Otto, H.-U.(Hrsg.) (1989): Soziale Arbeit auf der Suche nach Zukunft. KT Verlag. Bielefeld.

Bourdieu, P.(1992):Die verborgenen Mechanismen der Macht. Schriften zu Politik und Kultur 1, Hamburg.

Brockhaus Enzyklopädie (1994): 19. Aufl. Mannheim.

Brunkenhorst/Otto (1989): Soziale Arbeit als gerechte Praxis. In: Neue Praxis, Bd 5.

Cloos, P./Thole, W. (2006): Qualitativ-rekonstruktive Forschung im Kontext der Sozialpädagogik. Anmerkungen zu einigen Fragen und Problemen der sozialpädagogischen Forschungskultur. In: Schweppe, C./ Thole, W. (Hrsg.) (2005): Sozialpädagogik als forschende Disziplin. Theorie, Methode, Empirie. Juventa. Weinheim, München.

Cohn, Ruth (2010): Von der Psychoanalyse zur Themenzentrierten Interaktion. Stuttgart.

Combe, A./Helsper, W. (Hrsg.) (2009): Pädagogische Professionalität. Untersuchungen zum Typus pädagogischen Handelns. Frankfurt/M.

Deutscher Verein für öffentliche und private Fürsorge (Hrsg.) (2002): Fachlexikon der sozialen Arbeit. 5. Aufl. Deutscher Verein für öffentliche und private Fürsorge – Eigenverlag. Frankfurt/M.

Dewe, B. (2000): Perspektiven der modernen Professionstheorie für sozialpädagogisches Handeln. In: Müller, S./Sünker, H./Olk, T./Böllert, K. (2000): Soziale Arbeit. Gesellschaftliche Bedingungen und professionelle Perspektiven. Luchterhand.

Dewe, B. (2002): Wissen – Kontext: Relevanz und Reflexion. In: Dewe, B./Wiesner, G./Wittpoth, J. (2002) (Hrsg.): Professionswissen und erwachsenenpädagogisches Handeln. Dokumentation der Jahrestagung 2001 der Sektion Erwachsenenbildung der Deutschen Gesellschaft für Erziehungswissenschaft. Bertelsmann. Bielefeld.

Dewe, B. (2004): Handlung – Wissen: handlungssteuerndes Wissen oder einfach Können? Report (27).

Dewe, B. et al. (1986): Professionsalisierung – Kritik – Deutung. Soziale Dienste zwischen Verwissenschaftlichung und Wohlfahrtsstaatskrise. Frankfurt/M.

Dewe, B./Ferchhoff, W. (1985): Krise des Wohlfahrtsstaates – Niedergang oder neue Chance für die Idee des Professionalismus im sozialen Dienstleistungssektor. In: Olk, T./Otto, H.-U. (Hrsg.) (1985): Wohlfahrtspolitik in der Wende. Sozialarbeit zwischen Fürsorge und autonomer Lebenspraxis. Weinheim, München.

Dewe, B./Ferchhoff, W. (1987): Abschied von den Professionen oder die Entzauberung der Experten? Zur Situation der helfenden Berufe in den 80er Jahren. In: Archiv für Wissenschaft und Praxis der sozialen Arbeit, 23. Jg., Heft 3.

Dewe, B./Ferchhoff, W./Peters, F. (1984): Professionelle Kompetenz im Wandel – alte Probleme und neue falsche Propheten. In: Müller, S./ Otto, H.-U./Peter, H./Sünker, H. (Hrsg.) (1984): Handlungskompetenz in der Sozialarbeit/Sozialpädagogik II. Theoretische Konzepte und gesellschaftliche Strukturen. Bielefeld.

Dewe, B./Ferchhoff, W./Radtke, F.-O. (1992a): Erziehen als Profession. Zur Logik professionellen Handelns in pädagogischen Feldern. Opladen.

Dewe, B./Ferchhoff, W./Radtke, F.-O. (1992b): Das „Professionswissen" von Pädagogen. Ein wissenstheoretischer Rekonstruktionsversuch. In: Dewe, B./Ferchhoff, W./Radtke, F.-O. (1992a): Erziehen als Profession. Zur Logik professionellen Handelns in pädagogischen Feldern. Opladen.

Dewe, B./Ferchhoff, W./Peters, F./Stüwe, G. (1987): Professionelle Arbeit kann warten, bis man sie braucht. In: Sozialmagazin, 12. Jg., Heft 2.

Dewe, B./Ferchhoff, W./Scherr, A./Stüwe, G. (2001): Professionelles Soziales Handeln. Weinheim und München.

Dewe, B./Ferchhoff, W./Scherr, A./Stüwe, G. (1996): Sozialpädagogik, Sozialarbeitswissenschaft, Soziale Arbeit? Die Frage nach der disziplinären und professionellen Identität. In: Puhl, R. (Hrsg.) (1996): Sozialarbeitswissenschaft. Neue Chancen für theoriegeleitete Soziale Arbeit. Weinheim, München.

Dewe, B./Ferchhoff, W./Stüwe, G. (1993): Sozialarbeit/Sozialpädagogik und Berufswissen. In: Pfaffenberger, H./Schenk, M. (1993): Sozialarbeit zwischen Berufung und Beruf. Professionalisierungs- und Verwissenschaftlichungsprobleme der Sozialarbeit/Sozialpädagogik. Band 1. Lit Verlag. Münster, Hamburg.

Dewe, B./Otto, H.-U. (1984): Professionalisierung. In: Eyferth, H./Otto, H.-U./Thiersch, H. (Hrsg.) (1987): Handbuch zur Sozialarbeit/Sozialpädagogik. Neuwied; Darmstadt.

Dewe, B./Otto, H.-U. (1996): Zugänge zur Sozialpädagogik, Reflexive Wissenschaftstheorie und kognitive Identität. Weinheim, München

Dewe, B./Otto, H.-U. (2001): Profession. In: Otto, H.-U./Thiersch, H. (Hrsg.) (2005): Handbuch Sozialarbeit/Sozialpädagogik. 3. völlig überarbeitete Auflage. Neuwied, Kriftel.

Dewe, B./Otto, H.-U. (2002): Reflexive Sozialpädagogik. Grundstrukturen eines neuen Typus dienstleistungsorientierten Professionshandelns. In: Thole, W. (2005a): Grundriss Soziale Arbeit. Ein einführendes Handbuch. Opladen.

Dewe, B./Scherr, A. (1990): Gesellschafts- und kulturtheoretische Bezugspunkte einer Theorie sozialer Arbeit. In: Neue Praxis, 20. Jg., Heft 2.

Dewe, B./Schmitz, E. (1984): Das sozialwissenschaftliche Wissen der Professionen. In: Angewandte Sozialforschung 1.

Dewe, B./Wiesner, G./Wittpoth, J. (2002) (Hrsg.): Professionswissen und erwachsenenpädagogisches Handeln. Dokumentation der Jahrestagung 2001 der Sektion Erwachsenenbildung der Deutschen Gesellschaft für Erziehungswissenschaft. Bertelsmann. Bielefeld.

Dießenbacher, H. (1979): Altruismus und helfende Berufe. – Zur Problematik alltäglicher und professioneller Altruisten. In: Literatur Rundschau, 1. Jg., H. 1.

Dörr, M./Müller, B. (2007): Nähe und Distanz. Ein Spannungsfeld pädagogischer Professionalität. Juventa-Verlag.

Eikelmann, M. (1975): Professionalisierung der Sozialarbeit: Folgenlose theoretische Auseinandersetzung oder Konsequenzen für die Praxis. Dortmund.

Engelke, E. (1996): Soziale Arbeit als Ausbildung. Studienreform und -modelle. Freiburg

Engelke, E. (2009): Theorien Sozialer Arbeit. Eine Einführung. Freiburg

Engelke, E. (1999): Soziale Arbeit als Wissenschaft. Eine Orientierung. Freiburg

Erath, P. (2006): Sozialarbeitswissenschaft. Eine Einführung. Stuttgart.

Eyferth, H./Otto, H.-U./Thiersch, H. (Hrsg.) (1987): Handbuch zur Sozialarbeit/Sozialpädagogik. Studienausgabe. Luchterhand. Neuwied, Darmstadt.

Ferchhoff, W. (1989): Thesen zur Neuorientierung von Professionalität. In: Krause, H.-J. (Hrsg.) (1989): Geschichte, Gegenwart und Zukunft sozialer Berufe. Schriftenreihe der Fachhochschule Düsseldorf, Band 1.

Ferchhoff, W. (1993): Was wissen und können (Sozial)Pädagogen? In: Pädagogische Rundschau, 47. Jg., Heft 5.

Ferchhoff, W. (2006): Soziale Arbeit zwischen De- und Reprofessionalisierungstendenzen. In: Krummacher, M./Kulbach, R.(Hrsg.) (2006): Beiträge zur Entwicklung der Sozialen Arbeit. EFH-RWL Bochum.

Fried, J./Kailer, T. (Hrsg.) (2003): Wissenskulturen – Beiträge zu einem forschungsstrategischen Konzept, (Reihe: „Wissenskultur und gesellschaftlicher Wandel“, hg. vom SFB/Forschungskolleg der DFG „Wissenskultur und gesellschaftlicher Wandel“, Bd. 1). Berlin.

Fritz, J. (1973): Gruppendynamik und Jugedarbeit. München

Füssenhäuser, C./Thiersch, H. (2001): Theorien der Sozialen Arbeit. In: Otto, H.-U./Thiersch, H. (Hrsg.) (2005): Handbuch Sozialarbeit/Sozialpädagogik. 2. völlig neu überarbeitete Auflage. Neuwied, Kriftel.

Galuske, M. (2009): Methoden der Sozialen Arbeit. Weinheim.

Galuske, M. (2002): Flexible Sozialpädagogik. Elemente einer Theorie Sozialer Arbeit in der modernen Arbeitsgesellschaft. Weinheim, München.

Gehlen, Arnold (2003): Der Mensch. Seine Natur und seine Stellung in der Welt, Berlin 1940. Berlin.

Geissler/Hege (2006): Konzepte sozialpädagogischen Handelns. 10. Auflage. Belz-Verlag, München.

Gerstl, J./Jacobs, G. (Hrsg.) (1976): Professions for the People. The Politics of Skill. Cambridge. Mass.

Germain/Gitterman (1983): Praktische Sozialarbeit. Das Life-Modell der Sozialen Arbeit. Stuttgart.

Giesecke, H. (1980): Theorie und Professionalität in der Jugendarbeit. In: deutsche Jugend, 28. Jg. Heft 10.

Giesecke, H. (1986): Was ist des Pädagogen Profession? Ein Versuch über pädagogisches Handeln. In: Neue Sammlung, 26. Jg. Heft 2.

Giesecke, W. (1989):Habitus von Erwachsenenbildnern. Oldenburg.

Gildemeister, R. (1983): Als Helfer überleben. Beruf und Identität in der Sozialarbeit/Sozialpädagogik. Neuwied.

Gildemeister, R. (1992a): Heilen – Helfen – Kontrollieren. Über die Veränderungen ihrer Relationen im Zuge von Modernisierungsprozessen. In: Neue Praxis.

Gildemeister, R. (1992b): Neuere Aspekte der Professionalisierungsdebatte. Soziale Arbeit zwischen immanenten Kunstlehren des Fallverstehens und Strategien kollektiver Statusverbesserung. In: Neue Praxis.

Gildemeister, R. (1995): Professionelles soziales Handeln – Balancen zwischen Wissenschaft und Lebenspraxis. In: Wilfing, H. (1995): Konturen der Sozialarbeit. Ein Beitrag zu Identität und Professionalisierung der Sozialarbeit. WUV Universitätsverlag. Wien.

Gildemeister, R./Robert, G. (2000): Teilung der Arbeit und Teilung der Geschlechter. Professionalisierung und Substitution in der Sozialen Arbeit und Pädagogik. In: Müller, S./Sünker, H./Olk, T./Böllert, K. (2000): Soziale Arbeit. Gesellschaftliche Bedingungen und professionelle Perspektiven. Luchterhand.

Goffman, Erving (2010): Asyle. Frankfurt am Main. 17. Auflage

Groddeck, N./Schumann, M. (Hrsg.) (1994): Modernisierung Sozialer Arbeit durch Methodenentwicklung und -reflexion. Freiburg im Breisgau.

Gross, P. (1985): Liebe, Mühe, Arbeit. Abschied von den Professionen? In: Soziale Welt, 36. Jg., Heft 1.

Grunwald, K. (1996) (Hrsg.): Alltag, Nicht-Alltägliches, und die Lebenswelt. Beiträge zur lebensweltorientierten Sozialpädagogik. Festschrift für Hans Thiersch zum 60. Geburtstag. Weinheim/München.

Haag, Lilo (2000): Berufsbiographische Erinnerungen von Fürsorgerinnen an die Zeit des Nationalsozialismus. Freiburg.

Hafeneger, B. (1991): Professionalitätsprofile und Berufsbilder in der Jugendarbeit. In: Sozialmagazin, 16. Jg., Heft 7/8.

Hamburger, F. (1997): Sozialpädagogik. In: Bernard, A. (Hrsg.) (1997): Handbuch Kritische Pädagogik. Weinheim.

Hamburger, F. (2000): Europäische Integration. Internationalisierung des Studiums und aktive Professionalisierung. In: Müller, S./Olk, B. (2000): Soziale Arbeit. Gesellschaftliche Bedingungen und professionelle Perspektiven. Luchterhand

Hanses, A. (Hrsg.)(2004): Biographie und Soziale Arbeit. Institutionelle und biographische Konstruktionen von Wirklichkeit. Hohengehren.

Harmsen, T. (2001): Professionelle Identität und Ökonomisierung Sozialer Arbeit. In: Sozial Extra 4/2001.

Harmsen, T. (2004): Die Konstruktion professioneller Identität in der Sozialen Arbeit. Theoretische Grundlagen und empirische Befunde. Verlag für Systemische Forschung Heidelberg.

Hartmann, H. (1968): Arbeit, Beruf, Profession, In: Soziale Welt 19, H. 2

Haupert, B. (1994a): Wege und Ziele der Forschung im Rahmen professioneller Sozialer Arbeit. In: Wendt, W.R. (Hrsg.) (1994): Sozial und wissenschaftlich arbeiten – Status und Positionen der Sozialarbeitswissenschaft. Freiburg.

Haupert, B. (1995): Vom Interventionismus zur Professionalität – Programmatische Überlegungen zur Gegenstandsbestimmung der Sozialen Arbeit als Wissenschaft, Profession und Praxis. In: neue praxis 25.

Haupert, B. (1996): Kritische Anmerkungen zum Stellenwert und Gegenstand der Sozialarbeitswissenschaft. In: Puhl, R. (Hrsg.) (1996): Sozialarbeitswissenschaft – Neue Chancen für theoriegeleitete Soziale Arbeit. Weinheim, München.

Haupert, B./Kraimer, K. (1991): Die disziplinäre Heimatlosigkeit der Sozialpädagogik/Sozialarbeit. In: neue praxis 21.

Heiner, Maja (2004): Professionalität in der Sozialen Arbeit. Theoretische Konzepte, Modelle und empirische Perspektiven. Stuttgart.

Heiner, Maja (2010): Soziale Arbeit als Beruf: Fälle – Felder – Fähigkeiten. Stuttgart.

Herwig-Lempp, J. (1997): „Ist Sozialarbeit überhaupt ein Beruf?“ – Beitrag zu einer eigentlich überflüssigen Diskussion. Sozialmagazin 2/1997.

Hey, G. (2000): Sozialarbeitswissenschaft 1964 bis 2000. In: Pfaffenberger, H./Scheer, A./Sorg, R. (2000): Von der Wissenschaft des Sozialwesens. Standort und Entwicklungschancen der Sozialpädagogik/Sozialarbeitswissenschaft. Neuer Hochschulschriftenverlag, Rostock.

Hildebrand, B. (1991): Vorwort in: Strauss, Anselm: Grundlagen qualitativer Sozialforschung. München.

Hollstein/Meinhold (1973): Sozialarbeit unter kapitalistischen Produktionsbedingungen. Frankfurt am Main.

Homfeldt, H. G./Merten, R./Schulze-Krüdener, J. (Hrsg) (1999): Soziale Arbeit im Dialog ihrer Generationen. Theoriebildung – Ausbildung/ Professionalisierung – Methodenentwicklung in der zweiten Hälfte des 20. Jahrhunderts. Baltmannsweiler.

Homfeldt, H. G./Merten, R./Schulze-Krüdener, J. (Hrsg.) (2000): Wissen und Nichtwissen. Herausforderungen für Soziale Arbeit in der Wissensgesellschaft. Juventa.

Hornstein, W./Lüders, C. (1989a): Professionalisierungstheorie und pädagogische Theorie. Verberuflichung erzieherischer Aufgaben und pädagogische Professionalität. In: Zeitschrift für Pädagogik, 35. Jg., H. 6

Hutter, T. (1992): Berufliche Identität zwischen Ideal u. Entwertung. Die subjektive Verarbeitung von Identitätsbedrohungen in der Sozialarbeit. Bamberg

Illich, I. (1979): Entmündigung durch Experten. Reinbeck

Jakob, G./Von Wensierski, H.J. (1997): Rekonstruktive Sozialpädagogik. Konzepte und Methoden sozialpädagogischen Verstehens in Forschung und Praxis. Weinheim, München.

Johach, Helmut (1993): Soziale Therapie und Alltagspraxis – ethische und methodische Aspekte einer Theorie der Sozialen Berufe. Weinheim und Basel.

Kersting, H. J. (1994): Die Verantwortung des Sozialarbeiters. Ethische Implikationen von Theorie und Praxis. In: Klüsche, W. (1994b): Grundpositionen Sozialer Arbeit. Gesellschaftliche Horizonte. Emotion und Kognition. Ethische Implikationen. FH Niederrhein Mönchengladbach.

Keupp, H. u.a. (1999): Identitätskonstruktionen. Das Patchwork der Identitäten in der Spätmoderne. Reinbek bei Hamburg.

Klatetski, T. (1993): Wissen, was man tut. Professionalität als organisationsstrukturelles System. Eine ethnographische Interpretation. Bielefeld.

Klatetski, T. (2006): Wie die Differenz von Nähe und Distanz Sinn in den Einrichtungen der Sozialen Arbeit stiftet. Eine organisationstheoretische Deutung. In: Dörr, M./Müller, B. (2006): Nähe und Distanz. Ein Spannungsfeld pädagogischer Professionalität. Juventa.

Klatetzki, T./Tacke, V. (Hrsg.) (2005): Organisation und Profession. Verlag für Sozialwissenschaften. Wiesbaden.

Kleve, H. (1998): Ganzheit und Differenz in der Sozialarbeitswissenschaft. Revision einer begrifflichen Unterscheidung. In: Sozialmagazin, Heft 2/1998

Kleve, H. (2000): Die Sozialarbeit ohne Eigenschaften. Fragmente einer postmodernen Professions- und Wissenschaftstheorie Sozialer Arbeit. Freiburg.

Kleve, H. (2003): Sozialarbeitswissenschaft, Systemtheorie und Postmoderne. Grundlegungen und Anwendungen eines Theorie- und Methodenprogramms. Freiburg.

Kleve, H. (2004): Ambivalenzreflexive Theoriegenese in der Sozialen Arbeit – oder: Vom Staunen über die Selbstverständlichkeiten der anderen. In: Zeitschrift für Sozialpädagogik, 3/2004.

Kleve, H. (2007): Postmoderne Sozialarbeit. Ein systemtheoretisch-konstruktivistischer Beitrag zur Sozialarbeitswissenschaft. Wiesbaden.

Kleve, H. (2009a): Konstruktivismus und Soziale Arbeit. Einführung in die Grundlagen der systemisch-konstruktivistischen Theorie und Praxis. Wiesbaden.

Kleve, H. (2009b): Die Praxis der Sozialarbeitswissenschaft. Eine Einführung. Schneider-Verlag, Hohengehren.

Klüsche, W. (1994a): Professionelle Identitäten in der Sozialarbeit/Sozialpädagogik. Anstöße, Herausforderungen und Rahmenbedingungen im Prozess des beruflichen Selbstverständnisses. Aachen.

Klüsche, W. (1994b): Befähigung zur Konfliktbewältigung – ein identitätsstiftendes Merkmal für SozialarbeiterInnen/SozialpädagogInnen. In: Klüsche, W. (1994A): Professionelle Identitäten in der Sozialarbeit/Sozialpädagogik. Anstöße, Herausforderungen und Rahmenbedingungen im Prozess des beruflichen Selbstverständnisses. 2. Auflage. Aachen.

Klüsche, W. (1994c): Grundpositionen Sozialer Arbeit. Gesellschaftliche Horizonte. Emotion und Kognition. Ethische Implikationen. FH Niederrhein Mönchengladbach

Knoll, A. (1993): Die Gestalt der Sozialarbeit. Bochum.

Knoll, A. (2000): Sozialarbeit in der Psychiatrie. Opladen.

Knoll, A. (2002a): Die professionelle Sozialtherapie der Sozialen Arbeit. In: Eggebrecht/Pehl, Chaos und Beziehung. Tübingen.

Knoll, A. (2002b): Die Sucht – was ist das? Wuppertal.

Kraul, M./Marotzki, W./Schweppe, C. (Hrsg.) (2002): Biographie und Profession. Klinkhardt. Bad Heilbrunn.

Kuhlbach/Wohlfahrt (1994): Öffentliche Verwaltung u. Soziale Arbeit. Freiburg.

Kurtz, T. (1998): Professionen und professionelles Handeln. Soziologische Überlegungen ... In: Peters, S. (Hrsg.) (1998): Professionalität und betriebliche Handlungslogik. Pädagogische Professionalisierung in der betrieblichen Weiterbildung als Motor der Organisationsentwicklung. Bielefeld.

Kurz-Adam, M. (1997): Professionalität und Alltag in der Erziehungsberatung. Entwicklungslinien und empirische Befunde. Opladen.

Küsche, W. (1998): Theorieentwicklung in der Sozialen Arbeit als Baustein des Identitätsbewusstseins von Sozialarbeitern/Sozialpädagogen. In: Wöhrle, A. (Hrsg.) (1998): Profession und Wissenschaft Sozialer Arbeit. Positionen in einer Phase der generellen Neuvertonung und Spezifika in den neuen Bundesländern. Pfaffenweiler.

Lamneck, S. (1988): Qualitative Sozialforschung. München und Weinheim.

Lapassade, G. (1972): Gruppen, Organisationen, Institutionen. Stuttgart.

Lippenmeier, N. (Hrsg.) (1984): Beiträge zur Supervision. Band 3, Kassel.

Lüders, C. (1989): Der wissenschaftlich ausgebildete Praktiker. Entstehung und Auswirkung des Theorie – Praxis – Konzeptes des Diplomstudienganges Sozialpädagogik. Weinheim.

Lüssi, P. (1991): Systemische Sozialarbeit. Praktisches Lehrbuch der Sozialberatung. Bern.

Maòr, Harry (1975) Soziologie der Sozialarbeit. Stuttgart

Merten, R. (1994): „Sozialarbeit zwischen Profession und Disziplin." Kontroversen um eine Sozialarbeitswissenschaft. In: rundbrief gilde soziale arbeit – GiSA (2/1994).

Merten, R. (1997a): Autonomie der sozialen Arbeit. Zur Funktionsbestimmung als Disziplin und Profession. Juventa Weinheim, München.

Merten, R. (1998a): Zur Notwendigkeit wissenschaftlichen und professionellen Wissens in der Sozialarbeiterausbildung. Streitbare Argumente für eine duale Ausbildung. In: Rundbrief Gilde Soziale Arbeit, 52, Sonderheft 1

Merten, R. (1998c): Sozialarbeit – Sozialpädagogik – Soziale Arbeit. Begriffsbestimmungen in einem unübersichtlichen Feld. Freiburg.

Merten, R. (2001): Sozialarbeitswissenschaft als Praxiswissenschaft? Oder: Von der Quadratur des Kreises. In: Pfaffenberger, H. (Hrsg.)/unter Mitarbeit von Hey, G. und Schreyer, S. (2001): Identität – Eigenständigkeit – Handlungskompetenz der Sozialarbeit/Sozialpädagogik als Beruf und Wissenschaft. Münster, Hamburg, London.

Merten, R. (2002a): Sozialarbeit/Sozialpädagogik als Disziplin und Profession. In: Schulze-Krüdener, J./Homfeldt, H. G./Merten, R. (Hrsg.) (2002b): Mehr Wissen – mehr Können? Soziale Arbeit als Disziplin und Profession. Baltmannsweiler.

Merten, R./Olk, T. (1996): Sozialpädagogik als Profession. Historische Entwicklung und künftige Perspektiven. In: Combe, A./Helsper, W. (Hrsg.) (1999): Pädagogische Professionalität. Untersuchungen zum Typus pädagogischen Handelns. 3. Auflage. Frankfurt/Main.

Mühlfeld, C. u.a. (Hrsg.) (1988): Mehr Professionalität – mehr Lösungen ? Frankfurt/M.

Mühlum, A./Kemper, E. (1988): Kompetenz statt Omnipotenz. In:Mühlum/Oppl/Wendt: Mehr Professionalität, mehr Lösungen. Frankfurt am Main.

Mühlum, A. (1981): Sozialpädagogik und Sozialarbeit. Frankfurt am Main.

Mühlum, A. (1994): Zur Notwendigkeit und Programmatik einer Sozialarbeitswissenschaft. In: Wendt, W.R. (1994): Sozial und wissenschaftliches arbeiten. Status und Positionen der Sozialarbeitswissenschaft. Freiburg.

Mührel, E. (2005): Verstehen und Achten. Philosophische Reflexionen zur professionellen Haltung in der Sozialen Arbeit. Verlag Die Blaue Eule.

Müller, B. (1993 + 2005): Sozialpädagogisches Können. Ein Lehrbuch zur multiperspektivischen Fallarbeit. Freiburg.

Müller, B. (2000):Lebendiges Lernen und totes Wissen. Anmerkungen zu Disziplinbildung, Professionalisierung und Ausbildung in der Sozialen Arbeit. In: Homfeldt, H. G./Merten, R./Schulze-Krüdener, J. (Hrsg.) (2000): Wissen und Nichtwissen. Herausforderungen für Soziale Arbeit in der Wissensgesellschaft.

Müller, B. (2000): Professionalisierung. In: Thole, W. (2005a): Grundriss Soziale Arbeit. Ein einführendes Handbuch. 2. überarbeitete und aktualisierte Auflage. VS Verlag für Sozialwissenschaften. Wiesbaden.

Müller, S./Otto, H.-U./Peter, H./Sünker, H. (Hrsg.) (1984): Handlungskompetenz in der Sozialarbeit/Sozialpädagogik II. Theoretische Konzepte und gesellschaftliche Strukturen. Bielefeld.

Müller, S./Sünker, H./Olk, T./Böllert, K. (Hrsg.) (2000): Soziale Arbeit. Gesellschaftliche Bedingungen und professionelle Perspektiven. Neuwied, Kriftel, Berlin.

Münch, R. (1995): Dynamik der Kommunikationsgesellschaft. Frankfurt/M.

Nadai, E./Sommerfeld, P./Bühlmann, F./Krattiger, B. (2005): Fürsorgliche Verstrickung. Soziale Arbeit zwischen Profession und Freiwilligenarbeit. Verlag für Sozialwissenschaften.

Neil, Alexander S. (1969): Theorie und Praxis der antiautoritären Erziehung. RoRoRo-Verlag, Hamburg.

Nellessen, Lothar (1993): Gruppendynamik. In: Fachlexikon der Sozialen Arbeit. Frankfurt am Main

Neuffer, M. (1993): Casework. In: Fachlexikon der Sozialen Arbeit. Frankfurt/M.

Niemeyer, C. (2000b): Sozialpädagogik als Wissenschaft und Profession. Grundlagen, Kontroversen, Perspektiven. Juventa. Weinheim, München.

Oevermann, U. (1996): Skizze einer revidierten Theorie professionalisierten Handelns. In: Combe, A./Helsper, W. (Hrsg.) (1999): Pädagogische Professionalität. Untersuchungen zum Typus pädagogischen Handelns. Frankfurt/M.

Oevermann, U. (1998): Die Fallrekonstruktion als naturwüchsige, evaluative und supervisorische Methode in der professionalisierten pädagogischen Praxis, unveröff. Manuskript, Frankfurt/M, erschienen unter dem Titel: „Die Methode der Fallrekonstruktion in der Grundlagenforschung sowie der klinischen und pädagogischen Praxis". In: Kraimer, K. (2000): Die Fallrekonstruktion. Frankfurt/M.

Oevermann, U. (2000): Dienstleistung der Sozialbürokratie aus professionalisierungstheoretischer Sicht. In: von Harrach, E.-M./Loer, T./ Schmidtke, O. (2000): Verwaltung des Sozialen – Formen der subjektiven Bewältigung eines Strukturkonflikts. Konstanz.

Oevermann, U. (2001a): Das Verstehen des Fremden als Scheideweg hermeneutischer Methoden in den Erfahrungswissenschaften. In: Zeitschrift für qualitative Bildungs-, Beratungs- und Sozialforschung, 1

Oevermann, U. (2001b): Die Struktur sozialer Deutungsmuster – Versuch einer Aktualisierung. In: Sozialer Sinn, Heft 1.

Oevermann, U. (2002): Professionalisierungsbedürftigkeit und Professionalisiertheit pädagogischen Handelns. In: Kraul, M./Marotzki, W./ Schweppe, C. (Hrsg.) (2002): Biographie und Profession. Klinkhardt. Bad Heilbrunn.

Olk, T. (1986): Abschied vom Experten. Sozialarbeit auf dem Weg zu einer alternativen Professionalität. Weinheim/München.

Otto, H.-U. (1981): Sozialarbeit: Professionalisierung und Arbeitsmarkt, Expertisen III, München

Otto, H.-U. (1989a): Perspektiven professioneller Kompetenz. Zum Problem der Vermittlung wissenschaftlichen und alltagsweltlichen Wissens in Modellen sozialpädagogischer Handlungskompetenz. In: Olk, T./Otto, H.-U. (Hrsg.) (1987): Soziale Dienste im Wandel 1. Helfen im Sozialstaat. Luchterhand. Neuwied.

Otto, H.-U. (1996): Sozialpädagogik – über ihren Status als Disziplin und Profession. Thematische Differenzierungen, vergleichendes Beziehungsdenken und angemessene Vermittlungsformen. In: neue praxis, 26. Jg., Heft 1

Otto, H.-U. (1998): Zwischen Gemeinschaft und Gesellschaft. Soziale Arbeit auf dem Weg in die zweite Moderne. Neuwied.

Otto, H.-U. (2002): Reflexive Sozialpädagogik. Grundstrukturen eines neuen Typs dienstleistungsorientierten Professionshandelns. In: Thole, W. (Hrsg.) (2002): Grundriss Soziale Arbeit. Opladen.

Otto, H.-U./Dewe, B. (2001): Profession. In: Otto, H.-U./Thiersch, H. (Hrsg.) (2001): Handbuch Sozialarbeit/Sozialpädagogik. 2. völlig überarbeitete Auflage. Luchterhand. Neuwied, Kriftel.

Otto, H.-U./Flösser, G. (1996): Professionelle Perspektiven der Sozialen Arbeit. Zwischen Lebenswelt- und Dienstleistungsorientierung. In: Grunwald, K./Ortmann, F./Rauschenbach, Th./Treptow, R. (Hrsg.) (1996): Der Alltag, Nicht-Alltägliches und die Lebenswelt. Weinheim, München.

Otto, H.-U./Thiersch, H. (Hrsg.) (2005): Handbuch Sozialarbeit/Sozialpädagogik. 3. völlig neu überarbeitete Auflage. Reinhardt. München.

Otto, H.-U./Uterman, K. (1973): Sozialarbeit als Beruf. Auf dem Wege zur Professionalisierung? Juventa-Verlag. München.

Peter, H. (2000): Was die Hochschule nicht schafft...Der Beitrag der Fort- und Weiterbildung zur Professionalisierung der Sozialen Arbeit. In: Müller, S./Sünker, H./Olk, T./Böllert, K. (2000): Soziale Arbeit. Gesellschaftliche Bedingungen und professionelle Perspektiven. Luchterhand.

Peters, S. (Hrsg.) (1998): Professionalität und betriebliche Handlungslogik. Pädagogische Professionalisierung in der betrieblichen Weiterbildung als Motor der Organisationsentwicklung. Bielefeld.

Petzold, Hilarion (1972 + 1996): Das Vierstufenmodell der therapeutischen Kette in der Behandlung Drogenabhängiger. Paderborn.

Petzold, Hilarion (1974): Drogentherapie: Methoden, Modelle, Erfahrungen. Neuss.

Petzold, H.G./Schay, P./Scheiblich, W. (2006): Integrative Suchttherapie. Wiesbaden.

Pfaffenberger, H./Schenk, M. (1993): Sozialarbeit zwischen Berufung und Beruf. Professionalisierungs- und Verwissenschaftlichungsprobleme der Sozialarbeit/Sozialpädagogik. Band 1. Lit Verlag. Münster, Hamburg

Puhl, R. (Hrsg.) (1996): Sozialarbeitswissenschaft. Neue Chancen für theoriegeleitete Soziale Arbeit. Juventa. Weinheim, München.

Rauschenbach, T. (1999): Das sozialpädagogische Jahrhundert. Analysen zur Entwicklung Sozialer Arbeit in der Moderne. Juventa. Weinheim.

Rauschenbach, T./Ortmann, F./Karsten, M.E.(Hrsg.) (2000): Der sozialpädagogische Blick. Lebensweltorientierte Methoden in der sozialen Arbeit. Juventa.

Riemann, G. (2000): Die Arbeit in der sozialpädagogischen Familienberatung. Interaktionsprozesse in einem Handlungsfeld der sozialen Arbeit. Weinheim, München.

Rogers, Carl R. (1972): Die nicht direktive Beratung. München.

Ross, Dorothy (1998): Jane Addams: Häußlicher Feminismus und die Möglichkeiten der Sozialwissenschaften. In: Honegger/Wobbe: Frauen in der Soziologie. München.

Rüschemeyer, D. (1980): Professionalisierung. Theoretische Probleme für die vergleichende Geschichtsforschung. In: Geschichte u. Gesellschaft. 6Jg., H. 3.

Sachße, C. (1986): Mütterlichkeit als Beruf. Frankfurt/Main.

Sachße, C. (2003): Mütterlichkeit als Beruf. Sozialarbeit, Sozialreform und Frauenbewegung. 1. Auflage. Beltz. Weinheim, Basel, Berlin.

Sahle, R. (1987): Gabe, Almosen, Hilfe. Fallstudien zu Struktur und Deutung der Sozialarbeit – Klient-Beziehung. Opladen.

SAHLE, R. (1985): Professionalität oder Technokratie? Zur Mikrologie einer Beratungsbeziehung. In: neue praxis 15.

Salustowicz, P. (1995): Soziale Arbeit zwischen Disziplin und Profession. Weinheim.

Scherr, A. (2000): Soziale Arbeit hat Zukunft – eine ambivalente Botschaft. In: Pfaffenberger, H./Scherr, A./Sorg, R. (Hrsg.) (2000): Von der Wissenschaft des Sozialwesens. Standort und Entwicklungschancen der Sozialpädagogik/Sozialarbeitswissenschaft. Rostock.

Scherr, A. (2002): Sozialarbeitswissenschaft – Grundzüge eines theoretischen Programms. In: Thole, W. (2005a) Grundriss Soziale Arbeit. Ein einführendes Handbuch. Opladen.

Schilling, J. (2005): Soziale Arbeit. Geschichte, Theorie, Profession. Studienbuch für soziale Berufe. UTB.

Schmidtbauer, W. (1977): Die hilflosen Helfer. Weinheim und Basel.

Schülein, F. (1978): Psychoanalyse und Psychoboom. In: Psyche

Schüler, Anja (2004): Frauenbewegung und Soziale Reform. Stuttgart

Schulze-Krüdener, J./Homfeldt, H. G./Merten, R. (Hrsg.) (2002): Mehr Wissen – mehr Können? Soziale Arbeit als Disziplin und Profession. Baltmannsweiler.

Schütze, F. (1984):Professionelles Handeln, wissenschaftliche Forschung und Supervision. Versuch einer systematischen Überlegung. In: Lippenmeier, N. (Hrsg) (1984): Beiträge zur Supervision. Band 3. Kassel.

Schütze, F. (1992): Sozialarbeit als „bescheidene" Profession. In: Dewe, B./Ferchhoff, W./Radtke, F.-O. (Hrsg.) (1992a): Erziehen als Profession. Opladen.

Schütze, F. (1996): Organisationszwänge und hoheitsstaatliche Rahmenbedingungen im Sozialwesen. Ihre Auswirkungen auf die Paradoxien des professionellen Handelns. In: Combe, A./Helsper, W. (Hrsg.) (1996): Pädagogische Professionalität. Untersuchungen zum Typus pädagogischen Handelns. Frankfurt/M.

Sidler, N. (1993): Verlockendes aus der Alchemistenküche – Zur Handlungstheorie Sozialer Arbeit von Silvia Staub-Bernasconi. In: Archiv für Wissenschaft und Praxis der sozialen Arbeit.

Sidler, N. (2004): Sinn und Nutzen einer Sozialarbeitswissenschaft. Eine Streitschrift. Freiburg.

Soeffner, H.G. (1989): Auslegung des Alltags – Der Alltag der Auslegung. Zur wissenssoziologischen Konzeption einer sozialwissenschaftlichen Hermeneutik. 1. Aufl. Frankfurt/Main.

Spiegel, H. v. (2004): Methodisches Handeln in der Sozialen Arbeit. München und Basel.

Staub-Bernasconi, S. (1986): Soziale Arbeit als eine besondere Art des Umgangs mit Menschen, Dingen und Ideen. In: Soziale Arbeit, Heft 10.

Stichweh, R. (1987): Professionen und Disziplinen. Formen der Differenzierung zweier Systeme beruflichen Handelns in modernen Gesellschaften. S. 210–275. In: Harney, K./Jütting, D./Koring, B. (Hrsg.) (1987): Professionalisierung der Erwachsenenbildung. Fallstudien – Materialien – Forschungsstrategien. Frankfurt/M, Bern.

Stichweh, R. (1992): Professionalisierung, Ausdifferenzierung von Funktionssystemen, Inklusion. Betrachtungen aus systemtheoretischer Sicht. In: Dewe, B/Ferchhoff, W./Radtke, F.-O. (Hrsg.) (1992a): Erziehen als Profession. Zur Logik professionellen Handelns in pädagogischen Feldern. Opladen

Stichweh, R. (1996): Professionen in einer funktional differenzierten Gesellschaft. In: Combe, A./Helsper, W. (Hrsg.) (1996): Pädagogische Professionalität. Untersuchungen zum Typus pädagogischen Handelns. Frankfurt/M.

Strauss, Anselm/Bucher, R. (1972): Wandlungsprozesse in Professionen. Luckmann/Sprondel. Berufssoziologie. Köln.

Strauss, Anselm (1991): Grundlagen qualitativer Sozialforschung. München.

Thiersch, H. (1986): Die Erfahrung der Wirklichkeit – Perspektiven einer alltagsorientierten Sozialarbeit. Weinheim, München.

Thiersch, H. (2002): Positionsbestimmungen der Sozialen Arbeit. Gesellschaftspolitik, Theorie und Ausbildung. Juventa. Weinheim, München.

Theunissen/Plaute (2002): Handbuch Empowerment und Heilpädagogik. Freiburg.

Thole, W. (1994): Sozialpädagogik an zwei Orten. Professionelle und disziplinäre Ambivalenzen eines noch unentschiedenen Projektes. In: Krüger, H.-H./Rauschenbach, T. (Hrsg.) (1994): Erziehungswissenschaft. Die Disziplin am Beginn einer neuen Epoche. Weinheim, München.

Thole, W. (2005a): Grundriss Soziale Arbeit. Ein einführendes Handbuch. 2. überarbeitete und aktualisierte Auflage. Wiesbaden.

Thole, W. (2005c): Soziale Arbeit als Profession und Disziplin. Das sozialpädagogische Projekt in Praxis, Theorie, Forschung und Ausbildung – Versuch einer Standortbestimmung. In: Thole, W. (2005a): Grundriss Soziale Arbeit. Ein einführendes Handbuch. 2. überarbeitete und aktualisierte Auflage. Opladen.

Thole, W./Cloos, P. (2000b): Soziale Arbeit als professionelle Dienstleistung. Zur „Transformation des beruflichen Handelns“ zwischen Ökonomie und eigenständiger Fachkultur. In: Müller, S./Sünker, H. u.a. (Hrsg.) (2000): Soziale Arbeit zwischen Politik und Dienstleistung. Neuwied.

Uderzo, A./Goscinny, R. (1968): Asterix der Gallier. Egmont Manga & Anime.

Uni, Bundensanstalt für Arbeit (10/1992): Arbeitsmarkt für Sozialarbeiter und Sozialpädagogen. Nürnberg.

Wannangat, G. (1986): Sozialgesetzbuch.Kommentar zum gesamten Recht des Sozialgesetzbuches. Köln.

Wendt, W. R. (1994): Sozial und wissenschaftliches arbeiten. Status und Positionen der Sozialarbeitswissenschaft. Lambertus Verlag. Freiburg im Breisgau.

Wendt, W. R. (1995): Soziale Arbeit im Wandel ihres Selbstverständnisses. Beruf und Identität. Freiburg.

Wienberg, G. (1991): Die neue Psychiatrie-Personalverordnung. Institut für kommunale Psychiatrie, Bonn.

8.1 Diplomarbeiten

(Diplomarbeiten an der Ev. Fachhochschule RWL in den Studiengängen Sozialarbeit und Soziale Arbeit, Bochum. – Auswahl –)

Arnscheid, Jenniffer (2007): Professionelle Soziale Arbeit mit sexuell missbrauchten Kindern.

Britz, Heiko. (2002): Die Auswirkungen des Qualitätssicherungskonzeptes auf die Professionalisierung der Sozialen Arbeit.

Domnik, Janine (2009): Erlebnispädagogik als Handlungskonzept professioneller Sozialer Arbeit.

Dröge, Alexandra (2008): Beratung im Zwangskontext.

Marcol, M. (2004): Spezifische Merkmale professioneller Sozialarbeit in der Bewährungshilfe.

Patschkowski, P./Patzkowski, N. (1991): Spezifische Merkmale sozialarbeiterischen Handelns in Beratungsstellen.

Puchenberg, Heike (1994): Teamarbeit während des Studiums und ihre Auswirkung auf die professionelle Identitätsbildung.

Rosa, P. (2003): Mediation als professionelle Dienstleistung der Sozialen Arbeit.

Sachowsky, S.(2009): Konzepte und Methoden professioneller Straßensozialarbeit.

Sundt, J. K. (2004): Spezifische Merkmale professionellen Handelns der Sozialen Arbeit in der ambulanten Reha Sucht.

Walter, Karolin (2001): Qualifizierungsdruck in der Sozialen Arbeit durch die Rentenversicherungsträger.

Warren, Sandra Nicole (2007): Soziale Arbeit zwischen Wissen, Können und Profession – eine qualitative Studie zur Sozialen Arbeit im Bereich der Erziehungsberatung.

Weiß, K. (2002): Lebensweltorientierung und professionelles sozialpädagogisches Handeln.

Widmayer, Ute (2003): Die Sozialarbeit auf dem Weg zur Profession.

8.2 Webliographie

www.drogenhilfe.com/konzept

www.drogentherapie-stadtmission-nuernberg.de

www.synanon-aktuell.de

www.dbsh-nrw.de/

www.hhs.csus.edu/homepages/sw/Yuen/Link%20html%20Aobe%20files/Is%20social%20work%20a%20profession,%20A%20Flexner.pdf

www.dgsv.de/

www.bewaehrungshilfe.de/

www.jva-duesseldorf.nrw.de/

9

Anhang

Internationaler Berufskodex der Sozialen Arbeit

IFSW – International Federation of Social Workers – Definition of Social Work

Diese internationale Definition der Profession Soziale Arbeit im 21. Jahrhundert ersetzt die 1982 angenommene IFSW-Definition. Sie betont die dynamischen und Entwicklung fördernden Seiten der Sozialen Arbeit und wurde im Bewusstsein verabschiedet, dass keine Definition als vollständig betrachtet werden kann.

Angenommen wurde diese Definition von der Weltkonferenz des IFSW vom Juli 2000 in Montréal, Canada.

(Nach mehrjährigem Diskussionsprozess wurde im Jahre 2000 die neue **Definition of Social Work** der *InternationalFederation of Social Workers* (IFSW) auf der *Joint International Conference of IASSW and IFSW* in Montreal verabschiedet. Ein Jahr später wurde sie auch von den Mitgliedsschulen und -universitäten der *InternationalAssociation of Schools of Social Work* (IASSW) angenommen und kann seitdem als ein Dokument betrachtet werden, das sowohl von den in der Praxis der Sozialen Arbeit Beschäftigten (IFSW) wie auch von den an Universitäten, Fachhochschulen und Fachschulen Lehrenden (IASSW) anerkannt ist. Eingedenk der mehrjährigen vorbereitenden Diskussionsprozesse im Vorfeld zu dieser Verabschiedung und Annahme der Definition Sozialer Arbeit ist gesichert, dass sie eine weltweite Verbreitung und Akzeptanz hat und als weitgehender Konsens begriffen werden kann.

Der IFSW ist die Dachorganisation der Standesorganisationen Sozialer Arbeit, in welchem momentan 77 nationale Berufsverbände organisiert sind. Die IASSW repräsentiert die Ausbildungsstätten Sozialer Arbeit weltweit und organisiert 13 nationale Verbände einerseits und rund 450 führende Schulen andererseits in fünf Regionen.

Die vorliegende Übersetzung aus dem englischen wurde im Juni 2006 von Beat Schmocker, Professor für Theorien, Geschichte und Methodologie der Sozialen Arbeit an der Hochschule für Soziale Arbeit in Luzern, verfasst. Er stützte sich dabei auf die auf der Home Page des IFSW [http://www.ifsw.org/en/p38000208.html] (mit last updated vom 04.10. 2005) publizierte englische Originalversion der *Definition of Social Work.)*

Definition Soziale Arbeit

Die Profession Soziale Arbeit fördert den sozialen Wandel, Problemlösungen in menschlichen Beziehungen sowie die Ermächtigung und Befreiung von Menschen, um ihr Wohlbefinden zu heben. Unter Nutzung von Theorien menschlichen Verhaltens und sozialer Systeme vermittelt Soziale Arbeit am Punkt, wo Menschen und ihre sozialen Umfelder aufeinander einwirken. Dabei sind die Prinzipien der Menschenrechte und sozialer Gerechtigkeit für die Soziale Arbeit fundamental.

Kommentar

In ihren unterschiedlichen Formen richtet sich Soziale Arbeit immer auf die mehrfachen, verflochtenen Wechselbeziehungen der Menschen untereinander und den sie umgebenden sozialen Umfeldern. Ihre Aufgabe ist es, allen Menschen Wege für die Chance zu erschliessen, ihr gesamtes Potenzial entwickeln, ihr Leben bereichern und sozialer Behinderung vorzubeugen zu können. Professionelle Soziale Arbeit konzentriert sich auf die Lösung sozialer Probleme und die Wendung sozialer Verhältnisse. Insofern sind Professionelle der Sozialen Arbeit Herausforderer und Herausforderinnen sozialen Wandels innerhalb der Gesellschaft wie auch innerhalb der Lebenswelt der Individuen, Familien und sozialen Organisationen, in deren Auftrag sie arbeiten.

Soziale Arbeit ist ein Korrelationssystem bestehend aus Werten, Theorie (wissenschaftliche Erkenntnis) und Praxis.

Werte

Soziale Arbeit entfaltet sich aus humanitären und demokratischen Idealen heraus und ihre Werte basieren auf dem Respekt vor der Gleichheit, Besonderheit und Würde aller Menschen.

Seit ihren Anfängen vor über einem Jahrhundert konzentriert sich die Praxis Sozialer Arbeit auf menschliche Bedürfnisse und die Förderung individueller und kollektiver Handlungsfähigkeit zu deren Befriedigung. Die Menschenrechte und die Ideale sozialer Gerechtigkeit dienen als Motivation und Begründung des sozialberuflichen Handelns. Solidarisch mit denen, die benachteiligt sind, bemüht sich die Profession Armut zu lindern und Menschen aus Wehrlosigkeit und Unterdrückung zu lösen, um die soziale Integration zu fördern. Die nationalen und internationalen codes of ethics beinhalten diese Werte der Sozialen Arbeit.

Theorie

Soziale Arbeit gründet ihre Methodologie auf einen durch Forschung und evaluierter Praxis reflektierten Bestand an abgesichertem Wissen, das jeweils zusammen mit stellenspezifischem und persönlichem Erfahrungswissen der konkreten Situation entsprechend präzisiert wird. Dieses Wissen bildet die Kompliziertheit des Zusammenspiels vom ‚Mensch-Sein' und vom ‚Mensch-in-Gesellschaft-Sein' realistisch ab, genauso wie die Fähigkeit der Menschen von den mehrfachen Einwirkungen auf ihr Sein und dessen somato-psycho-sozialen Faktoren gleichzeitig betroffen zu sein und sie beeinflussen zu können. Die Profession Soziale Arbeit bezieht sich auf Theorien individueller Entwicklung und menschlichen Verhaltens sowie sozialer Systeme, um komplexe Situationen zu analysieren und um individuelle, organisationelle, soziale und kulturelle Veränderungen zu erleichtern.

Praxis

Soziale Arbeit wendet sich den Grenzen, der Ungleichheit und Ungerechtigkeit, die in der Gesellschaft bestehen, zu. Sie geht auf Krisen und Notlagen ebenso wie auf alltägliche persönliche und gesellschaftliche Probleme ein. Soziale Arbeit setzt auf vielfältiges fachliches Können, Wissen und Verfahren, welches ihrer ganzheitlichen Sicht von den Menschen und ihrer sozialen Umfelder entspricht. Die Einmischung Sozialer Arbeit reicht von primär auf Individuen bezogene psychosoziale Vorgehensweisen bis hin zur Beteiligung am sozialpolitischen Diskurs, der Sozialplanung und der Gemeinwesenentwicklung. Sie schließt Beratung, stationäre Betreuung, die Arbeit mit Gruppen, sozialpädagogische Maßnahmen, Arbeit mit und Therapieformen für Familien, als auch Bemühungen mit ein, den Menschen Wege zu den gesellschaftlichen Dienstleistungen und Ressourcen zu erschließen. Einmischung schließt Verwaltungstätigkeiten genauso wenig wie Gemeinwesenarbeit aus und verpflichtet schließlich zu sozialen und politischen Aktionen, welche die Entwicklung der sozialen Gesetzgebung wie der sozialen Wirtschaft weiter bringt. Überall fokussiert Soziale Arbeit das Ganze ihres Gegenstandsbereiches, aber in ihrer Praxis bleibt sie im Variieren ihrer Prioritäten von Land zu Land und von Epoche zu Epoche abhängig von dem, was die kulturellen, historischen und sozioökonomischen Bedingungen zulassen.

Der Autor

Andreas Knoll

- begann mit der Einführung des Hochschulstudiums (1971) das Studium der Sozialarbeit;
- war danach viele Jahre lang als Sozialarbeiter damit befasst, das Sucht- und Drogenhilfesystem in Kassel und Nürnberg mit zu entwickeln;
- bildete sich weiter zum Supervisor, Sozialtherapeuten und Psychotherapeuten;
- forschte in der Psychiatrie und schrieb seine Doktorarbeit über die Professionalisierung der Sozialarbeit in der Psychiatrie;
- arbeitete als lehrender Sozialarbeiter seit 1986 an der Evangelischen Fachhochschule RWL in Bochum;
- erfüllt die Lehrgebietsbeschreibung „Methodik der sozialpsychiatrischen und klinischen Sozialarbeit, Supervision, Sozialtherapie".